法華經講義

——第三輯

——平實導師　述

ISBN 978-986-5655-56-3

執著離念靈知心爲實相心而不肯捨棄者，即是畏懼解脱境界者，即是畏懼無我境界者，即是凡夫之人。謂離念靈知心正是意識心故，若離**俱有依**（意根、法塵、五色根），即不能現起故；若離**因緣**（如來藏所執持之覺知心種子），即不能現起故；復於眠熟位、滅盡定位、無想定位（含無想天中）、正死位、悶絕位等五位中，必定斷滅故。夜夜眠熟斷滅已，必須依於**因緣**、**俱有依**緣等法，方能再於次晨重新現起故；夜夜斷滅後，已無離念靈知心存在，成爲無法，無法則不能再自己現起故；由是故言**離念靈知心是緣起法**、**是生滅法**。不能現觀離念靈知心是緣起法者，即是未斷我見之凡夫；不願斷除**離念靈知心常住不壞之見解**者，即是恐懼解脱無我境界者，當知即是凡夫。

—平實導師—

一切誤計**意識心為常**者，皆是佛門中之常見外道，皆是凡夫之屬。意識心境界，依層次高低，可略分爲十：一、處於欲界中，常與五欲相觸之離念靈知；二、未到初禪地之未到地定中，暗無覺知而不與欲界五塵相觸之離念靈知，常處於不明白一切境界之暗昧狀態中之離念靈知；三、住於初禪等至定境中，不與香塵、味塵相觸之離念靈知；四、住於二禪等至定境中，不與五塵相觸之離念靈知；五、住於三禪等至定境中，不與五塵相觸之離念靈知；六、住於四禪等至定境中，不與五塵相觸之離念靈知；七、住於空無邊處等至定境中，不與五塵相觸之離念靈知；八、住於識無邊處等至定境中，不與五塵相觸之離念靈知；九、住於無所有處等至定境中，不與五塵相觸之離念靈知；十、住於非想非非想處等至定境中，不與五塵相觸之離念靈知。如是十種境界相中之覺知心，皆是意識心，計此爲常者，皆屬常見外道所知所見，名爲佛門中之常見外道，不因出家、在家而有不同。

——平實導師——

如聖教所言，成佛之道以親證阿賴耶識心體（如來藏）爲因，《華嚴經》亦說**證得阿賴耶識者獲得本覺智**，則可證實：證得阿賴耶識者方是大乘宗門之開悟者，方是大乘佛菩提之眞見道者。經中、論中又說：證得阿賴耶識而轉依**識上所顯真實性**、**如如性**，能安忍而不退失者即是**證真如**、即是大乘賢聖，在二乘法解脱道中至少爲初果聖人。由此聖教，當知親證阿賴耶識而確認不疑時即是開悟眞見道也；除此以外，別無大乘宗門之眞見道。若別以他法作爲大乘見道者，或堅執**離念靈知**亦是實相心者（堅持意識覺知心離念時亦可作爲明心見道者），則成爲實相般若之見道內涵有多種，則成爲實相有多種，則違實相絕待之聖教也！故知宗門之悟唯有一種：親證第八識如來藏而轉依如來藏所顯眞如性，除此別無悟處。此理正眞，放諸往世、後世亦皆準，無人能否定之，則堅持離念靈知意識心是眞心者，其言誠屬妄語也。

——**平實導師**——

目次

第九輯：

第十輯：

第十一輯：

第十二輯：

第二十二輯：

第二十三輯：

第二十四輯：

第二十五輯：

自序

大乘佛法勝妙極勝妙，深奧極深奧，廣大極廣大，富麗極富麗，謂此唯一佛乘妙法，意識思惟研究之所不解，非意識境界故，佛說爲不可思議之大乘解脫境界，名爲大乘菩提一切種智，函蓋大圓鏡智、成所作智、妙觀察智、平等性智；然而此等極勝妙乃至極富麗之佛果境界，要從因地之大乘眞見道始證，次第進修方得。然大乘見道依序有三個層次：眞見道、相見道、通達位。眞見道者位在第七住；相見道位始從第七住位之住心開始，終於第十迴向位滿心；通達位則是圓滿相見道位智慧與福德後，進修大乘慧解脫果，再依十無盡願的增上意樂而圓滿，名爲初地入地心菩薩。眾生對佛、法、僧等三寶修習信心，十信位滿心後進入初住位中，始修菩薩六度萬行，皆屬外門六度之行；逮至開悟明心證眞如時，方入眞見道位中；次第進修相見道位諸法以後，直到通達而得入地時，歷時一大阿僧祇劫，故說大乘見道之難，難可思議。

大乘眞見道之實證，即是證得第八識如來藏，能現觀其眞實而如如之自性，名爲證眞如；此際始生根本無分別智，同時證得本來自性清淨涅槃。乃至證悟般若不退而繼續進修之第七住位始住菩薩，轉入相見道位中，歷經第一大阿僧祇劫中三十分之二十有四的長劫修行，同時觀行三界萬法悉由此如來藏之妙眞如性所生所顯，證實《華嚴經》所說「三界唯心、萬法唯識」正理；如是進修眞如後得無分別智，終能具足現觀非安立諦三品心而至十迴向位滿心，方始具足眞如後得無分別智，相見道位功德至此圓滿，然猶未入地。

此時思求入地而欲進階於大乘見道之通達位中，仍必須進修大乘四聖諦，現觀四諦十六品心及九品心後，要有本已修得之初禪或二禪定力作支持，方得相應於慧解脫果；或於此安立諦具足觀行之後發起初禪爲驗，證實已經成就慧解脫果；此時已能取證有餘、無餘涅槃，方得與初地心相應，而猶未名初地。而後再依十大願起惑潤生，發起繼續受生於人間自度度他之無盡願，不畏後世長劫生死眾苦，於此十大無盡願生起增上意樂而得入地，方得名爲大乘見道之通達位，眞入初地之入地心中，完成大乘見道位所應有之一切修證。此時已通達大乘見道位應證之眞如全部內涵，圓滿大乘見道通達位應有之無生法忍智慧，及慧解脫果與增上意樂，方證通達位之無生法忍果，方得名爲始入初地心之菩薩。

然而觀乎如是大乘見道之初證眞如，發起眞如根本無分別智，得入第七住位，成為眞見道菩薩摩訶薩；隨後轉入相見道位中繼續現觀眞如，實證非安立諦三品心而歷經十住、十行、十迴向位之長劫修行，具足眞如後得無分別智，生起初地無生法忍之初分，配合解脫果、廣大福德、增上意樂，名為通達見道位眞如而得入地。如是諸多位階所證眞如，莫非第八識如來藏之眞實與如如二種自性，同屬證眞如者。依如是正理，故說未證眞如者，皆非大乘見道之人；證眞如者謂現觀如來藏運行中所顯示之眞實與如如自性故，實相般若智慧依如來藏之眞如法性建立故，萬法悉依如來藏之妙眞如性而生而顯故，本來自性清淨涅槃亦依如來藏之眞如法性建立故。

如是證眞如事，於眞藏傳佛教覺囊巴被達賴五世藉政治勢力消滅以後，由於時局紛亂不宜弘法故，善知識不得出世弘法，三百年間已經不行於人世。及至時局昇平人民安樂之現代，方又重新出現人間，得以繼續利樂有緣學人。然而，縱使末法時世受學此法而有實證之人，欲求入地實亦匪易，蓋因眞見道之證眞如已經極難親證，後再論及相見道位非安立諦三品心之久劫修行，而能一一教授弟子四眾者，更無其類；何況入地前所作加行之教授，而得具足實證大乘四聖諦等安立諦十六品心、九品心者？眞可謂：「善知識者出興世難，至其所難，得值遇難，得見知難，得親近難，得共住難，得其意難，得隨順難。」如是八難，具載於《華嚴經》中；徵之於末法時世之現代佛教，可謂誠言，眞實不虛。

縱使親值如是善知識已，長時一心受學之後，是否即得圓滿非安立諦三品心及安立諦十六品心、九品心而得入地？觀乎平實二十餘年度人所見，誠屬難事；殆因大乘見道實相智慧極難實證，何況通達？復因大乘慧解脫果並非隱居深山自修而可得者，如是證明初始見道證眞如已屬極難，更何況入地進修之後，所應親證之初地滿心猶如鏡像現觀，解脫於三界六塵之繫縛；二地滿心猶如光影之現觀，能依己意自定時程及範圍而轉變自己之內相分，令習氣種子隨於自己施設之進程而分分斷除；三地滿心前之無生法忍智慧，能轉變他人之內相分；以及滿心位之猶如谷響現觀，能觀見自己之意生身分處他方世界廣度眾生，而使無生法忍及福德更快速增長。至於四地心後之諸種現觀境界，更難令三賢位菩薩了知，何況未證謂證、未悟言悟之假名善知識，連第七住菩薩眞見道所證眞如都只能想像者？

雖然如此，縱使已得入地，而欲了知佛地究竟解脫、究竟智慧境界，亦仍無法望其項背，實因初地菩薩於諸如來不可思議解脫及智慧仍無能力臆測故。縱使已至第三大阿僧祇劫之修行——已得八地初心者，亦無法全部了知諸佛的境界，則無法了知佛法之全貌，如是而欲了知十方三世諸佛世界之關聯者，即無其分。以是緣故，世尊欲令佛子四眾如實了知三世佛教之亙古久遠、未來無盡，以及十方虛空諸佛世界等佛教之廣袤無垠；亦欲令弟子眾了知世間萬法、出世間法及實相般若、一切種智無生法忍等智慧，悉皆歸於第八識如來藏妙眞如性者，則必於最後演述《妙法蓮華經》而圓滿一代時教；是故世尊最後演述《法華經》時，一仍舊貫而如《金剛經》稱此第八識心爲「**此經**」，冀諸佛子醒悟此理而捨世間心、聲聞心，願意求證眞如之理，久後終能確實進入絕妙難思之大乘法中。斯則世尊顧念吾人之大慈大悲所行，非諸凡愚之所能知。

然而法末之世，竟有身披大乘法衣之凡夫亦兼愚人，隨諸日本歐美專作學問之學者謬言，提倡六識論之邪見，以雷同常見、斷見外道之邪見主張，公開否定大乘諸經，謂非佛說，公然反佛聖教而宣稱「**大乘非佛說**」。甚且公然否定最原始結集之四大部阿含諸經中之聖教，妄判為六識論之解脫道經典，公然貶抑四阿含諸經中之八識論正教，令同於常見外道之六識論邪見；全違 世尊依八識論而解說聲聞解脫道之本意，亦令聲聞解脫道同於斷見、常見外道所說之解脫，則無餘涅槃之境界即成為斷滅空而無人能知、無人能證。如是住如來家，著如來衣，食如來食，藉其弘揚如來法之表相，極力推廣相似像法而取代聲聞解脫道正法，最後終究不免推翻如來正法；如斯之輩至今依然寄身佛門破壞佛法，而佛教界諸方大師仍多心存鄉愿，不願面對如是破壞佛教正法之嚴重事實，仍多託詞高唱和諧，而欲繼續與諸多破壞佛教正法者**和平共存**，以互相標榜而**維護名聞利養**。吾人若繼續坐令如是現象存在，則中國佛教復興，以及中國佛教文化之推廣，勢必阻力重重，難以達成；眼見如是怪象，平實不得不詳解《法華經》之眞實義，冀能藉此而挽狂瀾於萬一。

如今承蒙會中多位同修共同努力整理，已得成書，總有二十五輯，詳述《法華經》中 世尊宣示之眞實義，因名《法華經講義》，梓行於世，冀求廣大佛門四眾捐棄邪見，回歸大乘絕妙而廣大無垠之正法妙理，努力求證，共為復興中國佛教文化、抵禦外國宗教文化之侵略而努力，則佛門四眾今世、後世幸甚，中國夢在文化層面即得實現。乃至繼續推廣弘傳數十年後，終能使中國成爲全球最高階層文化人士的歸依聖地、精神祖國；流風所及，百年之後遍於歐美社會各層面中廣爲弘傳，則中國不唯民富國強，更是全球唯一的文化大國。如是復興中國佛教文化之舉，盼能獲得廣大佛弟子四眾之普遍認同，乃至廣有眾人付諸實證終得廣爲弘傳，廣利人天，其樂何如。今以分輯梓行流通在即，因述如斯感慨及眞實義如上，即以爲序。

佛子　平實　謹序

公元二〇一五年初春　謹誌於竹桂山居

第三輯：

《妙法蓮華經》

〈方便品〉第二（上承第二輯〈方便品〉未完部分）

我今天講經會比較斯文一點，不是故意要學後山那位比丘尼，是因爲我閃了腰，不方便作加強手勢，所以會斯文一點。今天我們《妙法蓮華經》要從二十頁倒數第三行「爾時」這裡開始：

經文：【爾時世尊欲重宣此義，而說偈言：

比丘比丘尼，有懷增上慢；優婆塞我慢，優婆夷不信。

如是四眾等，其數有五千；不自見其過，於戒有缺漏，

護惜其瑕疵。是小智已出，眾中之糟糠，佛威德故去；

斯人尠福德，不堪受是法。此衆無枝葉，唯有諸貞實。
舍利弗善聽！諸佛所得法，無量方便力，而爲衆生說。
衆生心所念，種種所行道，若干諸欲性，先世善惡業；
佛悉知是已，以諸緣譬喻、言辭方便力，令一切歡喜：
或說修多羅、伽陀及本事、本生未曾有，亦說於因緣、
譬喻并祇夜、優波提舍經。鈍根樂小法，貪著於生死；
於諸無量佛，不行深妙道；衆苦所惱亂，爲是說涅槃。
我設是方便，令得入佛慧；未曾說汝等，當得成佛道。
所以未曾說，說時未至故；今正是其時，決定說大乘。
我此九部法，隨順衆生說；入大乘爲本，以故說是經。
有佛子心淨，柔軟亦利根；無量諸佛所，而行深妙道。
爲此諸佛子，說是大乘經；我記如是人，來世成佛道。
以深心念佛，修持淨戒故，此等聞得佛，大喜充遍身；
佛知彼心行，故爲說大乘。聲聞若菩薩，聞我所說法，
乃至於一偈，皆成佛無疑。】

講義：世尊說明：凡是增上慢人未證言證、未得言得，就認爲自己已經證得佛地的究竟涅槃大果，所以不可能再求無上正等正覺。那麼，最後還強調說：只有唯一佛乘，沒有所謂三乘菩提；因爲三乘菩提本來就是從唯一佛乘裡面，爲了方便對眾生解說，才切割成三乘來講，讓眾生容易理解，然而本來就是唯一佛乘。所以講完這些開示以後，世尊又以重頌說得更詳細一些，**語譯如下：**

【有比丘和比丘尼，心中懷著增上慢；而同時有許多優婆塞心中對佛菩提道懷著我慢，也有許多優婆夷不相信諸佛所成就的究竟道。

像這樣的四眾，數目總共有五千人；他們不能看見自己的過失，而且於戒法上面都是有缺漏的，所以常常都要謹慎地護惜自己在法義修證上以及戒律上的種種瑕疵。

這一些有小智慧的人已經出去了，他們只是佛門四眾之中的糟糠，如今由於佛的威德而使這一些不堪接受佛菩提勝法的人離去了；

而離去的這五千個聲聞種姓，他們的福德是非常非常稀少的，所以他們沒有堪能接受這樣的勝妙法。

這五千人離去了以後，我們在座的這一些大眾，已經不再是枝葉一般的心性，而是個個都屬於棟梁，所以留下來的也都是清淨而貞實的大眾。舍利弗啊！你要詳細正確地聽好！諸佛所證得的佛法，運用了種種無量無數的方便之力，來為眾生分別解說。

而眾生心中的所念所想，種種所造作的各種業道，以及許多各種不相同的欲望和心性，加上過去世所造的善業惡業差別各不相同；

諸佛了知這一些全部的內涵以後，運用各種因緣機會並且施設許多的譬喻，再用勝妙的言詞以及善巧方便之力，來使一切眾生聽聞時都能生起歡喜心：

知道諸佛之所說，有時候說經，有時候說偈，有時候說本來會有這一些法或這些事件發生的原因，有時候說明某些人過去世的本生因緣，有時候又說未曾有法，有時候也說因緣法，有時候又用種種的譬喻乃至加上重頌來解說，甚至於長行、重頌之不足，還加上了種種論議性的經典，這樣來善度眾生。

然而鈍根之人愛樂於聲聞小法，並且也貪著於無量世以來所經歷的生死諸法；對於無量諸佛所行的勝妙佛道，他們並不喜樂，所以不樂意修行深奥微妙的佛菩提道；這一些衆生們被種種苦惱之所惱亂，所以諸佛便爲這一些衆生們解說阿羅漢出三界的道理。

我釋迦牟尼也同樣施設了這樣的方便，想要使各種不同根性的衆生可以進入諸佛的智慧之中；可是直到今天爲止，我釋迦牟尼終究還不曾爲諸位說明：你們何時應當可以獲得佛菩提道而成爲究竟佛。

以前之所以未曾說明，是因爲應該作這樣說明而加以授記的時節還沒有到來的緣故；而今天正是爲諸位授記何時可以成佛的時候了，所以我決定要爲大衆宣説唯一佛乘的大乘佛法。

我已經講解過的修多羅乃至優波提舍經等九部之法，那是隨順衆生而説的；事實上卻是以進入大乘法作爲諸佛法道的根本，由於這樣的緣故，所以今天要爲大衆宣説這一部《妙法蓮華經》。

有一些佛弟子心性已經清淨了，而且他們的心地已經很柔軟，又是利根之人；往昔無量世以來已經親自供養奉侍過無量諸佛，在無量諸佛座下已經修行深奥微妙的佛菩提道了。

爲了這一些佛子們，所以我今天要演說這一部大乘的《妙法蓮華經》；在這一部大乘經中，我將會授記這一些佛子們，未來世如何成就究竟佛道。

由於這一些利根而且心地柔軟的佛子們，無量世以來以非常深厚而虔誠恭敬的心，時時憶念於諸佛，並且一世又一世修持清淨戒法的緣故，當這一些佛子們聽聞授記說將來可以成佛的時候，大喜就會充滿而遍布於他全部的身心之中；佛已知道這些佛子們的心行，所以才爲這些佛子們宣說大乘的法要。

不論在法座中的你們諸位，目前是示現聲聞相或者示現爲菩薩相，只要聽聞了我所說這一部《妙法蓮華經》，乃至於只聽到我演說這部經中的一首偈，將來也都可以成佛而心得決定，心中都沒有疑惑。】

講義：世尊重新宣達《妙法蓮華經》之所以要宣說的宗旨，把那五千個人的因緣也附帶先作說明。這是說，前面宣布即將開講《妙法蓮華經》之時離開的那五千個人，有比丘、比丘尼、優婆塞、優婆夷，而這些人都是聲聞種姓。對於聲聞種姓，一般人不太能體會，大概都以爲說，就是在南洋那邊修南傳佛法的人即是聲聞人；並且根本就不知道他正這麼指稱別人的時候，他自己也正是聲聞人，而這個現象是很普遍的。譬如在大乘法中出家了，受過三壇大戒了；那三壇大戒裡面，最究竟的戒法是菩薩戒，還是聲聞戒呢？是菩薩戒。可是他們受完了戒以後，回來自己依止的寺院中，卻都是依止聲聞戒，不依止菩薩戒。你們去觀察那些大師們是不是這樣？同修會外有很多出家人也都是這樣。而你們進了同修會就變了個人，依他們的立場，就說你們都是異類。你們確實都變成異類了，事實上就是這樣子啊！因爲進了同修會，改依菩薩戒爲準。可是在外面，他們認爲聲聞戒遠比菩薩戒重要；他們之中只有一種人認爲菩薩戒比聲聞戒重要，因爲他犯了聲聞戒；可是等到那一些不如法的違戒事情，他用菩薩戒的標準來衡量而通過以後，又改以聲聞戒爲準了，這就是標準的聲聞人。正因這個緣故，所以他們始終都說聲聞比丘戒是正解脫戒，菩薩戒是別解脫戒，跟我們的看法正好相反。

接著再從法義上來說，他們一天到晚在批評：「**南傳佛法那些人如何如何，他們只是小乘法，不如我們大乘法。**」講了一大堆南傳佛教的不是。可是他們講出來的法，結果還是南傳佛教的法，是用小乘的解脫道來取代大乘的佛菩提道。如果這樣取代了，倒也罷了，因爲至少還可以成爲一個大乘通教的菩薩；可惜的是，他們用來取代大乘佛菩提的小乘聲聞解脫道，卻又是錯誤的，使人連我見都無法斷除；然後，一天到晚掛在口中的說法就是「大乘非佛說」，自相矛盾；而且他們還繼續在罵南傳佛法那些人是聲聞人，自居爲大乘菩薩。像這樣種種自相矛盾、心想顚倒的說法，眞是豈有此理！就等於作賊的人在罵別的賊，結果自己和對方同樣都是賊，這實在沒道理。他們當了破壞大乘妙法的賊，就不應該罵別人當賊是可鄙，因爲他們自己也是賊；可是他們卻覺得別的賊很汙穢卑鄙，他自己這個更賊的賊很高尚，不汙穢、不卑鄙。所以說，他們自己是道地的聲聞人，還不知道自己是聲聞人，這才是大病。南傳佛法那些出家人，他們至少知道自己是聲聞人；可是，這一個罵聲聞人的人，自居爲菩薩卻不知道自己比對方更聲聞，那就眞可悲了。

同理，這五千個人正是如此，是標準的聲聞人，他們認爲阿羅漢的證境跟佛陀是一樣的。更有比丘、比丘尼懷著增上慢，還沒有證得阿羅漢果，就認爲自己是阿羅漢了；甚至有人還沒有證得聲聞初果，已經認爲自己是阿羅漢了，這些就是增上慢；因爲這種慢已經被增上了，不只是慢過慢了。而這一些人所親近的優婆塞，也是個個具有我慢，換句話說，他們根本都沒有斷我見，愛樂於自我的恆時存在，這就是我慢。而這五千個人中很多優婆夷，個個都不相信「佛不同於阿羅漢」。而這一些人都認爲說：「阿羅漢就是佛，而我們是阿羅漢了，所以你釋迦佛如今想要說出一個法，說佛跟阿羅漢不一樣，我們不能接受；你如果不講這個，我們就繼續聽你說法，你要講不同於聲聞法的佛菩提，證明我們的阿羅漢師父不是佛，我們就離開。」所以這些增上慢的四眾也就離開了，因此 世尊說：「如是四眾等，其數有五千。」

而這一些人從來不曾自己看見有什麼過失，既然懷著增上慢，當然是看不見自己有什麼過失。所以，如果有人常常見了人就說：「我修行不好，很抱歉！很抱歉！」你就應該知道這個人修行算是好的。如果有人一天到晚說：「我什麼都懂，我證量很高。」你就知道他沒什麼證量，他什麼都不懂，他一定大部分都誤會了；那你就知道，這一些人都是沒有辦法看見自己有什麼過失。你若是看見懂得自己有過失的人，那是修行好的人；修行越差就越不能發覺自己有過失，然後他就目空無人。這種人一定會空腹高心，誰都不服，只有他自己最大；可是一旦他解說了佛法時，原來都是世間法，都跟佛法無關，顯示他既不曾斷我見，也不曾明心，其他的就別提了。

所以，這一些人不但是小過不斷，而且是大過常犯，犯了以後自己還不知道有大過失。這樣的人對於戒法上面都是有缺失、有漏失的，沒有辦法好好受持戒法。既然如此，他當然每天都要很謹慎地護惜自己的瑕疵，希望別讓人家知道他的毛病。萬一他說了某一個法，人家說：「師父！你講的這個法有問題呵！」他就會開口說：「聖人是不隨便說話的，你如果毀謗了聖人，那得要下地獄，要謹慎口業才好呵！」於是一般人聽了便嚇死了：「要下地獄欸！以後還是少說話為妙。」然後就讓他繼續亂講一通。

以前也曾經有個小有名氣的南部法師，當人家說他的法錯誤，他就出來講：「誹謗僧寶的人，死後都會下地獄。」就以這個題目講了一些話，以錄音帶製作出來流通。問題是，他還是僧寶嗎？當他暗地裡修了雙身法以後早就不是僧寶了，不管誰毀謗他，都不會下地獄。因為他已經喪失戒體了，只是一個穿著僧衣的世俗人，不管誰毀謗他，那只是有根毀謗世間人，不是謗僧；所以縱使真的有毀謗，也是有根毀謗，罪不至三塗；因為他早已不是僧寶，他已經是地獄種姓了，所以「護惜其瑕疵」是這一些人的通病。當他們那一種小小的智慧出現以後，他們卻不會去檢查自己微小如螢火蟲一般的智慧是怎麼來的，早都忘了是因爲聽聞 釋迦牟尼佛說法，才有那樣小小的猶如螢火蟲一般的光明；卻自我膨脹，說他的光明比太陽還要亮。

所以，當這一種小小的聰明智慧出現了以後，我慢無比，自誇、炫耀，無所不至，於是就成爲四眾中的糟糠；好在這些小智慧的聲聞人，果然全部離開了。糟糠，講一句比較粗俗的話，叫作穀皮；碾米廠把稻米碾過以後，糙米歸糙米，剝掉的穀皮就是稻殼，閩南語叫作粗糠。以前，鄉下有很多人家是用燒粗糠的灶來燒水煮飯的，因爲碾米廠那些東西沒處去，所以免費給人，窮人家就用大米籮去那邊挑回來燒水煮飯，那叫作粗糠，內地管它叫穀皮。這一些增上慢人就成爲四眾之中的穀皮，穀皮是沒有人要吃的，不珍貴。釋迦牟尼佛開始講《妙法蓮華經》的時候，當然要使這一些人先離去才好講；當這一些人還留在座位上，釋迦牟尼佛開始講《妙法蓮華經》，他們不然就搖頭、不然就撇著嘴，就是會這樣。這對其餘菩薩四眾，他們看起來就會覺得：這麼勝妙的法會裡面，有這一些心性不莊嚴的聲聞人夾雜在裡頭，很不恰當。當然大眾都不樂意這些人繼續留在法華會上，所以 佛陀威德運作的結果，就是要使他們大大不服，趕快離開。

這一些人的福德非常非常少，想想看，連二乘菩提都無法實證了，然後自以爲已經證了；而且還認爲阿羅漢的證境可以和 世尊相提並論，更是大慢中的大慢。你想，他們的福德是大還是小？這就很清楚了。既然連二乘菩提的實證都作不到，對大乘菩提與二乘菩提的分際都弄不懂，連那個福德都沒有，大乘法對他們而言就更無分，所以這一些人不堪領受勝妙的大乘法。當這一些人都離開了以後，剩下來的這一些大眾，個個都是棟梁之材，已經不再是枝葉了。不管什麼樣的樹木，如果是枝葉，就只能拿來當柴火，作不了什麼大用。現代人在森林裡面伐木也是一樣，那機器把一棵大樹鋸下來之前，都是要先用機器把那些枝葉從底下往上一刮全部去掉，然後才鋸倒、拖運下山。那些枝葉都丟在現場，讓它去爛，全都不要，因爲那不是棟梁。離去的這五千個人就是枝，也是葉，而如今留下來的現場四眾，都是「貞」所以飽滿，也都是眞實而不虛假的棟梁。

這個貞潔的貞，它的意思就是飽滿不虛。講過《法華經》中這一句「**唯有諸貞實**」以後，我的書裡面可以再開始使用這二個字了，以前都被當作錯字改掉。「貞」的意思，是說它是飽滿的、不虛假的，主要是含有不虛假的意思；因爲如果它只有一半或全部空殼，那就是虛假的。所以貞，同時具有眞正的眞，也具有眞實的實，但是它還帶有一個意思，就是飽滿而沒有虛假。實呢，意思就是說，這是眞正的菩薩眾。譬如說，你如果賣珍珠，裡面夾雜了五分之一的魚目，人家就說你這個人不貞也不實，因爲用虛假的東西來賣。如果到了該收割的季節，這農夫到了田裡一看，那些稻子、麥子，個個頭都往上仰，都瞧不起農夫。農夫就知道說，這一些都沒有用，連割都不割，再等幾天以後還是頭高高地，農夫就重新把它犁下去了，就地當作肥料；因爲它們不飽滿，收割了還賠錢，還不夠付人工的錢，乾脆放了水，把家裡老牛拉了來，重新再把它犁到泥巴裡去當肥料。所以，不貞實就沒有用，一定既貞又實才有大用處。

講到這裡，諸位有沒有想到說，我們正覺同修會各位親教師，爲什麼一直在強調說菩薩性的發起與具足？就是說我們這個法只想要給菩薩，不給聲聞人。假使聲聞種姓還留下很多的人，最多就只是明心，再也不會有見性這一關可以讓他通過。爲什麼這樣講？是因爲我吝嗇嗎？不是，因爲我要送也送不出去。這是我度眾二十年的經驗，往往我特地要送、而且也送了，可是對方接不住；是因爲菩薩性還不夠，或者福德還不夠，或者性障還很重，這也沒有辦法可以眼見佛性。所以，我們很強調菩薩法，那是遵循 世尊的旨意在作；如果種姓是屬於聲聞性的阿羅漢，佛是不傳這個法給他們的；想要得菩薩法，不迴心的阿羅漢都是沒有機會的。

什麼叫作聲聞人？如果以世俗或者比較容易理解的說法，就是爲自己的利益打算，這就是聲聞人。而菩薩不會一天到晚想著自己的道業，其他的事情都不管。自己的道業，他反而不重視，他就是努力去爲眾生作事、爲正法作事，設想的都是如何讓正法久住。所以，我們會裡面還有人已經來學十年了，也很努力在爲正法作事，到現在竟還沒有報過禪三。想像不到吧！而且眞的是拚了命在作。有些人是朝九晚五，薪水不多，但是他自己用不到一半，剩下的都捐出來給正法使用；他當然比不上那一些大公司董事長一捐就是三千萬、五千萬元，可是這眞是菩薩，只因爲他這一世的因緣是這樣。如果有人身價一百億元，修學了正法，他護持了一千萬元，多不多？（有人答：不多。）不多啊？你們的心爲何這麼大？好狠欸！其實，我還是認同你們的說法，所以我的心也夠狠。爲什麼呢？因爲他只是拔九牛之一毛。可是他這一千萬元捐出來，若是再三思考，想了很久，在腦袋裡面九彎十八拐以後，終於才決定要捐的；這表示什麼呢？表示他在世間法上的貪著仍然很重，就是放不下自私自利，這也算是聲聞種姓人。

所以菩薩的心性，就是一直為正法付出，一直為正法作事，他不擔心自己的道業，這就是菩薩。我們同修會裡面沒有那種大董事長，都是小公司的小老闆，可是能夠拿得出錢來，真的不容易。而會裡絕對多數是什麼？都是朝九晚五的上班族，這才是令人欽佩；所以，我只好秋季、春季各加一梯次的禪三，就是這樣。本來咱們很輕鬆，春季、秋季各一次禪三就行了，一年總共二次禪三就結了。但現在春季要辦二個梯次，秋季也要辦二個梯次，為什麼呢？因為不得不作。有這麼多菩薩性具足的人，我能不幫忙嗎？當然要幫，這就是我們著眼的所在。凡是福德不夠的人，那就是聲聞種姓的人。聲聞種姓的人，有一個現象就是，他想的是自己的利益，而不是眾生的利益、正法的利益；他都不想這個，所以這一些人「不堪受是法」。

而這一些人往往還有一個特性，就是空腹高心，不貞亦不實；個個示現得證量很高的模樣，然後口氣都很大。甚至於我在書裡面親筆簽了名，寄了書送給他，他回信時還教訓我要好好修行。這個叫作不貞亦不實，就是個空殼的稻子、空殼的麥子。但是，這五千個人離開以後，留下來的人，顯示都能信受 佛陀所說。佛說另外還有佛菩提，非二乘聖者所知；佛說「諸佛所得法」，非二乘聖者之所能證；這一些人都信受，就表示他們是菩薩性具足的人。平常在那五千人的影響下，而如今能夠繼續堅持理念不受影響，所以佛才說：「此眾無枝葉，唯有諸貞實。」

接著 佛又說：「舍利弗善聽！諸佛所得法，無量方便力，而爲眾生說。」確實諸佛所得的種種法要，如果不用無量無數的善巧方便智慧力來爲眾生說，那根本無從說起。想一想，二十年來我寫的這一些書，距離諸佛所證的智慧還差那麼遠，而我寫出來的這一些法，我認爲都不深，可是外面有好多大師、法師、學人，他們學佛三十年以後，讀了竟然還說：「蕭平實書裡到底寫什麼？我都看不懂。」有的就說：「他胡說八道，亂編一氣。我怎麼可能看不懂？我學佛都三十年了。」他們是這麼講的。不說他們，甚至有同樣的人進了同修會，學了一年、二年以後都還說：「喔！我讀不懂。」爲什麼？不是因爲我寫得太深，因爲眞正深的法，我還沒有寫出來，也沒有時間寫，也不可能寫；而且我所謂眞正深的法，眞正說來，距離佛地都還差很多、很多，那麼大眾想想看，諸佛所得的法要如何爲眾生說？眞的很難說明。

所以，釋迦牟尼佛在菩提樹下，成佛道以後一夜思惟，想一想：「難說，不如入涅槃算了。」就像寒山大士有一首偈裡面說：「教我如何說？」眞的很難說。可是那大梵天王等很久了，後來一看，不太對勁，趕快前來請佛住世。於是世尊答應了，才觀察諸佛是怎麼說法的，原來有一轉法輪，也有二轉法輪，也有三轉法輪的。再看看這個五濁惡世，就只能三轉法輪，所以才施設三轉法輪的次第來說。可是三轉法輪完了，講了《無量義經》，說明有一法含攝一切法，這五千個人在座已經聽得很難過，早就想走人了；因爲他們聽不懂，只有菩薩眾聽懂，因爲菩薩們是很多劫以來就跟著世尊修學的。所以，當舍利弗他們聽了《無量義經》，心大歡喜迴小向大，請求世尊演說《法華》的時候，世尊三辭；而舍利弗三請，世尊不得不說，於是這五千個人馬上就離開了。那你想，已經三轉法輪完了，他們都還聽不進去。如果沒有經過二轉法輪，一開始就講：佛菩提道要修三大阿僧祇劫才能成就。其誰能聽？大部分的人都聽不下去的，所以確實是「諸佛所得法，無量方便力，而爲眾生說」。

且不說諸佛所得法，單單說我出來弘法的前十年，只講明心跟見性，很少談什麼中觀、種智；除非是在增上班的課程中，我很少去談到，只是有時引用一下，或者辨正的時候不得不用，可是有多少人讀懂我書中所說呢？所以，眞的必須要以種種無量無數方便智慧的力量，才有辦法爲眾生解說諸佛所得法。這是我們現在以親身的經驗，就可以證實的事情。

接著 佛陀說：「眾生心所念，種種所行道，若干諸欲性，先世善惡業；佛悉知是已，以諸緣譬喻、言辭方便力，令一切歡喜：或說修多羅、伽陀及本事、本生未曾有，亦說於因緣、譬喻并祇夜、優波提舍經。」這裡講的是說，因爲眾生的心性一時不能堪受大法，所以必須要先初轉法輪宣講九個部類的經典；這九部經主要是在聲聞法上面來說，藉著本生、本事、未曾有等等，來引生大家認知到：諸佛與阿羅漢是不一樣的。那麼，佛是這麼解說的：眾生心中所念所思所想，以及所欲都各不相同。既然各不相同，所以不同種姓的不同眾生，個個所修行的法道，就會顯示他們修道的目的以及所求的欲望，顯示他們的心性是完全不同的。

為什麼要修道？一定有法欲，修學種種法道，他是為了求什麼？譬如，有人為了求家庭平安、事業順利，就去廟裡面聽人家說善法，就教他們說：在世間營生的時候，不能輕秤小斗。就是不能暗中詐欺人家，乃至種種惡事等等都不應該作，累積了種種的陰德以後，家庭就平安了，事業就順利了。如果要求發展，事業要大大地擴展，那不只是不造惡業，還要進而行善修善等等，就講這一些。這表示說，他修學善道的目的，心中的欲望是求世間法。有人修道目的是為了什麼？為了奇特。什麼奇特？例如想：「別人看不見的，我能看得見；別人聽不見的，我能聽得見。」所以他去修道；修什麼道呢？神通道，甚至於修鬼神道，然後能跟鬼神交通；於是他想知道的，鬼神就告訴他，那叫作鬼通，不是他自己的神通。

有的人想：「我要生到天堂去，我不想留在人間；人間好苦，而且人壽那麼短；天堂壽命很長，而且據說有五百天女奉侍，那多好，在這裡娶兩個老婆就不停地吵架了。」所以他想要修天道。好了，那就除了受持五戒以外，再加修十善。那麼 世尊也教他，讓他修十善業道也可以，那他死後就可以往生欲界天了。這也好，至少對人間有貢獻，他不作惡事，還行善，利益眾生啊！有的人心量小一點說：「我也不想生天，我覺得當人這麼好，可是就怕保不住人身，那麼來世怎麼辦？」他來問佛，佛說：「那也行啊！你只要守持五戒不壞，未來世就可以繼續保住人身。」於是他修人道，這就是人間道。人乘、天乘有了，可是天乘不只如此，有人說：「我覺得欲界天也是不清淨，我死後要生到色界天去。」佛就教導他：「你該修證未到地定，也要懂得確實離欲啊！」於是他可以往生初禪天。乃至教他往生二禪天、三禪天、四禪天以及四空天的方法；這也是天道，這也不錯啊！因爲他的欲望就是這樣而已，他並不想求得出世間果。

如果有人修道的目的，是想要出離三界生死，那麼　佛看看說：人間有這一些人得度的因緣成熟了，並且觀察說這一些人有很多都是過去世奉侍過諸佛的，也追隨自己很久了，那就可以降生人間示現成佛，因此就有了初轉法輪。可是這一些人能夠輕易就接受嗎？不行，還要先施設方便力，在成佛之前就已經施設了。怎麼樣施設？去見某一個外道，跟他學習，那外道說他那個境界就是涅槃。好，跟著他學習；才剛聽他說完了以後，一上座馬上證得了，發覺：「原來這只是初禪而已，不是涅槃。」又找另一個證量更高的外道，這樣去受學，他說那是涅槃，跟初禪不一樣。好，跟了他學，聽完了上座一修，馬上又得了二禪：「那只是二禪，不是涅槃。」就這樣一一受學，聽完了馬上實證；所有外道的最高證量是非非想定，沒有超過非想非非想定的人。

這樣示現了，夠不夠？還不夠，還要再示現六年苦行，日食一麻一麥——每天只吃一顆麥、一顆芝麻。唉呀！好多人，你告訴他說：「你能不能持八關齋戒啊？」他說：「那怎麼行？晚餐都不能吃！」他認爲吃了早餐加上午餐還不夠，還得晚餐再加上夜宵才能過活，就別說是持午了。如果叫他每天只吃一麻一麥，他說：「喔！這是何等大事，不得了欸！」可是 佛就這樣示現，所以六年下來，前胸貼後背，血管一根根都浮現在外。既然這樣子，不如乾脆多多入定；因爲一定要示現六年苦行，眾生才會信，所以乾脆就常常入定，省得找食物。當時 佛陀一入定就是三個月，是平常事啦！所以有一次出定的時候，正在暖身準備要動一動，想要起身，發覺頭上有東西。原來頭上被鳥做了巢，結果那鳥媽媽好像覺得是地震，感覺不安全，就飛走了，剩下雛鳥在那邊叫。想一想：「這樣不行，我一動身離開，把鳥巢放在地上，鳥媽媽不敢回來，這些鳥都會死掉。」於是又入定，等那些鳥都成長了、飛走了，再出定。這樣六年苦行以後放棄，改修不苦不樂行而成佛，眾生才會信啦！所以假使有人說：「你們釋迦牟尼佛算什麼？」徒弟就有話講了：「至少六年苦行，你作不作得到？等你作到了，再來批評。」有世間智慧的人就不敢講話了。

可是佛陀示現六年苦行的目的，不只有如此，最後告訴大家說：「苦行不能使人成佛，要福慧圓滿才能成佛，專修苦行是沒有用的。」這才是六年苦行方便示現最重要的旨意。以前，有個密宗外道還刊了報紙，罵我說：「人家釋迦牟尼佛，還經過六年苦行才開悟，你有修過六年苦行嗎？」喔！他還振振有辭，可是他沒有想到的是：釋迦牟尼佛說，六年苦行是無法開悟的，要修不苦不樂行才能開悟。當我們書裡面這麼寫出來，他就只好沉默了。

那你想想看，世尊從降生人間時就已經開始施設方便了，施設說來到人間要怎麼樣成佛，眾生才會相信，這是預先就施設好的。可是這裡面還有一個最重大的、最難以克服的，諸位可能都沒想到，就是說三地滿心以後就離開胎昧了，或者有的人比較遲鈍，到了五地才發起意生身，那時離開胎昧了。

那麼，妙覺菩薩當然是沒有胎昧的，他來人間受生，卻要示現成什麼都忘光光；就好像一個普通人一樣，全部都忘光了；就是在指天指地行走七步的時候，說了「天上天下唯我獨尊」之後，全部都忘掉了，然後一切從頭開始，這才是最難啦！想想看，你如果已經離開胎昧了，你作得到嗎？一定作不到嘛！

你們信不信我這個說法？好些人心中有懷疑，所以沒有辦法立刻點頭。但我是從來不懷疑的，因爲眞的可以作到。我舉個例好了，譬如二地滿心後的猶如光影現觀的智慧，可以轉變自己的內相分；可是接下去，三地心中進而發展可以轉變別人的內相分，所以諸佛菩薩都有能力加持於別人。這是三地的滿地心前就作得到的，可是 世尊給了一個念頭：「**你如果敢作一次，死後就下地獄。**」當時渾身都是冷汗，然後我就徹底忘掉；如今再怎麼想也想不起來了，除非從頭再來觀行一次。所以眞的可以忘掉。

我們再舉一個比較淺的例子好了，譬如有人受到很嚴重的精神打擊；他不是遭受外力的撞擊，只是精神上很嚴重的打擊，然後經過幾天的失常以後漸漸正常了，但你問起那一件事情時，他竟然完全不記得了，醫學上有這樣現成的例子。所以這是可能的，只是困難度不同而已。完全沒有胎昧的妙覺菩薩來人間示現成佛，是把一切都忘掉，示現如同凡夫一般，從凡夫位而在一生之中到達究竟佛地，是可以這樣示現；《華嚴經》中的善財童子也是這樣示現，從凡夫地一生之中到達妙覺位。所以上面經文說的都是 佛的示現，如果不是能夠具足了知眾生心中的所知所念，如果不能具足了知眾生種種所行道背後的所有不同「諸欲性」，如果不能了知眾生先世的一切善惡業，那就沒有資格說他成佛了。所以，佛陀都能夠觀察眾生的往世、現世以及鈍根、利根、往世的種種善惡業。眾生的種種因緣，祂都知道，如果不具備這樣的功德，就沒有資格宣稱已經成佛。

那麼 佛陀接著說，全部都知道這一些事情以後，依種種不同的因緣，作了種種的隨機教育。當某一個因緣出現時，佛就藉那個因緣來說法，這就是「諸緣」；在各種因緣出現的時候說了法，而且在說法時還要運用各種「譬喻」來演說；因爲眾生不容易聽懂，所以要用「譬喻」來方便宣說，眾生才容易理解。可是，單單如此還不足以度眾，還得要有言辭方便；所以諸位可以看到，單單是第八識如來藏，佛陀施設了多少名稱來爲眾生宣說呢？而且每一種不同面向而說出來的法之中，也有不同的言辭來加以解說。這完全是憑藉善巧方便的力量，才能夠使一切聞法的大眾心大歡喜。

那麼，這一些諸緣、譬喻、言辭、方便力，主要就是分成九個部分來說，叫作「修多羅、伽陀、本事、本生、未曾有、因緣、譬喻、祇夜、優波提舍經」。這九部經，九部不是說只有九部，而是說九大部類的許多經典。這九部經是在初轉法輪時就說了，到三轉法輪完畢幾乎便具足了。「修多羅」，就是正式宣講的經典，在四阿含中（把聲聞阿羅漢所聽聞而結集出來的大乘經典除外），那一些 世尊特地為大眾宣講的比較短的經典，或者像特別長的《長阿含經》，都屬於修多羅。也就是說，特地為眾生宣說五蘊十八界的虛妄，以及般若、唯識諸經等，並且是偏重於提示性的說明，這就是修多羅。而這一類修多羅有一個特性，就是除了提示性的說明以外，而且還是有前後連貫淺深次第的法義，就是解脫道的法義、般若等法教的法義等經典，這叫作修多羅。

那麼，「伽陀」就是偈，為什麼有時要說偈？因為 世尊宣說聲聞法時，往往連著幾天會由淺至深來宣講。那麼，宣講出來的這幾部解脫道的經，它是有前後次第連貫的特性存在，恐怕弟子們持誦的時候，時間久了會把其中的某一部分給忘掉了，因此就要編成偈。這個偈在翻譯成漢文以後，你們可以看得見的是往往某幾部經之前，會有一首四句偈。這四句偈每一句都只有五個字，你們會發覺到這個現象，那一些偈就叫作伽陀。也就是說，那一首偈先誦出來之後，然後一句那一首偈裡面的經名，再來誦出那一首偈所函蓋的那幾部經典，而那個偈就叫作伽陀。這個部分好像那一些阿含專家們都沒有注意到，他們對那一些偈都好像視而不見一樣，這個就是伽陀。

接著是「本事」，本事就是在這一些經典之中，有時候特地加以說明：爲什麼要講這一些經典，它的原因是什麼。也就是說，這一部經典之所以要宣說，它的背後原因是因爲某一些法義，才要說這一些經典；或是因爲往世的某一種緣起，才有今天這場法會中的某人來引生這一部經典來；所以作這些說明的經典，就叫作本事經。本事，直接說明、依文解義，就叫作「本來事情的內涵」。譬如我們的〈超意境〉CD，當我把頌—也就是詞—寫出來之後，接著就得寫本事；也就是說，這首頌或詞，它所說意涵中的本來事情的內容是什麼，這叫作本事。所以，本事就是在寫那一些緣起的內涵，是寫那一些頌的背後故事，用來說明這一首頌是怎麼樣由來的；是因爲有這一些典故，所以才寫了這一首頌。我們明年年底準備要再出一片〈超意境〉CD的第二輯，一樣的道理，我們仍然會附上一本彩色的小冊子，同樣的會在每一首頌的後面，都會寫上本事來作說明。（編案：即是〈菩薩底憂鬱〉CD，已經出版）。

那麼「本生」呢，就是人家聽過的一句話，叫作本生談。爲什麼叫作談（譚）？因爲它就像說故事一樣講出來，所以叫作談。本生談其實應該正名爲《本生經》，釋印順等人不信那些經中所說的 佛與諸菩薩們往世的事情，所以故意說爲本生談，不承認是經典。那麼《本生經》中講的是什麼？說的就是 釋迦佛過去在菩薩位中如何修菩薩道，如何在三界六道中廣度眾生，甚至有時因爲大悲願而去當鹿王，在畜生道裡面度眾生，爲了跟眾生廣結善緣。所以，釋迦菩薩往世種種行菩薩道的故事，用較輕鬆的方式、以講故事的手法講出來，那就是《本生經》的內涵，裡面會同時談到菩薩們往世與 佛陀之間的關係。

「未曾有」，譬如開講《妙法蓮華經》之前所講的《無量義經》，就是未曾有的法，因爲聲聞人從來沒有聽過這樣的經，也因爲 世尊在此之前還不曾講過有一個法可以含攝一切諸法。又譬如說，在諸佛涅槃的實證過程裡面有一些岔路，有一些什麼內涵與次第，這都是大眾以前不曾聽聞的法，這也屬於未曾有。甚至於講到識入母胎、識住名色、識緣名色、名色緣識等等，在進入第二轉法輪之前，都是二乘聖者所不曾聽聞的，這也是未曾有。又譬如談到無餘涅槃之中的「本際」，這都是未曾有法。

那麼，如果說「因緣」呢，那諸位更加耳熟能詳了。十二因緣法，大家都會背，就從無明緣行到生緣老病死、憂悲苦惱，都會背啊！可是因緣法很淺嗎？不淺啊！因爲因緣法在 世尊的親自教授下，都是要先觀十因緣的，可是時至末法已經沒有人懂得十因緣了。北傳如是，南傳亦復如是，怪不得大家都無法修成因緣觀。能證得因緣觀的人，絕對不可能落入六識論中，因爲名與色這五蘊就已經函蓋七識心王了，當然不可能人類只有識陰六個識。在四阿含中，佛對識陰的定義很明確，就是根塵相觸而生的法。根與塵相觸而生的法，才是屬於識陰所攝，這是狹義的識陰的定義。

廣義的識陰定義，是可以把意根也函蓋進去，但那一定是廣義的定義，因爲意根是出生意識的所依根，所以把祂定義在狹義的識蘊之中是不可能成立的。因此，意根是在識陰之前便已存在的，而竟然有人宣稱意根是從意識細分出來的。這好像是主張由女兒出生媽媽，或是女兒出生爸爸一樣，你只好說那些人叫作糊塗蛋。那麼，意根也含攝在五蘊的名之中，那名──受想行識──之中既然函蓋了七個識，識陰等六識當然是在名所含攝的範圍中；然後佛陀又說識入母胎出生「名色」，也就是說有一個識入了母胎，出生了色身與名等七個識。那一個識是不是在名等七個識之前就已經存在了？（有人答：是。）喔！那顯然就是有八個識了嘛！所以要證因緣觀以前，先要把十因緣弄清楚；弄清楚十因緣之前，首先要弄清楚的是名色的內容。可憐的是，現在的大師們連名色的內容都弄錯了，怎麼有可能弄清楚十因緣呢！

所以，他們那些解脫道的弘揚者，被正覺批評爲斷滅論的時候，他們沒有回嘴的餘地；反而要由被他們毀謗的、被他們判爲外道的蕭平實，來幫他們建立二乘菩提，才能使他所弘揚的解脫道不會成爲斷滅論。所以你說，他們該不該感謝我？眞的該啊！因爲是我成就他們，是我幫助他們的解脫道不會落於斷滅論邪見中。那麼，像四阿含中說到這一些第八識的部分，其實本就是大乘經典，被聲聞結集成二乘解脫道的聲聞法；對他們而言，那都叫作未曾有法，而這個未曾有法建立了因緣觀於不敗之地，使外道對二乘菩提無可奈何。所以，沒有十因緣就無法成就十二因緣，能成就十因緣觀的人未來就必能成就十二因緣；只要他有好好去觀行，如實理解確實觀行，他的觀行是如理作意的，他就一定能成爲緣覺，這就是因緣法。如今我們把這個因緣法給復興了，所以將來諸位都是一百年後、二百年後乃至一千年後，佛教史學者所說的「參與佛教復興運動的一分子」，應不應該覺得與有榮焉？那，還有少數幾個人沒有點頭，是什麼意思？（大眾笑……）

這就是說，因緣法甚深極甚深，所以　佛陀特地要別立一部來說。有一天，阿難尊者不是說「如我所觀，因緣法甚淺，極易理解」嗎？然後就去向佛陀講了，佛陀卻說：「你不要這樣想啊！因緣法甚深極甚深。」爲什麼？因爲眞正懂得因緣法的只有菩薩，而菩薩也不是自己懂，是跟著諸佛修學才懂的。所以當　世尊講了，又爲他特地說明：「我當初成佛的時候，我在因緣法上是先經過十因緣法的順觀、逆觀，然後再作十二因緣法的順觀、逆觀，你懂嗎？」阿難聽了才知道說：「喔！原來是這麼深。」

可是這樣就算懂因緣法嗎？還不懂欸！因爲那十因緣法說「名色由識而來」，那個識在哪裡？都還不知道。緣覺都還不知道這個識的所在，怎麼能輕易就說「因緣法沒什麼啦！」以前那一些人都說：「因緣法很簡單啦！無明緣行、行緣識、識緣名色……」，就背出來了，然後：「我告訴你啦！無明緣行就是……。」他講了一大堆，等到《阿含正義》出版以後，他們不再說因緣法很簡單了。所以因緣法很深，世尊才要特別把它另立一部來說。

那麼「譬喻」呢，譬喻很重要，以一般人的智慧而言，想要瞭解聲聞道是很困難的。粗淺如聲聞道都必須要運用種種譬喻來說明，且不說聲聞道，單說到法戒（法毗奈耶）就好了。你看，阿含裡面須深阿羅漢，他本來是外道派來盜法的。佛早知道，可是 佛的想法很簡單：「不怕你盜法而成爲阿羅漢，只怕你不成爲阿羅漢。」因爲只要他一成爲阿羅漢，他馬上知道外道天神根本就是個凡夫，所以 佛就爲他說明「先知法住、後知涅槃」的法，證得初果，他就求出家再作觀行成爲阿羅漢。他證得法眼淨成就初果以後就立即懺悔了，因爲他馬上現觀以前信仰的師父、以及他師父所說的那個外道天神，於是他立刻知道，即使是大梵天王，都還是個凡夫，他馬上有能力現觀：

「因為大梵天王所說的一切，都在意識境界裡面，那當然還是凡夫；我如今證得初果，不久可以出三界，而大梵天王作不到，我為什麼還要歸依他？是他要歸依我欸！那我怎麼可以把解脫道的正理竊盜回去而說給他們知道？」他馬上知道是他的師父要歸依他，而他師父所信奉的大梵天王也應該要歸依他，他已經是初果聖者了；於是馬上向 佛懺悔。

可是那盜法罪有多重呢？須深還是不知道。雖然第二天他已是阿羅漢，但他依舊看不見那個因果，何況當天還是初果之時？因為因果的究竟了知，是唯佛與佛乃能知之；所以 世尊就只好用「譬喻」的方式向須深說明，講出盜法的罪業是如何、如何、如何，須深聽了心裡好歡喜：「好在我有懺悔，否則即使是阿羅漢，還是要被盜法的大惡業所牽。」這不就是「譬喻」嗎？然後譬如說十二因緣法，十二因緣法有時候講到十八因緣法，二十幾個因緣法，乃至講到「有護有守」，甚至於講到用刀杖來守護身財等等，也還是在講十二因緣法；那就是加上了「譬喻」而說因緣法，所以「譬喻」在聲聞道中就已經很重要了。如果到大乘法來，講解更難了知、更難實證的眞如時，那當然更缺不了了，所以譬喻就另立為一部。

接著是「祇夜」，祇夜也就是重頌；是怕剛才講過的長行（長行就是講了很長的一段法義，用很長的一段時間講解），可是那內容不容易記住，因此就用重頌的方式再復習一遍，讓大家容易記住。所以有時候長行講完了，就用重頌再講一遍，就叫作祇夜。有時候重頌是比較簡略地誦出來，有時候長頌反而說得更詳細，因爲頌比較容易記憶，就把它講詳細一點，這叫作重頌。譬如說，世尊講《妙法蓮華》，講了很長一段以後，想要加強大眾的印象，所以把長行的內容全部以重頌再講一遍；全都是以偈頌的方式來說，這就是重頌，直譯時就名爲祇夜。

最後是第九部，叫作「優波提舍經」，也就是論議之經。論議之經，大部分是因爲外道來論議，或者佛弟子來請法所以產生的，這在四阿含裡面的記載非常多。所以有時候外道來請法，如果這個人還不足以成爲佛弟子，佛就用外道法爲他說明：「你那些法有什麼過失，應該如何改進。」如果是來挑戰的，佛就用外道法破外道法，也就是要經過長篇累牘的論議。甚至於有外道公然侮辱　釋迦牟尼佛，佛就去找那個外道論法，廣作破斥。也有外道來公開挑戰，佛直接告訴他：「你是釋迦奴種。」明說對方是釋迦種族的奴婢。奴婢是賤民中的賤民，那外道當然不服，徒弟們更加不服，個個義憤填膺抗議起來。

那幾百個人在那邊大呼小叫，佛不理他們，等他們叫到聲音比較小了，佛就說：「你們的智慧比你們師父高嗎？有沒有？請站出來！」結果沒有人站出來，佛就說：「如果你們的智慧不如師父，那就由你們的師父跟我談法，你們就不要講話；如果你覺得智慧比你師父高，那你可以站出來。」結果沒有人站出來，於是一眾默然，佛就跟那個外道師父講：「你們凡是姓『聲王』的人，都是釋迦奴種。」重新再強調一遍，因爲佛無所不知，就觀察他的先世，一世一世如何延續下來的過程，就講給對方聽：「你們若不信，可以到先宿長老家，詢問我說的『聲王姓氏的人是釋迦奴種』的事是否屬實。」外道無話可說就被調伏了。這也是論議的一種，往往用對方的法來證明對方的法不對；這樣的論議也是經，叫作論議經，梵音就叫作「優波提舍經」。

有時候外道來請法，他有因緣成爲三寶弟子；雖然還沒有到證道的因緣，或者說他可以成爲初果優婆塞、或者初果優婆夷，佛就爲他說法。說法的時候，就要用對方說的法來作一個比對，這時作出論議，同時使得佛座下的弟子們聽了一樣可以證果，這也叫作「優波提舍經」。有時候是佛弟子於法有疑，前來請問，譬如剛剛舉例的，阿難尊者思惟了以後說：「如我所觀，因緣法甚淺、甚淺。」然後來跟 佛說了以後，佛就爲他說了十因緣與十二因緣，那也叫作「優波提舍經」，也就是論議性質的經典。這樣總共就是九個部類，這「九部經」是在演說聲聞法的過程之中所必須要說的，如果不具足九部，那麼聲聞法的弘揚就不太容易。如果不運用九部經的方便善巧力量來說，證得聲聞道的弟子就會很少，這就是 佛所施設的方便。

接著說：「鈍根樂小法，貪著於生死；於諸無量佛，不行深妙道；眾苦所惱亂，爲是說涅槃。」意思是說，根性遲鈍的人、智慧比較不深妙的人，他們是比較愛樂於聲聞小法的。所謂的小法，有二個意涵：第一、他一世就能親證，所以這個法不大；第二、這一個法的內涵不是很深廣，凡是方廣以外的法就叫作小法。爲什麼叫作方廣？方一定有四個點，譬如地政機關，他們要出來丈量土地的時候，規定一定要「四至具足」，這一塊地四面八方最遠的每一個點都要測量到。如果是四方形的土地，最遠的點就只有四個，便叫作四至；若是不規則的土地，最遠的點就有更多；所以你如果要探勘，那幾個點都要探勘到，才能叫作四至丈量完畢。這四個點都丈量完畢的時候，表示這一塊地的每一個範圍都函蓋在內了。所以方廣的方，意思也就是廣；方就是廣，廣就是方，因爲無所不至，無所不含。

現在要請諸位看看：四阿含諸經對於佛菩提道有沒有方、有沒有廣？佛菩提道的內涵，它有沒有全部函蓋？沒有啊！它只講到如來藏的名字而已，可是如來藏的內涵有沒有說到呢？沒說到；如來藏的內涵，有沒有具足呢？更沒有。這表示四阿含諸經雖然意思就是成佛之道，其實名不符實；因爲所說到的佛菩提，幾乎不存在而只有名相，更別說是四至有沒有全部具足。那就是不方，不方就表示它不廣，它所說的法義很有限。因此，四大部阿含其實不能稱爲「阿含」經，因爲「阿含」的意思主要就是「成佛之道」。可是四大部阿含二千餘經，所說的成佛之道根本不具足，才只提到佛菩提的見道入門，剛剛講到如來藏的名稱而已；可是悟後該如何修行而能成佛？完全沒有說到，那怎麼可以叫作成佛之道的經典呢？而且百分之九十九的篇幅都在說解脫道，顯然佛菩提的四至，它並沒有具足探勘，因此它不是方廣。既然對佛菩提道所說的內容不方不廣，就不是眞正的成佛之道。

佛陀才剛捨壽後的聲聞人就已經如此了，而　佛陀在世時已經有許多人是根性遲鈍的，所以他們愛樂小法，他們希望的是一世就可以解脫生死痛苦。那解脫生死痛苦的法，不過就是從初果到四果，大不了加上個緣覺果；無非就是四聖諦與因緣法，實修的方法就是八正道、十二因緣；至於五停心觀、四念處觀，只是前方便，也就只有如此。而我們概要地把它寫了出來，就叫作《阿含正義》，顯示出《阿含經》中所說的只有聲聞法的實修，沒有成佛之道的實修。所以這叫作小法，因爲這個法不方亦不廣，不函蓋成佛之道，也無法使人具足成佛。而這一種樂於小法遲鈍根性的人，大部分貪著於生死；因爲對於三界中的世間法深心愛樂，因此不能爲他講佛菩提道；這是因爲成佛之道要歷經三大阿僧祇劫，而且都是難行能行，那不是一般人所能作到的，是菩薩才能作到，所以是專門要在三界中當傻瓜，而且要被人恥笑辱罵而繼續利樂眾生的；這根本不是貪著生死的人所能愛樂的法，所以只能跟他們說聲聞小法。

《妙法蓮華經》今天要從二十一頁第七行後二句繼續講解：「鈍根樂小法，貪著於生死；於諸無量佛，不行深妙道；眾苦所惱亂，爲是說涅槃。」

這六句是說，對於根性比較遲鈍的人，對於這一些愛樂於小法的人而言，他們是比較貪著生死的，所以爲他們講涅槃。什麼人是遲鈍的人？就是說，對於深妙法無法領會，對於粗淺的法、容易修習的法，他能夠領會，這叫作鈍根。鈍就是遲鈍，要叫他領略深妙法，非常的困難。接著就要來討論一下，深妙法爲什麼是大法？粗淺的法爲什麼是小法？我們就得要先探討一下，深妙法與粗淺的法，這兩者有一個特性：深妙法不在現象界中，粗淺的法是現象界裡的法。現象界主要是指三界中，現前可以親自體驗的境界，譬如人類生存在人間，可以體驗人間的各種境界；因爲這是有相的，是一種存在的現象，名爲現象界。譬如畜生可以領略畜生的境界，餓鬼、地獄可以領略餓鬼、地獄的境界，乃至欲界天、色界天、無色界天，各自可以領略那個境界。但那些境界是三界現象之中所存在，是各自境界中的有情都可以現前體驗的；只要緣熟了就能體驗，不離三界現象，所以都屬於現象界中的法。大法指的是實相法界，而非現象法界中的法，這就不是三界中的法性了，而是祂可以存在於三界外，不在三界中；可以不被現象界所拘束，而能獨立於現象界之外，這就很難理解，所以稱爲大法。

這樣講好像比較學術一點，好像比較名言，我們再換一個實際的方式來說好了。小法講的是二乘的解脫道，二乘解脫道所要觀行的，就是三界現象全部虛妄生滅，所觀行的對象就是欲界的蘊處界，色界、無色界的蘊處界全都生滅不實，因此而斷除三界我等「我見、我所執、我執」，成爲阿羅漢。或者再依因緣法而作觀行，觀行的內涵也是三界中法，因此而斷除我執，成爲辟支佛。這些所觀行的對象都是蘊處界，不外於蘊處界，都不必去親證實相法界，所以說這一些法所觀行的對象，都屬於現象界中的法，與實相法界無關，不必觸及到實相法界。這一些法在一世之中就可以修習成就，所以一世就能成爲阿羅漢，而所觀行的對象都是三界之中的法，不離現象界，所以叫作小法。

至於實相法界的法，打從見道開始就很困難了。二乘聖者假使不迴心大乘，根本就沒因緣可以親證；因爲這不是三界中法，都不是現前猶如五陰十八界等法一樣，從現象界中就可以指出來的法，而是第八識如來藏所顯示出來的各種法性；而祂是可以獨立於三界現象界之外的，而現象界中的三界一切法只能存在於現象界中，卻又不能外於第八識眞如而存在於三界中，也不能外於實相心如來藏而單獨存在，所以這不是遲鈍的人所能親證的，就叫作大法。又因爲這個法親證之後，還要繼續進修到達佛地，而那個時程很長，打從修習福德具足信心證悟，要成佛是三大無量數劫，不但法深而且廣大，想要究竟成功，時劫非常之長，所以稱爲大法。又因爲究竟完成之後智慧無量無邊，而且所證的究竟果無可比擬，因此稱爲大果，而阿羅漢、辟支佛只能稱爲小果；因爲是大果，所以稱爲大法，大法當然不是遲鈍的人所能修證。

以前天台山國清寺有一個行者（也就是沒有剃髮，也沒有受出家戒，只是住在寺院裡面爲大眾作事，這叫作行者），這個行者的名號後來響噹噹，他叫作拾得。這拾得是國清寺的僧人豐干禪師有一天下山，在路上撿回來的小孩子，就養在寺中。這拾得就裝迷糊，好像小孩子一樣在路邊哭，讓他撿回去。可是撿回去以後，他立刻就不迷糊了。有一天，在山門有一尊金剛護法神，神像前面供了飲食。那些飲食呢，鳥都跑來把它吃掉。那拾得看見了，就一棍打過去：「你在護什麼法？連自己的食物你都護不了。」然後，那天晚上護法神就入夢去向住持告狀說：「拾得打我。」那住持就把拾得找來罵了一頓，拾得也不辯解，那就過去了。後來又有一天，在菩薩聖像前不是有一些供品嗎？寺裡上了供，這拾得老哥就爬上了供桌，面對菩薩像坐著，在那邊就吃起來。大眾看見了來罵他，他回說：「你們把食物放在供桌上，不是要供養普賢菩薩嗎？」他也不解釋自己就是某某菩薩，把它吃了就對了。你想這拾得天不怕、地不怕，把護法神也打了，那當然是大有來由的菩薩，因為他證的是大法。

到後來，太守因為豐干禪師指點，找上門來，說要找寒山與拾得，大眾指說他們在伙房裡面。諸位知道，伙房裡面總是濕漉漉，而且古時候伙房不像現在鋪磁磚弄得很清潔，最多就只是石板，也許還有泥巴地的伙房。這太守來到了，問清楚是寒山與拾得，納頭便拜。闔寺僧眾大大地驚訝，就大聲嚷嚷著：「尊官何故禮拜下人？」文殊、普賢被他們叫作下人，那還有誰才會是上人？他們覺得說，像住持那樣穿著僧衣的才叫上人。還有一天，眾僧正在布薩，拾得正牽著牛要去放牛，看眾僧在那邊布薩，他靠在門框上就撫掌說：「法不好好學，心不好好修，聚在這邊誦什麼戒？」因為他們一面誦戒，一面心裡面髒得一塌糊塗，都在爭權奪利，派系鬥爭總是一直存在。那誦戒的僧人就罵他：「下人瘋狂，破我說戒。」還罵他是下人。因為他不知道那是等覺菩薩，所以就罵他是下人，可是菩薩無所謂。被罵了之後他就喊，喊一個幾年前往生的僧人名字：「某某某，走喔！」那隻牛就「哞……」答應，跟著他出寺去；然後他一面走就一面說偈：「前生不持戒，人面而畜心，汝今遭此咎，怨恨於何人？」意思是說，你前生不好好持戒，所以今生招得作牛。

大菩薩遊戲人間是這樣遊的，越大的菩薩遊得越輕鬆；越輕鬆的意思就是越發低下，可以去作下人，讓凡夫眾生來罵他。這就是等覺菩薩，別以為等覺菩薩在人間時全都吃得好、穿得好、住得好。寒山是 文殊化現，你們知道寒山是怎麼過日子的？不論冬夏就是那麼一襲粗布衣裳，頭髮長了綁起來，沒有冠怎麼辦？把樺樹剪一塊皮下來當作寶冠，就跟頭髮綁在一起，那就是他的寶冠。然後拾得等到眾僧飯後，就用個竹筒把剩菜剩飯幫他裝著；寒山來了，你們知道寒山腳下穿什麼呢？穿木屐，就像日本人穿的下邊有兩根木腳的木屐，穿在腳下「叩、叩、叩」就來了；他們兩個人聊一會兒，然後寒山把竹筒往背上一揹就出寺去了。吃剩菜剩飯，這就是等覺菩薩，這樣遊戲人間，他們修的法卻不是那麼容易成就的。

而國清寺那一些眾僧被等覺菩薩拾得種了大福田，自己都不知道；人家是在他們身上種福田，他們還罵菩薩是下人。這也可以顯示大法與小法、鈍根與利根很大的差異。這也正好印證一句俗話：「吃得苦中苦，方爲人上人。」所以，你將來如果要當等覺菩薩，現在就盡量往低下的工作去撿來作，讓自己將來當等覺菩薩當得容易。這個道理聽進去了沒有？這是實話。所以，菩薩不會一天到晚高高在上，該怎麼樣就怎麼樣，那些都無所謂；因爲現象界的事，已經全部看透了；早在實相法界打滾那麼久了，難道還要被現象法界所拘束嗎？

這樣來看，表示鈍根的人是樂於小法的，你如果跟他講實相法界，壓根兒就聽不懂，所以不管誰來見禪師，想求實相法界說：「如何是佛法大意？」禪師如果老婆一點就說：「吃茶去！」如果比較不老婆的，人家剛剛問完，他轉身就回方丈室去了。如果更不老婆的，那就說：「白雲東山起。」就這樣。那你說，鈍根人如何能夠契入？根本就沒機會。所以，這一些遲鈍的人只愛樂於小法，而小法都是什麼樣的法呢？都是三界中法，就是面對三界愛而修行。三界愛，他都無法看穿、都無法現觀其中的虛妄，所以當然是貪著於生死；否則他早在上上輩子就已經入無餘涅槃去了，怎麼還會留在人間呢？所以說，鈍根得小法的人，都是「貪著於生死」。諸位要是不信，檢查看看當代佛教，那一些大師們到現在都還不肯承認意識心虛妄。我們弘法二十年寫了那麼多書，幾乎是每一本書都在講意識心虛妄，他們到現在有誰出來說法的時候公開講過意識心虛妄？還沒有，到現在都還沒有瞧見。他們有哪一本書中講到一句話說意識心虛妄？沒有；那麼請問：他們是利根還是鈍根？（眾答：鈍根。）原來諸大法師是鈍根人。你們這麼大膽，敢判他們是鈍根，膽子可夠大的了。不過，要進入正覺得法，就得要有這樣的膽子；不管他們名氣大或小，一視同仁：鈍根就是鈍根，利根就是利根。要一視同仁來判，不因為他們名氣大就被籠罩，這就是正覺的門風。這一些人到現在連意識都不肯否定，一天到晚還要保持意識心清清楚楚明明白白，要不然就喊出口號說：「要當自己，要把握自己。」請問，這是不是「貪著於生死」？原來貪著於生死的人，當年聽了佛的開示，還是聽不進去，所以斷不了我見，證不得初果，到現在還在貪著，所以生死真的很難斷。

可是你這麼一說，他們可能反過來問你：「你現在還不是一樣也在生死中？」問題是，我們是能夠離生死，繼續來生死中利樂眾生，又不是爲了求什麼世間利益而來。他們是無法離開生死，怎麼能罵人家說「你也在生死中」？諸位，你們如果被罵了，該怎麼回答？該怎麼回答？要有智慧一點啊！你就答說：「我正因爲你，所以還在生死。」這樣會了沒？會了呵！以後遇到有人這樣問你，就要這樣說：「因爲你還在生死，我才不得不繼續來生死。」對啊！如果大家都不用再有生死了，菩薩還來人間幹什麼？所以這一些人叫作「鈍根樂小法，貪著於生死」；爲了這些人，所以 世尊才要先爲他們講聲聞涅槃，讓他們可以趕快了生脫死。眞的了生脫死以後，才會對 佛有信心，才有可能轉學佛菩提道。

而這五千退席的人，過去世「於諸無量佛，不行深妙道」。過去世很多很多世、很多很多劫，値遇無量諸佛了，諸佛是苦口婆心，但是他們聽了，只是當作常識或者當作知識學問，不肯實修，各人對於深妙道，只是當作多聞，而不願意付諸實行，所以深妙道，他們都沒興趣。如果諸佛講了人乘與天乘說：「要持五戒，要存好心、說好話，要作好事。」他們就聽得很歡喜。如果說：「你要斷我見、斷我執，遠離我所執。」都不聽了。如果講般若，更不可能聽，因爲根本不想聽。如果講人天善法講到一半，接著開始講般若，他就坐在那邊打瞌睡了，所以這些人「不行深妙道」。可是如果告訴他們說：「這邊有人捐了一塊地了，要建佛寺，你們來幫忙吧！」哇！他們就很歡喜，一群人每天都來，又捐錢又幫工，非常努力來幫忙建寺。可是一談到要斷我執，他們又打瞌睡了，所以眞的叫作「不行深妙道」。這一些人可想而知，「衆苦所惱亂」，因此就有一堆的煩惱存在他心中常常現起；就這樣煩惱煩惱的一世又一世、一劫又一劫，終於煩惱少得很多了，可以得度了，所以諸佛爲他們講涅槃。

談完這六句聖教，諸位以後見了外面那些一天到晚去送米、鋪橋造路的善人，或者去八八風災鬧大水，幫忙打掃清土的佛教道場信徒，知道他們都不想實證佛法，那時你們就不會再覺得難過了，對不？也有些單位徵求我們正覺願不願意派義工去幫忙，我說不要，因爲我們這一些學員可都是稀有動物，是應該拿來好好供養著，要好好教養，而不是要去拉車拖犁的，所以我們捐錢而不要去那邊作義工，而我們也不需在電視上被報導這一類世間事。諸位應該好好在道業上努力，好好在教化眾生上面努力，而不應該去作那種事；因為那種事有好多人都可以作，那些「鈍根樂小法，貪著於生死，不行深妙道，眾苦所惱亂」的人，正好去八八風災的災區去作義工，可以植福及歷緣對境消除一些性障，他們需要而諸位不需要。他們的緣如果熟了，當你告訴他：「眞的這一世可以證涅槃。」就會很歡喜來修學，是因為他修集福德已經修夠了，也因為他的根性變得比較精進，這時如果他拿到一本《阿含正義》，就會說：「唉呀！原來天下有這樣好的法，可以一世實證。」他就願意證涅槃，不再愛樂生死，他就成為利根人了。能證涅槃時，就表示他也可以開始修學佛菩提了。那麼度了這些人證得涅槃之後，接著 佛說：

「我設是方便，令得入佛慧；未曾說汝等，當得成佛道。所以未曾說，說時未至故；今正是其時，決定說大乘。」這就是說：「你們這些阿羅漢們以前都是『鈍根樂小法』，現在終於離開那個層次了，所以我以前只為你們說涅槃；這其實是我釋迦牟尼佛所施設的方便，目的是要引導你們諸位可以進入諸佛的智慧之中。然而到今天為止，我還不曾說明你們這些人未來將會成就佛道。」事實上也確實是如此，到這裡為止，世尊還不曾說過他們會成佛。為什麼這樣呢？世尊又說：「之所以到現在都還沒有這樣為你們說明，是因爲說明的時間還沒有來到的緣故。而今天正是時候，所以我釋迦牟尼佛決定要宣說唯一佛乘的大乘法了。」從這八句偈來看，表示什麼呢？表示說，宣講唯一大乘法的時候就會同時爲這些阿羅漢們授記何時會成佛；因爲現在「決定說大乘」，那就是說明之時已至。該說明的時候既然到了，就是要說明這些弟子們「當得成佛道」。那你想，當時在座的大阿羅漢們聽了以後，是不是開始心裡癢癢的？「世尊要說我們什麼時候會成佛了。」那當然精神百倍來聽了，誰還會打瞌睡？因爲被授記成佛，這是何等大事！佛的意思就是說：在講這一部《妙法蓮華經》的時候，將會爲大家授記。

接下來說：「我此九部法，隨順眾生說；入大乘爲本，以故說是經。」說我前面所說的修多羅、本事、本生乃至優波提舍經等等九部法，都是隨順眾生而說的，因爲剛開始要弘法的時候，如果沒有隨順眾生而施設種種方便，眾生聽不進去。如果單說修多羅，也就是單說經而沒有伽陀，眾生一則容易遺忘，二則也覺得單調無趣，因爲有的人就喜歡詩啊、頌啊、歌啊，所以得要施設一點方便，他們就聽得進去，就會有興趣。譬如說，眾生往往好奇想：「這某某人爲何這麼奇怪？」然後就問，佛陀當然要說明爲何他這麼奇怪，這叫作本事。

譬如我們《正法眼藏—護法集》裡面有附錄一部經典，叫作《不思議光菩薩所說經》，說那位菩薩九十一劫以來都是被妓女所生，出生以後妓女就把他丟棄於野外，他就被狐狼狗吃掉；被吃掉了他又去投胎，又一樣被妓女所生，然後又被丟了、又被吃掉，整整九十一劫之中都是如此，你說他悽慘不悽慘？可是他才一遇到佛，馬上就證悟而成為大菩薩了，還不是地下的菩薩。當然大家會很好奇，為什麼他會這樣？如果你身為已成之佛，你就得要把他過去世的因果加以解說，說明他過去世為了什麼，是什麼原因，所以九十一劫以來常被妓女所生，狐狼狗食。他為什麼會這樣子？你要能夠為大眾把九十一劫前原本的事情講清楚，那麼眾生聽了：「啊！原來是這樣。」這就是本事，也就是他本來的事情、本來的事由，這樣大家聽完了以後，一定會有作用，一方面想：「我們可不要像他那樣，他以前這樣胡作非為，九十一劫中都被妓女所生，生了馬上丟掉而被狐狼野狗吃掉。」一方面警惕，一方面也把那一個現象顯示出來，說菩薩是有種種不同的緣由，所以各人不相同。

就好像難陀阿羅漢，他有三十種大人相；因爲他是 佛的堂弟，他的穿著也就學 佛陀，把袖子縫得很寬大，僧服也很長，那他從遠處走來時，大家看了就誤認是 佛來了；特別是在黃昏，大家遠遠看見他，就想：「啊！佛陀來了。」於是大家都站起來等候。等他走近一看，原來是難陀。他有三十種大人相，又學著 佛的穿著，產生許多麻煩，所以有些阿羅漢就去向 佛告狀說：「他這樣作是不對的，老是讓人家誤會是佛陀來了。」所以 佛陀就規定他：「你的袖子不能做那麼長。」所以他的僧服及袖子才裁短了。但是眾人問說，爲什麼他有三十相？這三十相哪裡來的？佛就解說他爲什麼有這三十相，這樣解說的經典就是難陀個人的「本事」經典。像這樣子弘法，大家跟著 佛陀聞法，也不會覺得枯燥無味，同時也把因果的道理給教導了。

這意思就是說，修多羅、伽陀等等九部法都是爲眾生而施設的，因爲眾生根性個個不同，所以大眾會很好奇：「世尊您已經福慧具足了，爲什麼還會有吃馬麥的時候？爲什麼還有木槍刺足等事？」當然 佛陀得要爲大眾解說，過去世自己行菩薩道時有些什麼因緣，所以現在會這樣子，就是本事；有時乾脆把很多世如何行菩薩道的種種受生情況都講明了，那就叫作「本生」。你如果不這樣講，眾生心中會有很多的懷疑；當疑心不斷的時候，學法就學不好；所以這些都是以 佛世尊的方便權巧來施設而說的，才有這九部法。

譬如最後的「優波提舍經」，其實不必講到大乘經，你看看《阿含經》就好，阿含部裡面有的經典都很簡略，可是有時候會出現一、二部講得很詳細，爲什麼呢？因爲有時就是需要議論，大眾才容易領會。講了很多深入的議論，這種經典便叫作「優波提舍經」。這表示說，現場有許多人聽不懂，所以必須要以議論的方式作更深入的解說，這也是 佛爲眾生施設的方便，所以這九部法都是隨順眾生的因緣而說。但是施設了這九部法的目的是作什麼？總不是爲了只要他們證解脫果吧？就是爲了要讓他們先親證聲聞涅槃之後生起了大信心，然後把他們引入大乘；所以才說「入大乘爲本」，就爲了要把大眾引入大乘法中，所以有這九部法，如今也是爲了要引大眾進入唯一佛乘的大乘法中，永遠行菩薩道而不入涅槃，所以才演說這一部《妙法蓮華經》。

「有佛子心淨，柔軟亦利根；無量諸佛所，而行深妙道。爲此諸佛子，說是大乘經；我記如是人，來世成佛道。」這是說，除了這一些被度為阿羅漢、三果、二果、初果的人以外，還有一些本來就是證悟的菩薩。這裡講的是「佛子」，佛子的定義就是說生如來家，住如來家，成佛子住，這就是十地中的初地以上的菩薩，所以成為歡喜地以後才是眞佛子，阿羅漢不是佛子。也許你問說：「老師！我明心了，我還不算佛子喔？」不算啊！因為你還在母胎中還沒有出生，等你證得第一分道種智，五分法身都有了，可以入地了，也就是戒身、定身、慧身、解脫身、解脫知見身，依大乘法而講的這五身，你都已經有初分實證，你入地了，那就是「生如來家」、「成佛子住」，這就是《十住經》講的初住，這個初住就是初地，這時的「十住」講的就是十種住地，這樣才叫作佛子。所以你們有的人剛入胎一個月，有的人剛入胎二個月，等到十月滿足，你就可以生於如來之家，你就入地了。但這個十月是多久的時間，你們自己知道，不用我多嘴。

世尊在重頌中說：

「正因為還有其他的佛子心地是清淨的、心地很柔軟，而且他們也是利根的人；

這一些佛子已經在無量諸佛的座下，修行既深又妙的佛菩提道。我釋迦牟尼佛爲了這一些佛子們，才要開始宣演這一部大乘《妙法蓮華經》；

我也預記這一些信受大乘的人，未來世將會成就佛道。」

譬如 彌勒菩薩眞的是來世成就佛道，因爲他隨時可以成就佛道，只是等待人間有情的因緣成熟，所以他捨壽後是住到兜率天去，當人間的因緣成熟了，他就下來人間受生及示現成佛，所以說這樣的人「來世成佛道」。就像 文殊、普賢、維摩詰、觀世音，這些菩薩隨時都可以「來世成佛道」，乃至 文殊、觀世音、維摩詰，其實就是如來倒駕慈航而當菩薩。所以，不單單是爲了這一些剛剛得度成阿羅漢的人，要引入大乘而講這部大乘經，也是爲了長劫以來已經進入佛子住的這一些佛子們來演說大乘經，讓他們可以繼續增上。

「以深心念佛，修持淨戒故；此等聞得佛，大喜充遍身；佛知彼心行，故爲說大乘。」這六句是說，這一些佛子們是以至誠心，以最懇切的心，從深心之中發出來而持續憶念著諸佛，而且「修持淨戒故」，所以要爲他們演說這部大乘經。這一句話說「以深心念佛」，那可不是講持名唸佛，也不是在講無相念佛，而是他心裡面唯一的歸依就是佛。也許他不顯現在外，可是不論遇到什麼因緣，他總是想到佛，這叫作深心念佛，心中永遠不會離開於佛。不但如此，而且修持清淨戒的緣故，所以這一些人如果聽聞授記他們將來會得到佛果，一定是非常大的歡喜充滿遍布全身了。「我釋迦牟尼佛知道他們清淨的心行以及誓願成佛的決定心，所以我要爲這一些人說大乘經。」

「聲聞若菩薩，聞我所說法，乃至於一偈，皆成佛無疑。」世尊說：「不論是聲聞人或者修學佛菩提道的菩薩們，聽聞我所說的大乘法以後，乃至於僅僅聽聞到其中的一首偈，未來也都一定可以成佛而不必有所懷疑。」可是不要斷章取義，有的人慣會斷章取義，就把這四句抽出來講，前面的所有經文全都切掉，後面的經文也切掉，那就變成說，不管是聲聞人或是菩薩，只要聽聞 釋迦佛的任何一首偈，一定會成佛。可是，佛說的這四句是有前提的，有那麼長的前提在那邊，是說已經證得涅槃的聲聞人；不然就是「佛子心淨」，是柔軟利根已經證悟的菩薩，而且還入地了，所以才說：「這些證悟的聲聞人或者已經成就佛子住的菩薩們，聽聞到我所說法乃至於一偈，未來一定都會成佛。」因此說，前提不能切割掉，隨意切割經文是不好的事。末法時代的大師們對佛經隨意切割的行爲是處處可見的，但是我們修學佛法要的是整體，不要切割成支離破碎的不完整佛法。

就好像說，你如果去買一顆鑽石，比如說十克拉，你支付的價錢是十克拉一顆的鑽石；當賣家把十克拉一顆切割成十顆給你，還是十克拉的總重，你要不要？你當然不要，因爲已經失掉了完整性。失去完整性的時候，那十顆就沒什麼價值了。也許你抗議說：「怎麼會沒價值？一顆一克拉，那十顆還是可以賣很多錢。」對啊！賣好多錢，可是那十克拉合起來賣了，不及原來那一顆十克拉鑽石的十分之一吧！絕對不及啦！所以有些人說：「你看，那些表相佛法，他們講得也很好啊，何必批評他們呢。」對啦！當然也很好，還是有存在的價值啦！但終歸是相似法，所以被稱爲像法；但是如果比起整體佛法來，那價值可就差太多了。所以道理是一樣的，一定要完整的，不要切割而零散的佛法。那麼，講到這裡，諸位大致上應該有所瞭解了：大乘法與二乘法是不一樣的，但是二乘法修學了以後，還是應該要轉入大乘法來修學完整的全部的大乘法，導入唯一佛乘，才是成佛之道。

諸位也瞭解說，那二乘人修聲聞道之時，所證的境界都叫作小法；眞的叫作小法，因爲只能使人成就阿羅漢果，不能使人成爲菩薩，更別說是成佛了。所以，拾得看見國清寺裡面供奉阿羅漢（不曉得現在還在不在，以前有供奉阿羅漢），拾得就罵：「聲聞小果！」當著那些阿羅漢雕像斥罵爲聲聞小果。你們有沒有人去過中壢圓光寺？有沒有？喔！有人去過，還記不記得他們那裡面有供著大迦葉跟阿難的聲聞相？有沒有？對啊！在佛像兩旁，而且我記得好像是烏漆墨黑的、好像沒有貼金，因爲我去看過。原來我二十年前就去參觀過了。但我當時其實不是去侵門踏戶，本意只是去參禮隨喜，但他們的大殿門戶緊閉，根本沒法子進去參禮。問題是，他們的那個山門，左右各兩個小門上方寫著：「菩提」、「涅槃」，哪一天你們如果去參觀，抓住他們隨便哪個法師就問：「請問師父！這邊寫菩提，那邊寫涅槃，涅槃跟菩提一樣不一樣？」你們就問。

那時候我剛剛到，有人就問我這個題目，我說：「不一亦不異。」爲什麼不一？就把不一的道理講了；爲什麼不異？又把不異的道理也講了。那是二十年前，可能已有二十五年了，我想有了。那你們抓著哪一位法師就問，她們如果答你一樣，你就說錯；如果遇到第二個說不一樣，你也說她答錯了；她們若是說「一樣也是不一樣」，你也可對她們說「錯」。爲什麼？因爲她們根本不懂得怎麼叫作一樣、怎麼叫作不一樣、又是怎麼叫作一樣又不一樣。她們若問你，你就說非一亦非異，然後你就拆解給她們聽，爲她們一一解析出來：爲什麼非一，爲什麼非異。如果她們夠聰明，就會趕快頂禮，拜你爲師了。但我想應該很難，因爲她們穿著那件僧衣，總是覺得說：「我是僧寶，妳還有頭髮。」她們想：「妳還擦口紅，妳還戴項鍊。」就是這麼無知啦！可是諸位懂了，那就要付諸於實修，如何使自己從聲聞道轉入菩薩道，要確實去轉，不是單在口頭上說：「我現在是大乘菩薩僧。」可是心裡面依舊是聲聞的心態與觀念，那就不對了。講到這裡，諸位要瞭解，這《妙法蓮華經》其實已經在告訴大家：這就是正法時期，佛菩提的正法時期已經進入大爲弘揚的階段了。接下來，世尊開示說：

經文：【十方佛土中，唯有一乘法，無二亦無三，除佛方便說。但以假名字，引導於眾生；說佛智慧故，諸佛出於世。

唯此一事實，餘二則非眞；終不以小乘，濟度於衆生。

佛自住大乘，如其所得法，定慧力莊嚴，以此度衆生。

自證無上道，大乘平等法；若以小乘化，乃至於一人，

我則墮慳貪，此事爲不可。】

語譯：【世尊接著說：

十方諸佛刹土之中，同樣都只有一乘法，沒有所謂的二乘與三乘，除非是諸佛以方便善巧施設而說的。

而這二乘或者三乘的法也只是以種種假名施設的文字，引導於各種不同根性的衆生；其實十方諸佛都是爲了要解說諸佛所證智慧的緣故，才會有十方諸佛出現於世間。

只有大乘佛法這一件事情是眞實的，其他所謂的聲聞菩提、緣覺菩提等二乘法，都不是眞實的佛法；因爲諸佛終究不會以小乘法，來救濟度化於衆生。

諸佛自己安住於大乘法的智慧果德之中，如同諸佛自己所證得的佛法，以禪定、智慧和十力作爲莊嚴，用這個佛智慧來度化衆生。

諸佛自己證得無上大道，所證都是大乘的平等法；既然如此，如果還以小乘法來化度眾生，乃至於僅僅只對一個人用小乘法來化度，而不肯以大乘法來化度他，那麼我釋迦牟尼其實就已經墮入於法的慳貪之中了，我如果這樣子作，是絕對不應該的。】

講義：這一段偈裡面已經明白地說明，十方諸佛剎土的本質都是唯一大乘，也就是唯一佛乘。佛乘，當然不可能是聲聞乘，不可能是緣覺乘，一定不可能只成就阿羅漢果或緣覺果。譬如我們說「佛法」時，就表示不是「聲聞法、緣覺法」；如果所修學的是佛法，就表示它是可以使人成佛之法，也表示那是諸佛所證的法。如果他所修學的是只能成就聲聞或者緣覺的果位以及智慧，那就不能夠叫作佛法，那只能叫作聲聞法、緣覺法，因爲它不能使人成佛。所以，二乘法如果要稱爲「佛法」的時候，必須是附屬於佛菩提之中；必須是附屬於佛菩提之內而成爲佛菩提道中的一部分，才能被稱爲佛法。如果它獨立出來，外於佛菩提道而獨自弘傳，就不能稱爲佛法，只能稱爲羅漢法或者緣覺法。所以，那一些主張「大乘非佛說」的人，公開說他們是在學佛，究竟對不對呢？當然不對啊！他們只是在學羅漢，並且還學不像；因爲羅漢法不是他們講的那樣，而是要依八識論的正理才能證得羅漢果。所以，那些人自稱在學佛，也是妄語；那叫作小妄語，因爲他們是在學羅漢，卻對外自稱學佛，那不是在騙人嗎？眞是欺誑之語！

假使我開了一家店，這家店都用魚目噴了亮漆而說這叫作珍珠，也賣人家珍珠的價錢，那我就是在騙人了！因爲明明賣的不是珍珠，可是我的商店寫的如果是「平實珍珠行」，那就是在欺騙人嘛！那也是妄語。所以學羅漢的人，當他們的招牌都寫著說「我們在學佛法」，那就是妄語，是掛羊頭賣狗肉。所以他們那一個法，假使是眞正沒有錯誤的羅漢法，可是當他們否定了大乘，那他們就不能稱爲佛法了。當然這是一個假設性的說明，因爲否定大乘的人，他傳授的羅漢法怎麼會正確呢？一定是錯誤的啦！自古以來，所有阿羅漢不曾否定大乘法；且不說阿羅漢，所有已經證得聲聞二果乃至三果的人，下至初果，都不曾否定大乘。

諸位可以去作一個調查，不管誰，只要他主張大乘非佛說，你去檢查的結果，最後一定會證明他沒有斷我見。這一點是可以打包票給你們的，除非他們這二、三年來，好好讀了《阿含正義》，並且有把次法學好了，然後去作觀行而斷了三縛結。可是我保證，他們如果眞的斷了三縛結，再也不敢主張「大乘非佛說」了。由這一點，諸位也可以印證：二乘法如果離開了佛菩提，它就不再是二乘法，因爲它的法一定會有嚴重的錯誤。這樣來看，顯然二乘法的弘傳者，他們如果否定了大乘以後，所賣的貨就是假貨；因爲自稱可以幫人家修證解脫道，可是實際上都不可能實修實證，個個都落在意識裡面，不然就落在識陰裡面，連自己都斷不了我見，竟然說可以幫人家證解脫道、得阿羅漢果，那不就是公然說謊嗎？

譬如說，我如果賣一個扳手，宣稱我這一支扳手一定可以扳開螺絲，保證書開給你，你買回去以後，套到螺絲上，結果怎麼扭也扭不開，爲什麼呢？因爲那一支其實不是扳手。爲什麼不是扳手？因爲那裡面是圓形的，是要給你掛東西用的，卻欺騙你說那是扳手，就是騙子了。可怪的是，很多人很喜歡接受，回去怎麼扭也扭不開，還說我這才是眞的扳手：「**我師父賣給我的是眞的扳手。**」而我們這個可以使人扳開各種螺絲的扳手——可以使人實證的法，他們竟然成群否定說：「**你們正覺賣出來的不是眞正的扳手。**」這就是十年前佛教界的現象，這也叫作怪象之一。

所以，實際上十方諸佛佛土之中只有一乘法，因爲諸佛不可能單單爲了要教人家證聲聞涅槃而親自前來人間。想一想，都已經成佛了，會吝於教導佛法嗎？當然不可能嘛！且不說成佛，我如今成佛都還早呢，可是我已經不吝法了；只要不是密意的部分，我能給的，都盡量給大家。你看，我那些書寫了多少？我也沒有說：「我講到這裡就好，其他的部分，你們想要再深入修證的，另外再來找我。」什麼時候來？等我告訴你：「我已經開了後門，那時你再從後門進來。」沒有這樣吝法啊！對不對？我從來沒有這樣子，連我這個地步都不會吝法了，何況諸佛。所以，諸佛既然有法可以使人成就佛果，祂一定不會來到人間只教人家能成就阿羅漢果，不教導可以使人成佛的的法，絕對不會這樣。所以諸佛來人間，一定是爲了一乘法，也就是爲了教給大眾成佛之道，所以沒有聲聞乘與緣覺乘等二乘可說，除非是因爲眾生對於這個深妙法實證的因緣還不成熟，所以施設方便爲二乘三乘、二轉三轉來說，所以說「除佛方便說」。接著說：

「但以假名字，引導於眾生；說佛智慧故，諸佛出於世。」眞的，都是純粹是以假名施設的各種言語名字來引導眾生；如果不是爲了解說諸佛所得的智慧，諸佛是不會來人間出世的。譬如說，你身爲一個大富長者，想一想說：「我那遠方的兒子貧窮孤露，但他現在心量大了，想要富有，不想再流浪了，我可以去幫助他變得富有了。」你特地跑那麼遠去看他，譬如說走了好幾個月的遠路才去到那裡看他，那你是不是要把如意珠拿出來送給他呢？當然要送啊！不會只給他一、二顆賣了只能稍稍改善生活的小珠子啊！那你這個受用不完的如意珠，爲什麼不給他呢？當他有了如意珠，就跟你一樣富有，難道你去到那邊還說：「不要啦！我給他那麼多幹什麼？」辛辛苦苦走了二、三個月的路，難道只是給他一、二顆小珍珠，然後就回來了？有這樣的大富長者父親嗎？當然沒有。

諸佛也是如此，所以先說二乘法的目的，都是「但以假名字，引導於眾生」；其實本質上都是爲了要解說諸佛所得智慧的緣故，才會來人間出生。以色究竟天宮報身佛的境界來看人間，是很令人厭惡的；且不說從色究竟天宮來看人間，單說從四王天來看人間就好了，就覺得人間好髒，眞的好髒。然後來到人間，吃的是什麼？穿的是什麼？跟天界都沒得比。在欲界天，大家說錦衣玉食，人間叫作草衣木食；欲界天跟人間就差那麼多了，何況色究竟天的境界呢？所以諸佛來人間時，不是很歡喜來這邊享受的；如果要享受，天界更好享受，何苦來人間？而且你想想：那時候 釋迦牟尼佛來人間，都是泥巴路、石子路，而且只有一種車子，就是十一號公車。

你們現在可以開車子、搭捷運；可是有些人很奇怪，雨稍微大一點，他就不來上課了；天氣熱一點或者冷一點，也不來上課；如果有什麼政治活動，也不來上課。我們有些親教師就發現到這一點，感嘆說：「在禪淨班，唉呀！爲什麼會這樣？」我說：「你們都別感嘆，因爲現在是末法時期，我們現在也是推廣期，你們就安住著吧！」這表示什麼？表示他們向道之心不夠懇切。如果向道心切，再怎麼樣都要趕了來上課，一定排除一切萬難。同樣的道理，以諸佛的立場來看人間，這人間很可厭惡，不是可愛的地方，祂們願意來人間；可是這麼辛苦來到不可愛的人間一趟，難道只是爲了給大眾二乘小法嗎？當然是要把所有的寶貝都給大家，給完了，才會走人嘛！如果沒有全部給了，一定不會走。

所以你們可以看，那老爸如果這邊也有財產，那邊也有財產，突然間來了一個意外，當他不能講話的時候，你看他臨到要走人的時候，一定走不開。

爲什麼呢？因爲他想：「我那麼多財產，都還沒有跟兒子交代。」要等到什麼時候他才會安心走人呢？等兒子終於想通了：「老爸現在既不能寫也不能講，那不然，我想個方法來溝通好了。」就說：「老爸！你是不是有什麼財產還沒有告訴我們，所以不肯走？如果是的話，你就動一下手指吧！」他就動一下。喔！眞的是欸！「請問是在什麼地方？東西放在哪裡？是二樓嗎？」他不跟你動了。「在三樓嗎？」他就跟你動一下。喔！終於想通了。就這樣子很久才弄清楚以後，老爸第二天早上就走了，對不對？因爲他牽掛著兒子未來的生活可能過得不如意，空有那些財產卻無法受用啊！

諸佛來人間也是一樣的道理，掛念著你們這一些人。你們不知道自己有多幸福！祂如果沒有把所有的東西都送給你們的時候，一定不會離開，因爲這叫作化緣未滿。弘化的因緣還沒有圓滿完成的時候，諸佛都不會離開人間的。請問 釋迦牟尼佛已經走了沒有？走了！已經在色究竟天宮，不在人間了。那麼祂既然已經離開人間了，就表示成佛之法已經具足傳給我們了。如果已經具足傳給我們了，那我要請問那些主張大乘非佛說的法師們，由於他們只認定四阿含是佛說，請問：「四阿含裡面有說明如何成佛嗎？」沒有！

成佛之道的內涵及次第都沒講，只有說到如來藏。可是證如來藏就能成佛了嗎？不是欸！證如來藏以後還是沒辦法成佛，還得要再解說菩薩道五十二個位階所應修學的法、所應實證的果德，那些爲什麼在四阿含中都不講？所以如果依四阿含諸經來說，表示 世尊化緣未滿，就應該繼續來人間受生把佛法講完。如果妳們是女眾，當妳們遇到六識論的比丘尼法師們繼續主張大乘非佛說時，妳就向她們說：「還我佛來。」把她們的衣領抓住，就跟她們要：「還我佛來。」「爲什麼我欠妳一尊佛？」妳就告訴她們：「釋迦牟尼佛化緣未滿，應該還要再來人間把佛法講完，可是四阿含中明明都沒有講到成佛之道，所以妳要負責還給我一尊佛來。」就跟她要。所以她們那一些人叫作糊塗蛋。諸佛來人間都是爲了解說諸佛的智慧，不是單單爲了講阿羅漢、緣覺的智慧而來人間。如果只是要講那一些，派個菩薩來人間宣講就夠了，不須要諸佛親自來。所以接著說：

「唯此一事實，餘二則非眞；終不以小乘，濟度於眾生。」是說只有唯一佛乘，才是諸佛來人間的目的，這才是事實。其他講聲聞乘與緣覺乘的事，並不是諸佛來人間之目的，這才是眞相，因爲諸佛終究不會單單以小乘法來救濟度化於一切眾生，而吝惜大乘法，不肯教給眾生。接著說：

「佛自住大乘，如其所得法，定慧力莊嚴，以此度眾生。」諸佛自己都是住於大乘法中，從來沒有任何一尊佛是住於二乘法中。假使有人說：「佛也是阿羅漢，所以阿羅漢們就是佛，只因爲他們不入涅槃，一直利樂眾生無數劫，福德廣大所以叫作佛。」如果他這樣講，那就得問他：「如果阿羅漢們也不入涅槃，那是不是就叫作佛？」如果他說是，這個基礎建立了，再問他：「那麼不迴心的阿羅漢們爲什麼不懂般若？阿羅漢們爲什麼也不懂一切種智？阿羅漢們爲什麼不知道禪宗祖師明心的智慧？」就問他這一點。他如果要說：「有啊！阿羅漢懂啊！」「好，那請你舉證。」他可就死路一條了，因爲除了迴心大乘的阿羅漢們已成爲菩薩的聖者，以外的不迴心阿羅漢們都是不懂的。所以諸佛既然自己住於大乘法中，怎麼可能來人間時只把小乘法傳出來呢？當然是以自己所住佛地的大乘法智慧境界，依於自己這樣的所得法，藉著定力與慧力作莊嚴來度眾生。

諸佛的定力、慧力是具足圓滿的。定是很廣泛的，可不要像某一些人亂講話說：「你得未到地定就是有定力，得初禪是有定力。」定力不是這麼簡單定義的，因爲定有二種：一個叫作制心一處、心不散亂；另一個就是心得決定而制心一處。譬如說，你明心後如果心不得定，還有懷疑，那就是明心後沒有定力，因爲心不得決定。心不得決定就會退轉，他在心得決定上面的力量還沒有發起，所以雖然有定而定不足，就沒有定力。有定而無力，知道說現在這樣應該是對了，可是心中尚未決定，不久之後便退轉了；因爲那個定只是剛剛摸到邊，沒有什麼大作用的力量。

就算是心得決定，已有力量而不會退轉，也不過是位不退的賢位菩薩。位不退的人，他的定力有沒有圓滿呢？還沒有。爲什麼在般若上的定力沒有圓滿？因爲慧力還沒有圓滿。慧力提升到多少，心得決定的定力就跟著提升到多少，定力與慧力是互相莊嚴的。當這種定力提升到這個部分的時候，慧力也會跟著上來；當慧力提升到更高的層次，這種定力也會跟著上來。如果心中不得決定，那表示他的智慧力量是完全不具足的。心不得決定而會退轉，表示他的慧力還沒有到達位不退的階段，所以才會退轉。那麼，這樣看來，會退轉的人，也就是明心以後還會否定如來藏的人，他的慧力好不好呢？表示他的慧力很差；慧力很差就表示他沒有定力，心不得決定才會退轉。心不得決定的原因，卻是因爲智慧不夠，所以無法判斷、無法決斷：我所悟的這個確實是眞實心如來藏。

如果有人能夠悟了以後很多年而又退轉，經過這麼多年悟後繼續熏習正理還會退轉，那表示他的慧力、定力非常、非常差，是因爲他沒有決斷力，擇法覺分還沒有生起，以致他對於所證的阿賴耶識是眞或假，心中沒有決斷力，當然顯示他的慧力很差。所以明心了就一定沒問題嗎？那可不見得。什麼時候會退轉？自己不要說得太滿：「我一定不會退轉。」有一些人講了以後還是會退轉，屢見不鮮。有些人是根本不必說「我不會退轉」，他始終是不退轉，事實上是這樣。而這種定力，又往往與他曾否實修五停心觀，以及修了以後有沒有生起未到地定的定力有關。所以定力與慧力的莊嚴，是不是已經圓滿了，這很重要。每一個階位應該有的慧力與定力都圓滿了，才能夠說這個階位的莊嚴已經具足，然後才能進而邁向下一個階位。諸佛自己住於大乘法中，一定是以祂自己所得的法，用祂具足圓滿的定力與慧力作莊嚴來度眾生，不可能放著更勝妙的大乘法不傳給有緣人，只拿聲聞、緣覺等一點點東西來騙小孩子。所以 世尊接著說：

「自證無上道，大乘平等法；若以小乘化，乃至於一人，我則墮慳貪，此事爲不可。」這就是說，既然自己所證的是無上菩提大道，自己所證的是大乘的平等法，結果竟然只用小乘法去化度眾生，這樣的行爲就是慳貪，正是有法慳。如果諸佛有這樣的行爲，諸佛就不能叫作諸佛，只能叫作凡夫位的上帝了。爲什麼呢？因爲不願讓人家跟自己一樣成佛。你們看一神教那些上帝，不管是誰，你若是問他們說：「你們上帝有沒有允許你將來也成爲上帝？」他們想都沒有想過這個問題，好笨！所以說一神教徒眞的笨。但上帝爲什麼不允許他的信徒成爲上帝？爲什麼要說上帝是唯一的？因爲如果別人也成爲上帝，他就被趕下來了，或者要與另一位上帝分享權力了，他可是永遠不同意的。上帝爲什麼會這樣想呢？因爲他也是五陰，而且不離欲界境界；既然他以欲界天的五陰作爲眞實法，當然就要從五陰來考量，所以上帝就是要永遠當上帝，所有的信徒都是上帝手裡所圈養的羔羊，就是這樣啊！因此說，如果諸佛也有上帝這樣的想法，來到人間時只給聲聞小法，不肯給大眾證得無上菩提大道，不肯讓人家將來也可以同樣成佛，那麼諸佛就要改名爲耶和華，不能再叫作諸佛了，因爲已經墮於慳貪之中了。即使是在化度眾生的過程之中，只有這麼一個菩薩種姓的人，佛陀是只教給他二乘法而不教他大乘法，這樣也算是慳貪；但這種事情是絕對不可能有，因爲諸佛都沒有絲毫法執，當然不吝法。

經文：【若人信歸佛：如來不欺誑，亦無貪嫉意，斷諸法中惡；
故佛於十方，而獨無所畏。我以相嚴身，光明照世間，
無量眾所尊，爲說實相印。】

語譯：【如果有人信受而且歸命於如來：如來一定不會有欺騙誑惑的行爲，也沒有慳貪和嫉妒的想法或者作意，如來已斷除了一切諸法中的一切惡；

由於這個緣故，佛於十方世界中，都是唯我獨尊而無所畏懼。

我釋迦如來以三十二種大人相莊嚴自身，我以光明照耀世間，無量大眾之所尊奉，而我來爲無量大眾宣說實相法印。**】**

講義：世尊這一段偈語重新說明：如果有人因爲信受如來而歸命於如來，他一定有信受和歸命的原因，也就是知道如來是不欺誑的。假使如來有所欺誑，一切有情都不必信受和歸命，因爲欺誑的人連阿羅漢都還不是，不可能是如來。且不說如來，單說菩薩就好，像我這樣離佛地還那麼遙遠（我幾乎還看不見佛地，那算是很遙遠），但我有沒有欺誑於諸位？沒有欸！我告訴你們說可以證未到地定，那就是可以證；我說可以證初禪，就是可以證。也告訴你們說，可以證聲聞初果，那就是可以證；我也說可以眼見佛性，也說可以修學種智；到現在為止，我沒有欺騙過諸位，我確實也作到了。我這樣的地步都可以不欺誑於眾生了，如果是諸佛如來呢？那是我所歸命的，當然更不可能有絲毫的欺誑；所以說，諸佛如來之所以應該被我們所信奉以及歸命，原因當然很多，但最基本的就是不欺誑。

既然不欺誑，那麼佛所講的四阿含解脫道，當然是可以實證的，不該是只供人作學術研究。學術研究的意思，是只能從思想上去理解而不能實證。以前他們都用學術研究來解釋阿含諸經，那就表示他們都不能證果。所以，以後如果誰再講學術研究，你就告訴他：「學術研究的定義就是不能實證，只是思想。」他如果跟你認同，你就向他說：「原來你是學術研究者，真崇高！」先給他一頂高帽子，然後再把它摘掉說：「原來你都沒有實證。」因為他的研究結果既然是思想，思想是靠思惟得來的，就表示他完全沒有實證。若是實證了，怎麼會說是思想呢？所以有一群人號稱是佛學研究者，一直高聲地說「印順思想、印順思想」，然後每年召開印順思想研討會，他們其實是承認自己是沒有實證的凡夫，也等於公然貶抑印順：「釋印順只有思想而沒有實證。」所以他們眞是笨到可以，不曉得該怎麼說他們才好。然而如來是不欺誑的，這表示四阿含諸經中說的聲聞緣覺果，都是可以實證的；因爲不是思想，所以不該叫作阿含思想。我也親自證實了：阿含諸經中的果位是可以實證的。

如來也沒有慳貪或者嫉妒的作意，既然如來沒有法上的慳貪與嫉妒，祂就絕對不會吝於諸法，一切所得法都要教給眾生，不然祂來人間一趟那麼辛苦，又是幹什麼呢？既不求名也不求利，來人間辛苦是作什麼呢？如來不會有「貪嫉意」，不會說：「我把法全部教給你，你將來成佛時就跟我一樣了，我就沒有高超於你的地方了。」諸佛絕對不會這樣想。且不說諸佛，我都不會這樣想，爲什麼呢？譬如說我今天這樣的證量，如果你們之中能有二、三個人有這樣的證量，我就像鄉下人講的：「可以蹺起二郎腿、拈鬍鬚了。」（閩南語）爲什麼呢？因爲我就很輕鬆了。這是好事，爲什麼要嫉妒、要怕人家跟我證量一樣高呢？只有愚癡的凡夫才會害怕，所以你們如果有誰能有我這個證量，他會不會來取代我？他也不會啊！因為我都想交出去了，他跟我是一樣的證量，還會來搶嗎？他心裡面想說：「我最好都不要接，讓蕭平實繼續辛苦吧。」一定是如此啦！這個道理絕對不可能會變的。在我這個層次已經是這樣，何況是諸佛呢？怎麼會有「貪嫉意」啊？

也許有人不相信：「你是講好聽的，一旦有人跟你一樣，你就退不下來了，你會跟對方相爭啦！」我說不然，因為我幹過一件糊塗事。我如今自揚家醜，不必等人家來罵；因為我自己先講出來，人家就不必再來罵我了。很早期以前，有兩位同修一直對我極力介紹：「某老菩薩多麼、多麼、多麼行，他是八地菩薩。」我說：「你們勘驗過了沒有？」「有啦！他證量太高了。」我說：「好啊！那我就拜他為師了。」我真的拜他為師了，然後我請他來率領正覺同修會，他不肯來。我除了電話上邀請，還請那兩位幫忙邀請他來率領同修會，我是準備下來親教師座位那邊坐的。那時候沒有這樣排，是排在那一邊，我是準備下來坐在下面聽法的，誰能說我沒有那個想法或行動？如果哪天真的有八地菩薩來，說老實話，獲益最大的是我，不是你們；因為最會挖寶的人是我，當然要請他來，我為什麼還要跟他抗爭呢？我又不是傻瓜蛋。所以說，我已經實際上作過這種事情了。

可是後來……我不曉得他們是怎麼勘驗的，眞是兩個笨蛋！你們看，那老人家既沒有見性也沒有明心，我見也還在，他們兩人竟然說他既明心又見性、又是八地，所以我說他們兩個人是笨蛋。好在那老人家有自知之明，讀過我的書，沒有來接掌同修會；他如果眞的來接掌同修會了，我聽他第一次說法時還是會忍著，第二次也忍著，第三次也忍著，第四次再亂講，我就要當場上來抗議了，就要當場上去辨正法義把他趕下來；因為那種說法對大眾都沒有利益，都是亂講。結果證實：他這位八地菩薩講出來的法，竟然還是從凡夫外道徐恆志的書中抄來的。唉呀！要命不要命呢？這意思是說，我不會有那個私心，也寧可先相信別人的推薦，以免失去追隨八地菩薩的好機會。所以我並沒有私心，因為我眞的作了，也邀請了，只是他不肯來。

話說回來，好在他沒來，因為他只是個凡夫，只是慣會籠罩別人；然後有兩個我當年很信任的人在旁邊為他幫襯了兩年，才會被我採信。可是我終究不是傻瓜蛋，我會一一檢擇：「聽說您有某某證量，請問：您這個證量是怎麼修上來的?」「**我也不知道啊!我突然就有這個證量了。**」天下哪有這種突然有的證量?假使他是已經遠離胎昧的大菩薩,我可以接受這種說法,但他卻是一個胎昧具足的人啊!對這樣的人,容我講一句話,叫作「天上掉下來的禮物」,除此以外,有什麼好形容的?沒有。所以,像我證量這麼差的人都沒有「**貪嫉意**」了,你想諸佛還會有「**貪嫉意**」嗎?絕對不可能啦!因爲祂的法執斷得更徹底,連法執的習氣種子都不存在了,怎麼可能還有「**貪嫉意**」呢?所以諸佛如來是「**斷諸法中惡**」,一切法中,不論什麼法中所可能會有的,連一絲一毫的惡心惡念都不可能存在;正因爲這個緣故,「**故佛於十方,而獨無所畏**」。

「**我以相嚴身,光明照世間,無量眾所尊,爲說實相印。**」諸佛世尊都以三十二種大人相來莊嚴自身,而這三十二種大人相都各有光明,一切天界有情都可以看得見,人間有情假使有天眼通,也可以看得見;有智慧的人,縱使沒有天眼,也會以慧眼看見這三十二相所代表的意涵,也稱爲「**光明照世間**」。這三十二種大人相,當然是光明無量而可以照耀一切世間,所以只要因緣成熟了,就以光明照耀天界有情;只要另一種因緣成熟了,就以智慧之光來照耀有緣實證的人類世間；因爲這個緣故，所以 如來是無量大眾之所尊重。爲了要利樂眾生，必須要福慧圓滿來示現，才容易攝受有情；可是成佛之後不可能單單只爲眾生說解脫道，不可能只爲眾生說聲聞法中的三法印，而是以三法印作爲前方便，最後就是要爲大眾演說「實相印」。三法印，大家知道是針對解脫道的修證是否如實來作印證。如果解脫道的修證與三法印不能相契，他的解脫果修證就是有問題的。如果佛菩提道的修證，不能符合實相法印，他的開悟就是有問題的。

解脫道的三法印，諸位唸一唸吧！（眾答：諸行無常，諸法無我，涅槃寂靜。）好，這三個法印，現在請大家來檢查一下，當代所有大師們哪一個能夠通過三法印？諸行無常，這些大師們都教人家說：「你要放下一切，放下了就解脫了。」請問放下之後，是不是還落在意識上？是，意識存在的時候是不是行陰？落在行陰裡面了。意識存在的當下不離行陰，那顯然通不過諸行無常法印。又有人說：「我們把一切都放下，心中也都不生起雜念，永遠一念不生；死後也永遠如此安住不動，就是涅槃。」他這麼誇口，實際上不可能永遠，因爲他其實一天到晚妄念一堆，他連話頭都看不見，定力缺缺，還能永遠無念？縱使他能作到，總而言之，就是離念靈知。那離念靈知，縱使給他一上座整整十年都不起一念，也都不出定，這樣夠厲害了吧？夠啊！問題是，那個定中是否還是意識呢？是。那他在定中一念不生十年，那就是十年行陰的過程，諸行無常，所以那還是無常的境界；所以，他總有一天要出定，出定了不就又壞了嗎？而且行的本身就是無常，念念變異，雖然他心中沒有雜念，也還是念念變異，只是他自己發覺不到而已，因爲他的定力太差了。

對一般人來講，就說：**「這境界眞是不得了，一入定就是十年，你怎麼說他定力太差？」**我當然要說他差，菩薩們不必入坐，就已經在定中了，而且這個定永遠不出也不入。他才入定十年而已，菩薩證得這個定是無始劫以來就不出也不入，未來無量劫也還是不出也不入，那到底誰的定厲害？當然是菩薩的定厲害了。那他這樣一入定十年，我說他定力太差，還眞沒有冤枉他。不管怎麼樣，總之，他仍然是住在行陰的境界中。意識存在的本身就是識陰的境界，而識陰與行陰都是無常。

他落在識陰裡面，特別是落在意識裡面，意識是不是十八界法所攝？是啊！這當然不是不壞的眞我，因爲他落在諸法之中。諸法無我，這離念靈知並不是眞我，時常會中斷，要證祂幹什麼？所以，他也通不過第二個法印：諸法無我。他把那個無常故無眞我性的意識認定是常住的眞我，就違背了諸法無我的法印。但他們說：「我就這樣清清楚楚明明白白一念不生，死的時候我就這樣永遠安住，就是涅槃。」且不說他無法安住，因爲他的離念靈知一定會斷滅掉，要等到中陰身出現以後才又生起。我們就權且當作他可以安住好了，那意識存在時有沒有法塵相應？有啊！一定要有法塵，意識才能存在；既然有法塵，那就不寂靜了，又通不過涅槃寂靜的考驗了。

如果要講「實相印」呢？實相是說諸法的根源，一切有情的各類五陰世間，乃至山河大地、諸天等器世間都從這個實相來；證得這一個能出生一切法的心，就是證得實相法界；然後來現前觀察一切法都從這個實相法界中直接出生、間接出生、輾轉出生，無一不從這個實相法界而生，如是驗證了，才能叫作「實相印」。那些大師們、小師們都說他們悟了，大家都異口同聲說：「**蕭平實所悟的跟人家都不一樣，他一定悟錯了。我們大家都一樣是離念靈知，所以是悟對了。**」他們自認爲悟對的離念靈知，能不能夠通過「實相印」的驗證呢？不行，因爲他們所謂的開悟內容就是意識心。

問題來了，意識心能生諸法嗎？且不說別的，先說在他自己身上的法好了，上一世中陰身入母胎以後，他的五色根是由他的意識所生的嗎？他自己也不敢答應說「是」；顯然這個意識不是實相法界，那就通不過實相法印。所以眞要悟得實相法界的時候，既能通過實相印，也能通過三法印，因爲兩者並沒有互相衝突，而是隨順的、相契相符的。假使以三法印來說，我們就用解脫道的三法印來驗證實相法界好了，譬如你證得了如來藏，現前觀察祂是萬法的根源。既然是萬法的根源，就表示通過「**實相印**」的驗證了；這「**實相印**」已經印定了，再用二乘解脫道這三法印來檢查：這個如來藏有沒有落在三界諸行之中？有沒有落在五陰十八界諸行中？都沒有，祂不在這裡面，所以諸行無常管不著如來藏。

再來看諸法無我，如來藏是出生諸法的心，諸法由祂而生，有生則有滅，不可能常住，所以諸法不是如來藏眞我，如來藏不在諸法之中，所以諸法無我管不著如來藏，所以祂就是眞我，常住之法，金剛性、恆住性、堅住性、恆不壞滅，所以諸法無我管不著如來藏，這就是阿含諸經裡面講的：「**五陰**

非我，不異我，不相在。」那個眞我就是講這個如來藏。那涅槃寂靜，我們十年前寫出來了（可能不止十年，在《邪見與佛法》中寫出來已經十二年了），這書印出來說涅槃之中其實就是如來藏，明說無餘涅槃之中是如來藏獨存，那麼入涅槃只是把自己五陰十八界全部滅掉，不再受生，只剩下如來藏自己單獨存在；而如來藏不觸六塵、不了知六塵，因爲那個境界中沒有十八界，所以就沒有六塵，那符不符合涅槃寂靜呢？符合啊！因爲既沒有意識可以了知，然後裡面也沒有六根、六塵，那當然就是涅槃寂靜。你看，「**實相印**」，雖然是超越於三法印的，然而「**實相印**」的親證而印定之後，一樣可以契符解脫道的三法印，沒有絲毫的矛盾與衝突。

可是這十幾年來有個糊塗人，叫作達賴喇嘛，他說 佛陀前後三轉法輪是互相矛盾的。我說，我如果生了個兒子將來長大會變成這樣，還沒出生以前我就先把他墮胎掉算了，對不對？對啊！養這種孩子幹什麼呢？這種人根本不可能是佛子。他都還沒長大，不說沒長大，他根本都還沒有出生，所以他根本不是佛子，甚至都還沒有懷胎，連「**生貴住**」都不是，對不？像這種無明深重，連世間邏輯都不懂的人，根本不要生他，要他幹什麼？世間人總是父子情深，老爸再怎麼不對，兒子也得要說老爸對，應該如此嘛！所以法律上如果兒子去作證，有人要求他證明老爸有什麼不對，那兒子在法庭上公然說謊：「我不知道，我沒看見。」掩護老爸，法庭明知兒子證人說謊，也會認爲這個兒子證人無罪，因爲這是天下至親的親情，兒子本來就要袒護老爸，從來如是嘛！這個達賴喇嘛穿著佛教的法衣，自稱是 佛陀的弟子，竟然公開否定 釋迦佛，你說天下哪有這種兒子？那眞的應該叫作孽子。孽子，是「天下人皆日可殺」的惡人，是不是？

其實只是達賴自己沒智慧，極厚重的無明深深籠罩著他，連最粗淺的聲聞解脫道都不懂，更不懂實相般若，還敢妄謗 如來三轉法輪所說前後矛盾。所以，眞正的證悟是可以用「實相印」來印定的，絕對沒有差池；而且也可以用二乘法的三法印來印定，不會有絲毫的矛盾與衝突，這樣才叫作「實相印」。否則說他悟了實相，說有實相般若，那是要說給誰相信的？恐怕他半夜裡跑到墳場去講，都沒有鬼信；一定沒有人、也沒有鬼要信他，因爲那講不通。所以如果有人自稱證得阿羅漢了，或是自稱證得初果、二果了，結果竟然在否定大乘法，還主張大乘非佛說，說他能幫人家證三果、證四果，那都是自欺欺人；因爲實相印是可以印定一切法的，不但印定大乘法，一樣可以印定二乘法，也含攝了三法印，那才眞的叫作「實相印」。

諸佛來人間傳了法，如果有人信祂歸依祂，諸佛絕對不欺誑；釋迦如來就是這樣示現的，沒有保留而願意把所證的諸法傳授給大眾。能夠成爲「眾所尊」，而且是「無量眾所尊」，絕對不是單憑三法印可以成就的。單憑二乘解脫道三法印可以印定的法，那只是阿羅漢果，最多加上修證因緣觀而使他成爲緣覺，仍然不是「無量眾所尊」，至少菩薩種姓的學人就不會尊敬他，這樣的阿羅漢來了，最多就是供養他：「喔！你是阿羅漢。」頂禮、供養免不了啦！可是若要談到受學，那就免了。因爲菩薩對二乘法沒有興趣，菩薩的心量是廣大的，他心裡面想的就是要成就佛道，要廣度眾生，不是只有一世度少少的眾生。

所以菩薩們無妨供養二乘聖者，但是心中並不羨慕，也不崇仰，因爲那只是聲聞小法；只有無知的人見了阿羅漢，才會迷信到五體投地，然後高推說阿羅漢就是佛，那其實叫作無明。在聲聞果中有實證的人，絕對不會說阿羅漢等於佛。有實證的人很清楚知道佛與二乘聖者的差別，雖然他悟後還不知道什麼是大乘法具足實證的內涵，但是他知道阿羅漢與佛是相差很遠的。所以諸佛來人間，絕對是爲眾生解說「實相印」，並且對於「實相印」的粗淺深廣無所不知，才能夠稱爲「無量眾所尊」。所以如果有一種人出來說法，不管他宣稱自己是阿羅漢或者是成佛，他其實都不是眞正的實證者，因爲他的所說既不符合三法印，也不符合「實相印」。既然沒有一種可以印定他的所證，當然是無所證的人，就是個凡夫。所以這裡面的差別，我們在正覺修學時，一定要有所了知。接下來：

經文：【舍利弗當知，我本立誓願，欲令一切眾，如我等無異。

如我昔所願，今者已滿足，化一切眾生，皆令入佛道。

若我遇眾生，盡教以佛道；無智者錯亂，迷惑不受教。

我知此眾生，未曾修善本，堅著於五欲，癡愛故生惱。

以諸欲因緣，墜墮三惡道，輪迴六趣中，備受諸苦毒。

受胎之微形，世世常增長；薄德少福人，眾苦所逼迫。

入邪見稠林，若有若無等；依止此諸見，具足六十二。

深著虛妄法，堅受不可捨；我慢自矜高，諂曲心不實。
於千萬億劫，不聞佛名字，亦不聞正法，如是人難度。
是故舍利弗！我爲設方便，說諸盡苦道，示之以涅槃；
我雖說涅槃，是亦非眞滅；諸法從本來，常自寂滅相；
佛子行道已，來世得作佛。】

語譯：【舍利弗啊！你應當知道，我在因地本來就已經立下了誓願，想要幫助一切大眾，將來如同我釋迦牟尼相等而沒有差別。

如同我以前因地所立下的誓願，如今已經滿足完成了，當然就要化度一切眾生，全部都令大眾進入佛菩提道之中。

假使我有遇到任何的眾生，全部都直接教導他們修得佛菩提道；可是沒有智慧的人，他們聽了佛菩提道，總是心中產生了種種錯亂迷惑而不能領受我的教導。

我知道這一些眾生，往昔以來不曾修過善業根本，很堅固地執著於人間的五欲境界，因爲愚癡和貪愛的緣故而出生了種種的煩惱。

也由於種種五欲的因緣，而下墜墮落於三惡道中，因此而輪迴在六趣之中，不斷地在漫漫長夜之中領受了各種痛苦和毒害。

在三界中受生，特別是在人間受生的時候，剛受胎的時候形體是非常地微小，就像這樣子，一世又一世都得要增長那個微小的形體而成爲受苦難的人身；這一些人在人間福德是淺薄的，也是缺少福報的人，所以被種種的苦痛所逼迫。

出生成長以後，往往又不愼進入了無邊邪見的樹林之中，所以就落入有或無等兩邊的邪法之中；依止於有無或者斷常等等邪見，演變出來後又具足了六十二種外道見。

這一些少福的眾生深深地貪著於各種虛妄不實的法相，堅固地受持而無法捨離；這些人都是很貪著於自己，並且因此而產生了憍慢矜高之心，心中總是有所求而有諂媚委曲的不貞實心態。

這些人在千萬億劫之中，總是無法聽聞到諸佛的名字，也不能夠聽聞到正法，像這樣的人是難以度化的。

由於這個緣故，舍利弗！我釋迦牟尼就爲這樣的眾生施設各種方便，爲大眾解說各種能夠斷盡苦惱的方法，也因此而以涅槃的不生不死來示現給他們；

我釋迦牟尼佛雖然演說了涅槃，但這個涅槃並不是眞的滅了什麼而成就的；因爲諸法從無量劫以來，本來就一直都是自己處於寂滅相之中，所以涅槃並非斷滅空；佛弟子們如此修行佛菩提道以後，未來世就可以成佛了。】

講義：「舍利弗當知，我本立誓願，欲令一切眾，如我等無異。」這是說，釋迦牟尼佛在因地本來就已經立下了誓願；也就是說，因地就已經發誓，也堅固地發起了願心：將來想要度化一切眾生，都如同我 釋迦牟尼佛一樣相等而沒有差別。這種說法在外道之中，特別是一神教，他們是永遠無法接受的。假使你信奉耶和華，有一天跟耶和華禮拜完了，說：「眞神耶和華！我將來要跟你一樣當上帝。」你看他饒不饒你？回教也是一樣的。所以說，發願度人將來與教主完全一樣，這種情形只有佛教中才有：「我成佛了，但我也要讓你們跟我一樣成佛，將來和我平等平等。」這只有佛教中才有，不信的話，咱們一個一個來檢查看看，好不好？就說天主教、基督教、回教，哪一天有一個信徒說：「上帝啊！耶和華！我將來要跟你一樣。」那耶和華也不會饒他。

他們眞的很麻煩，你信了他以後，還不許信別人，不許禮拜別的神；你如果後來同時信了別人，他就降下天火大水來弄死你，才會有挪亞方舟，才會有降下天火來燒等事。那你說：「既然你不許讓我信別人，我要求跟你一樣，你又不肯，你爲什麼這麼霸道？」他說：「你就是永遠要當我的羔羊，永遠歸我所牧養，你要永遠當我的僕人。」這就是一神教，所以一神教的信徒是不許跟上帝一樣的。我們再來檢查別的，例如中國的道教，有沒有誰拜了玉皇上帝以後說：「玉皇上帝啊！我將來要跟你一樣，我也要當玉皇上帝。」行不行？也不行！玉皇上帝固然不會像一神教的上帝那麼狠、就懲罰你，也不會罵你，但是心裡面也不會同意。道教不談，那不然說說一貫道的老母好了，妳如果說：「母娘！我將來要跟妳一樣，我也要當母娘。」她同不同意？不同意啦！因爲她早就說了：「你們都是我所生的，怎麼可能跟我一樣？」那其他的宗教，等而下之，也就不談了。

講到這裡，也許有人心裡想說：「你們佛教講的還不是一樣？大家都是如來藏生的。」問題是，你對如來藏說：「我將來要跟你如來藏一樣。」如來藏不會跟你起瞋心，既不會處罰你，但也不會獎勵你，因爲祂是離世間境界的，所以不會也不懂得理你，但是祂不會捨棄你；因爲從某個層面來說，你就是祂，祂就是你；你儂我儂——打碎了再揉在一起，就是這樣子啊！根本就不分家，所以祂不會怪你，你也無法怪祂。而且如來藏是每一個有情各自都有，不是所有眾生歸一個上帝管轄或擁有；祂不會來管轄你，也不會有瞋或貪；所以，這跟外道的神是不一樣的，不能相提並論，因爲本質完全不同。所以，諸佛來人間教化眾生的目的，不是要眾生當祂的信徒，而是要眾生將來都跟祂一樣究竟解脫，並且證得實相法界的圓滿智慧，所以因地同樣都立下四宏誓願。不但諸佛如此，諸位就已經發了這樣的願了，所以三歸依的時候不是說願意度盡一切眾生嗎？最後是願意成就究竟佛道。願意度盡一切眾生，是用二乘法度眾生嗎？還是要用你成佛的時候所得的佛菩提妙義來度眾生呢？當然是用佛菩提。你將來成佛時絕對不會說：「**我教給眾生二乘菩提就好，我不想要讓他們成佛。**」不可能這樣，因爲連菩薩都不會這樣了，何況是佛呢？

所以我們才說眾生顛倒，眾生顛倒也就罷了，偏偏現在佛門中的學佛人，千分之九百九十九點九也都顛倒，因爲你如果對他們說：「**你們趕快來**

正覺學法，這邊可以開悟。」他馬上回你說：「唉呀！你別抬舉我了，我算哪根蔥？」原來他連蔥都不是，可是他們都沒想到當初三歸依的時候，在佛前發誓「佛道無上誓願成」，佛道都發誓願意成就，現在卻連剛剛入道的開悟明心都不敢要，哪有這種佛弟子？他那個三歸到底是有沒有獲得三歸的體？我看是沒有，就只是跟著大家唸一唸，這樣心裡面就叫作法喜充滿、就算完成三歸了，可是全都沒有獲得三歸戒。已得三歸戒的人，心是很大的：無上佛道誓願成，他是牢牢記住的。

因地發了這個心，願意度盡一切眾生，那總不會只用二乘法去度眾生吧！所以諸佛都無私心、無貪心、無嫉心，不怕徒眾學法，只要有人能學得上手，就教給他；得要這樣，佛法才能傳之久遠；所以永遠沒有貪心的佛、嫉妒心的佛、吝法的佛。如果有哪一個師父宣稱開悟了，徒弟向他請求說：「師父！我跟隨您二十年了，您那麼早就悟了，也幫幫我們吧！」沒想到這師父臉一板，罵說：「你算什麼？你們是沒有辦法開悟的，你們這些徒弟都是永遠燒不開的冷水。」如果你們有人聽到這一句話，就趕快勸那些徒弟們：「趕快走人啦！」因爲像這麼吝法的人，不會是開悟的人。

只要人家的緣熟了，他就一定要幫助；徒弟在他座下二十年，辛辛苦苦奉侍他，眞的叫作日操夜勞，好辛苦。你們看那些寺院，他們四點打板，晚上要忙到十點，有時候還十一點才能睡覺。這樣忙的結果，我們發覺佛教道場就有兩類：一類、他們徒眾個個都吃得白白胖胖的；另有一類道場，個個都是瘦巴巴的。有這兩種不同，你們注意去觀察。爲什麼如此呢？因爲一大早起來就一直忙、一直忙，然後說這就是在度眾生；怎麼度的呢？是度眾生來唱唱誦誦，然後師父上堂說一些天南地北、言不及義的話，就這樣累到晚上還不得休息。如果是週末、週日，他們忙到晚上十一點鐘還是睡不得覺的，還得繼續忙著。縱使晚上十一點鐘可以上床了，也還是沒辦法睡覺的，因爲長期累下來，到後來就是精神耗弱，躺上床也睡不著，然後個個瘦巴巴的，確實是如此。另外一個道場，就是個個吃得胖胖的、圓滾滾的，因爲他們只是勸募錢財就行了，每天不用辛苦修行，所以吃得飽、睡得好，大家都是白白胖胖的。

那你說，如果師父三十年前、四十年前就開悟了，結果印證開悟的徒弟，永遠就只有那十二個人，一年又一年不斷地過去，卻是一個也不多，永遠沒新的開悟徒弟，你想這有可能嗎？不可能這樣啦！如果他眞的有開悟了，竟是這個樣子，我就要罵他：「你這個吝嗇鬼！」因爲他吝於傳法。如果他不是吝嗇，那就是他悟錯了，不敢再印證了，所以印證到十二個人就截止了。是啊！所以諸位只能搖頭啦！

你主持的既是佛教的寺院，不是開銀行，所以你對弟子們的印證，只要開悟的緣熟了，也勘驗無誤了，你就一直印證下去。銀行才有關門結帳的事，寺院沒有關門結帳的，所以每家寺院沒有設定三點半的結帳時間。對不對？對啊！我們正覺可就不一樣了，我們不會劃定一個界限說：「我印證到四百個人，就不再印證了。」我們絕對不會這樣子。只要緣熟了，我就繼續印證，緣未熟的人，我就把他燉久一點，總是會有緣熟的時候，就看各人的因緣。所以十方三世永遠都沒有吝嗇的佛，也沒有說自己悟了，無法幫人家開悟的。如果有這個狀況，他的開悟一定不對。但是有一個情況例外，就是觀察以後，覺得這些徒弟都不應該幫他開悟，那就把法再帶走，不傳給徒弟了。有沒有這樣的情形？（有人說：廣欽老和尚。）有啊！確實如此！看他走了以後，他的徒弟受用他的傳承名聲，廣受供養以後竟去支持別人來打擊師父的開悟正法；是不是呢？是啊！就是這樣啊！所以諸佛也如我們的本師 釋迦如來一樣：「我本立誓願，欲令一切眾，如我等無異。」都是想要令眾生跟自己一樣成佛的，哪有人說悟了以後，在徒弟證悟的因緣成熟時竟不肯幫助，永遠沒有這樣的佛。接著說：

「如我昔所願，今者已滿足，化一切眾生，皆令入佛道。」就如同 釋迦牟尼佛往昔所立下的誓願，而那個誓願現在已經滿足了；也就是說，無盡的煩惱已經斷盡，無量的法門已經圓成，無上的佛道已經究竟，接下來當然就是要度盡一切眾生，使一切眾生將來都與自己一樣成佛。所以眾生沒有度盡之前，是不許入無餘涅槃的，當然都得住於無住處涅槃而不許入無餘涅槃，這就是諸佛的本願。所以在人間的應身示現入涅槃，可是卻沒有入涅槃，而是依無住處涅槃，時時都繼續在三界中利樂有情。因此，示現入涅槃之後，莊嚴報身繼續利樂有情，並且還常常有應身感應而降生別的地球中度眾生；也常常有化身示現，只要眾生有緣，見佛的緣熟了，祂就示現化身來定中、來夢中，有時候爲弟子摩頂，有時候給機鋒，有時候爲你指引，有時候爲你說法，就是這樣啊！所以，不可能成佛之後捨壽入了無餘涅槃都不再度眾生的。可是，那一些穿著僧衣卻來破壞佛法的人，卻說：「佛陀已經過去了，永遠不可見了，已經灰飛煙滅了，後世的弟子們因爲永恆的懷念，所以創造了大乘經來紀念祂。」由此可見他們根本無緣可以親值 釋迦牟尼佛。可是我們爲什麼還可以被 佛陀召見呢？顯然 如來還在啊！只是他們無緣可以親見。但他無緣親見，不等於就不存在啊！所以，只有糊塗人落於斷滅空，才會說 釋迦佛已經永滅了。

那麼，既然 釋迦佛說：「如我昔所願，今者已滿足。」祂來人間當然是要把佛菩提傳授給大眾。如果說 釋迦佛化緣已滿而離開人間了，那顯然祂在四阿含裡面，應該要有講過成佛之道五十二個階位是怎麼證的，如來藏應該如何證，如何眼見佛性，如何進修十地之道，如何滅盡五陰習氣種子，如何斷盡異熟法種的生滅變異而斷除變易生死；可是四阿含諸經中都沒講，只有一些大乘法教的名詞，內容與次第都沒講，這樣怎能叫作化緣已滿？那一些主張大乘非佛說的人，爲什麼不懂得要檢討一下自己，看自己的立論是不是有瑕疵？

如果眞的大乘非佛說，那麼顯然在四阿含諸經之中，一定有包含了成佛之道的內容以及次第，他們才能夠說 釋迦佛化緣已滿而入滅了；可是四阿含諸經裡面，你再怎麼找都找不出來，只有一些大乘法的名相，內涵都沒有，次第也沒有。如果依他們這樣講的話，顯然 釋迦佛化緣未滿，我們當然有資格往他胸前一把抓過來說：「還我釋迦佛來！」當然應該如此嘛！「因為依照你們的說法，顯然釋迦佛化緣未滿；化緣未滿不應該走人，那你們就得請佛再來。那是什麼時候再來？你們總得給我一句話。」所以說，既然已經滿足了佛菩提道，而且來人間「化一切眾生，皆令入佛道」，當然一定是化緣已滿。化度之緣既然已經滿足了，當然就一定已有圓滿敘述成佛之道的次第與內涵的經典。那麼大家找來找去，就只有大乘經典中才有這些次第與內涵；四阿含諸經中並沒有這些次第與內容，所以大乘顯然是 佛說。這個道理不必用腦袋想，用膝蓋想就知道了；可是他們竟然想不出來，表示他們眞的很笨，當然笨到沒有資格修學佛菩提大乘妙法；並且笨到把自己的佛菩提道給斷了，天下至笨之人就是這一種人。

接著說：「若我遇眾生，盡教以佛道；無智者錯亂，迷惑不受教。」你看，這難道不是現代那些大法師們的寫照嗎？眞的很生動！釋迦牟尼佛說：

「如果我遇到眾生時，全部都直接以佛菩提道來教導他們；那一些沒有智慧的人，心中就會開始錯亂了，就會迷惑於佛菩提道的內涵而無法瞭解，所以也就不可能受教。」密宗那些人不正是這樣嗎？南傳佛法那些人不正是這樣嗎？台灣四大山頭全都主張六識論的那些大師們，不正是這樣嗎？到近期為止，只有個佛光山星雲法師寫了一篇承認阿賴耶識的文章，可是承認了以後又沒下文了。

所以你看，我們寫了那麼多書，從正理方面不斷地說明六識論是錯誤的，意識是生滅法；可是到現在為止，還沒有一個道場肯承認意識是生滅法，依舊躲在常見外道或身見凡夫的邪見中過日子。我們也已經有那麼多書把聖教的依據列舉出來，至今還沒有看見任何一個大山頭承認意識的虛妄性。這一些人住如來家、食如來食、穿如來衣，真的辜負佛恩；明明 佛世尊疼愛這一些弟子們，所以全部都教以佛道：「盡教以佛道。」但是由於他們沒有智慧而無法理解 世尊的聖教，所以心地散亂錯謬。所以說沒有智慧的人，聽到佛菩提的時候，他們心中是錯亂的；因為對於佛菩提的勝妙法義，心中迷惑而無法理解。無法理解的時候，應該要設法去深入理解才對，可是他就不想理解，乾脆就把它否定掉。這就是中南部老人家說的：「你這個不孝子，不受教。」對不對？老人家都會這樣罵孩子。而他們正是佛門的「壞囝仔」，不受教。

這就是說，聰明人是要設法弄清楚，如果弄不清楚，就應該歸責於自己沒智慧而無法弄清楚，就該努力修學並累積福德、護持正教，然後等待親證的時節因緣。他們偏偏不要，個個都要強出頭。不懂，又要強出頭：「因爲這個我不懂，我也無法實證，就把它推翻掉，推翻掉也就沒事了。」然後，他們就開始撥弄起來，大聲疾呼：大乘非佛說。這樣子與聖教公開唱反調以後又可以沒事，卻是要看情形的；如果戰亂不停、烽火連天，善知識不會出來弘法，他們怎麼撥弄都無所謂；可是一旦有了承平的時節可以弘法了，善知識不可能坐令佛門毀壞，一定會出來弘法辨正。

就算善知識自己不想出來弘法，結果還是「龍天推出」，也沒有辦法隱遁。我就是個例子，我想要把法傳給大家以後就抽腿回老家過田園生活，可就是過不了，情勢一直演變，演變到後來，我這兩腳越陷越深，現在根本沒辦法跳出去，也就陷在裡面。不過陷在裡面也好，乾脆一不作、二不休，就在這一世把福德累積得更多，未來世就有更多福德可以進修，想一想，這樣也好；可是那些違背聖教而大聲疾呼「大乘非佛說」的惡人們，可就遭殃了。這就是說，有智慧的人會安分守己說：我不懂，就老實承認不懂，我就繼續設法自己努力看看；總有一天時節因緣到了，善知識出現了，我自然就有因緣實證，不要自作聰明。可是那些人眞的沒智慧，自己錯亂了，並且產生了迷惑，卻不反省是自己的智慧不夠而無法理解；例如有一個人，乾脆公開主張說：「佛陀的前後三轉法輪的義理，是互相有矛盾的。」就是這一類人在破法。他豈但不受教，而且還兼謗法、謗佛。但他還算有一點小聰明，公開說：「到我這一世就好了，不要再有十五世了。」當然他另外有他的政治考量。不過這樣也好，也符合我的期待。知道我講誰嗎？（大眾笑：⋯）我心裡想，你們沒反應，以爲你們不知道。

實際上這些迷惑而不受教的人，卻偏偏要自以爲知，輕易月旦前後三轉法輪諸經，我們就不能縱容他。所以，我們大家應該都要發願出來當邪教終結者，密宗這個千年大騙局，在我們這一代就要把它解決掉。未來世我們重新再來的時候，佛門純清，完全潔白無瑕，遇到佛法時，一開始修學就是三乘菩提具足。那將是多麼令人歡喜的事，我相信諸位一樣有這樣的期待，那就是說：我們這一代就得努力把邪教終結掉。「終結」不是把它消滅，是把它歸化到正法裡面來，要他們把外道法及外道見捨棄；或者把它趕出於佛門之外，證明密宗只是喇嘛教而不是佛教，以後大家提到喇嘛教時就說：「那不是佛教。」這樣任務就成功了。未來世你們再來的時候，若還有人介紹你要去找喇嘛教學法，你就說：「那是喇嘛教，我不要，我聽到喇嘛教三個字就覺得難過。」因爲你的種子是這樣，你聽了就難過。可是一聽到「佛教」就說：「這個好。」馬上就進入佛門。正應該如此，這就是我們應該要作的事。

所以，作這些事情是爲這一世的自己累積大量的福德，來世的自己就可以輕易遇到正法，又輕易地實證，這才是我們應該要作的。不要去作「迷惑不受教」的愚癡人，也不要當無智者在那邊自己產生錯亂。以前正覺同修會還沒有弘法之前，大家弄不清楚佛菩提是什麼，也弄不清楚二乘菩提的內容，這都情有可原；但是不應該自以爲知，自己隨便編派，就來籠罩眾生；還是得回歸孔老夫子那一句話：「知之爲知之，不知爲不知，是知（讀作智）

也。」這樣才是智者，否則就是傻瓜。因為菩薩總會在某一個時節因緣出現，諸佛都不可能眼看著這些佛弟子們繼續被誤導，一定會安排，會有人出來破邪顯正。那個時節到了，就是大眾的福報圓滿的時候。

「**我知此眾生，未曾修善本，堅著於五欲，癡愛故生惱。以諸欲因緣，墜墮三惡道，輪迴六趣中，備受諸苦毒。**」釋迦如來說：我知道這一些眾生們，因為過去世不曾修集種種善業作為他們所依靠的資本；也就是沒有修集善業來當實證佛法時的資糧，所以每一世，生來都貪著於五欲。哪裡有五欲可以貪著，他就去，努力去貪著；有時候甚至用不法的手段，或是傷害眾生的手段，來獲得他們想要的五欲。而這個事情在人間其實很普遍，所以在人間修集善本的功德很大，原因就在這裡；因為在這個環境中是很容易被染汙的，卻能夠繼續修集善本，功德當然很大。這一些眾生既然往昔未曾修善本，而且堅著於五欲，那就是愚癡和貪愛的人。

愚癡有很多種，有一種愚癡人，他不斷地累積錢財，卻都捨不得用。我們年輕時來到台北，看見很多「田僑仔」（台灣話），也就是說他老爸留下很多的田，那些田一塊一塊，在都市計畫完成都可以蓋房子了；老爸捨不得拿來蓋房子享受，依舊想要留著田地，自己每天辛苦種田。但兒子不想種田，覺得太辛苦了，所以兒子說：「我要去開計程車。」老爸就買了車子給他，是賣了一小塊田地去給他買計程車開。開了不到一個月的計程車，他就把計程車賣掉了；爲什麼呢？因爲以前延平北路有黑美人、五月花，還有什麼？東雲閣。（這些地方，我以前都曾經被請客而去過；不過那時候我很年輕，花不起，都因爲老闆不喝酒，要我代表他去，所以被人家強拉了去，是因爲他們賺了錢，所以要請客。）但他的老爸是怎麼過生活的？總是吃那種很鹹的蘿蔔乾那一類的食品，連雞蛋都捨不得吃，就這樣子留著已經變成很有價值的田地。後來死了，這兒子好高興；可是沒三年，全部賣光，建築公司可就賺飽了。土地賣光了以後，他又去開計程車，可是最後那一輛，他就不敢再賣了。那你說，這個老爸聰明不聰明？不聰明啊！因爲他這一世沒有行施，所以未來世福報不好；然後土地留給兒子，兒子又沒有辦法留下來，所以我說這個老爸叫作愚癡。

還有別種愚癡人，作生意賺大錢，每天忙到三更半夜，一大早睡眼惺忪又要趕著起床上班；每天一餐就那麼一碗飯，雖然菜色很好，然而飯也只不過吃上一碗；晚上睡覺時，床也是只有那麼長、那麼寬；然後突然間高血壓爆發，腦溢血便走人了，兒子就開始花錢了，他老爸辛苦累積下來的成果當然保不住。這也是愚癡啊！還有一種愚癡人，就是度了一堆徒眾落髮爲僧，廣肆宣揚，辛苦一世立下一片基業，道場土地廣有幾十公頃、一二百公頃；覺得成就還不夠，又再弄些別的。然後等他辛辛苦苦把這些大事業都完成的時候，他已經積勞成疾，不久撒手人寰，徒弟坐享其成，這也是另一種愚癡。

我們要不要學那種愚癡人？我們不要啦！所以我們幹什麼呢？我們只要把正覺寺建成就夠了，什麼都不要再買，土地更不要再買，都不要再作什麼了，然後就是快樂地增上道業。輕鬆愉快的生活他們不過，快快樂樂修道他們不修，去搞那些大山頭、大房子幹什麼呢？都要變屋奴了。眞的變成屋奴欸！你們知道嗎？有一些道場，例如那些中型的道場，他們每一個月的基本電費是二十幾萬元。如果是大的，像南部那個大道場，每個月的基本電費是四十幾萬元。不管他們有沒有用那麼多的電，每一個月至少就是要繳那麼多，這只是基本電費。那你說，他們不努力去拉人來護持，還行嗎？那眞的叫作家大業大；所以他們的家很大，業也很大，諸位要多體諒他們一點。

但我們不要揹那個家業，我們要盡量存在口袋裡面，等到需要用的時候，可以用來利益眾生，成爲眾生的及時雨。而且就在腦袋裡面，要盡量裝淨業，我們要讓心中的智慧不斷地增長，這可以帶到未來世去。所以，諸位要記得作聰明人，要有智慧，別再勸我說：「我們再去買哪一塊地。哇！那一塊土地有二十公頃，多麼漂亮！」千萬不要勸我，因爲那一定會勞民傷財，我們不要去弄那個。說實話，等到那個大家業弄成功的時候，我也沒命了，弄它幹什麼？

法的實證以及法的久續流傳才是重要的，我們只要把正覺寺建好，將來可以讓戒子們安住聽戒、受戒，不必老是外宿各地的大飯店，每天在各地大飯店與講堂之間來往奔波學戒。將來《正覺藏》進入最後階段，正式開始整合起來時——現在都在作準備工作，準備工作完成，將來整合起來的時候，有正覺寺可以使用，這樣就夠了。不要再去弄一些廣大的硬體建築，當屋奴是想要幹什麼呢？那個家業，最多給你留個一百年好不好？最後還是會壞掉啊！一百年後你重新受生再來看時，它已經倒了。那麼二百年後呢？沒有那棟建物了；可是那時候我們轉世再來，智慧都還在，這才是最重要的，要一世又一世，一步一步地往上提升，所以我們不要像他們那樣愚癡與愛著。由於愚癡才會貪愛「第一」，所以有的人要作環保第一。（大眾笑…）笑什麼？我不想笑，你們為什麼要引我笑？（大眾又笑…）有的道場想要當醫療第一，有的是要當學術第一，有的是要當建築寺廟第一，因為他們的廟最高，或者是在全球興建的寺廟最多的第一。他們都各有第一，各有擅長。我們其實也是第一，法第一啊！可是我們從來不想跟著講第一，因為想到那個第一的時候就已經落在形而下了。依如來藏來講，有什麼第一？永遠都沒有啊！無始也無終，離見聞覺知，哪還有第一？所以不要像他們貪愛第一，也不要像他們那樣愚癡；因為有癡有愛就會生惱，會生起無量無邊的煩惱。我們既然號稱證悟菩提，就不要像他們那樣落在癡與愛之中，產生無量無邊煩惱。

這一些既愚癡又貪愛的人，都因為有種種欲作因緣，才會下墜而墮落於三惡道中。貪名是很常見的，但是如果貪利，那就等而下之了。如果貪名貪利之後，還貪女色男色，那就是下下品，叫作不入流；這一類人，當然諸位知道就是喇嘛教，將來就是墜墮三惡道中，死後沒有第二條路可以走。墜墮三惡道以後，當然一定是輪迴於六趣之中，在六趣之中來來去去；當他們在人間花別人的錢，隨意淫亂別人妻女，沒有修集菩薩道資糧，又以外道法取代佛法的時候，未來世那三惡道裡的日子可不好玩，那是很痛苦的。

他們死後到了三惡道中，一定沒有好日子過，即使在地獄中當修羅，或許可以去當那些獄卒，也要領受地獄裡的境界苦；雖然不受刑罰之苦，那個境界裡面還是很不好受的。比如說，獄卒在那邊添柴火，燒滾那一大鼎的沸油，他也得要忍受那個火熱，那裡可沒有冷氣給他吹，所以落了三惡道都沒有好日子過。這樣在六趣之中不斷地輪迴，總是要親自去領受各種不同種類的痛苦和毒害。有智慧的人早就認清楚未來世的因緣果報，所以事先就遠離了，這樣才叫作有智慧的菩薩。所以怨天尤人的都不是菩薩，一天到晚在怪來怪去：「老天對我不公平，菩薩們都不護念我，佛也不慈悲我。」這種人一看就知道不是菩薩，一定是被邪見作祟而造作惡業，薄福寡德，當然要受種種的苦毒。如果生而為人，就是下面這八句了：

「受胎之微形，世世常增長；薄德少福人，眾苦所逼迫。入邪見稠林，若有若無等；依止此諸見，具足六十二。」福德不夠的人，受胎之後是不好過的；福德好的人，受胎之後日子比較好過。譬如說，福德不好的人入胎以後，這個媽媽一天到晚四處奔忙，頂著大肚子還得到處奔忙，你說她肚子裡的胎兒日子好不好過？胎兒成長的後期，最重要的就是睡覺，結果不能睡覺——因爲媽媽一天到晚在奔忙，爲了三餐，每天不得不這樣，胎兒根本無法好好睡覺、好好成長。如果這胎兒福德好，他的媽媽養尊處優，茶來伸手、飯來張口；或者以現代生活來講，就是說媽媽坐在辦公桌後面，作的事情輕鬆，還有冷氣吹，胎兒一天到晚都可以睡安穩覺。因爲到四、五個月時，胎兒的意識就生起來了；那時母子均安，這就是有福。到了該出生的時候，各種相應的物品早就預備好了。

這無福之人，媽媽還是每天在路上奔忙，來不及去醫院生產，也許就在路途上生他了。那熱水、毛巾，什麼都沒有，你說他好不好過呢？所以這就是說，「薄德少福人」，一定是「衆苦所逼迫」。可是不管福薄或福厚，「受胎之微形」，都是「世世常增長」，永遠得要輪迴不停。所以不論有福之人、無福之人，只要是凡夫，就永遠是「受胎之微形」，因爲剛入胎就只是一個受精卵，連肉眼都看不見，這不是叫作「微形」嗎？當然要叫作「微形」，就一世又一世這樣，漫漫長夜之中世世受生不斷，沒有解脫的時候，這叫作「**世世常增長**」。

終於後來長大了，想一想：人生這麼痛苦，總該求出世法了吧！想要解脫生死痛苦，於是開始求道。那麼求道時可就有很多種道了，在求道的過程之中，其實最主要的就是密宗四大派的外道，佛門凡夫僧所傳授的相似佛法倒也還好，至少不會像密宗那樣的邪法導致他下墮三惡道。密宗這四大派外道再演變出來，就變成六十二種外道，或者再繼續演變，還可以成為九十六種外道。當他學道的時候，外道是無量無邊的，所以不管去到哪一個道場，遇到的都是邪見。而且邪見道場到處都有，就像稠林一般；好像長得很茂密的樹林一樣，那每一棵樹木都是邪見，這叫作「**稠林**」。可是咱們也別光說外道，看看咱們佛門吧！在咱們正覺同修會出來弘法之前，台灣不也是邪見稠林嗎？沒有人願意出來為如來藏正法講一句話，如來藏正法就這樣含冤餘存，眞冤枉！連佛門裡面都是邪見稠林，到處都是信奉釋印順無因論的緣起性空邪說。這一些人都是落在**有**或**無**兩邊，非有即無；又因為有、無演變出來，就是斷、常等等無量無邊；所以說，依有與無或者斷與常為基準，演變出來的結果就具足六十二種外道見。

「薄德少福人」修道想要離開痛苦，卻因爲他的「薄德少福」而無法遇見正法，所以凡所到之處都是遇見外道法或相似像法；當他有因緣遇見正法的時候，他又會認爲這不是正法，又離開了！「薄德少福人」就是會這樣，所以一定要等到他累積福德到了一個地步，才會接受眞正的正法，否則他心中還是無法接受的。諸位能夠走進正覺來，能安住下來，就衡量一下自己：我是有福或者無福？（眾答：有福。）應當如是認知啦！因爲來到正覺，就算每週來這裡打瞌睡，整整睡一堂課都好；因爲你若不小心聽到一句話觸動你的禪機，你就開悟了。那山林一大片，建得好大一間金鑾寶殿，我們還說它是小廟；在那邊努力打禪七，每天盤腿打坐，幾十年過去了，結果一事無成，不要去大山頭那種金鑾寶殿的小廟裡辦道。

所以如果你有福多德，你在正覺就能安住下來。如果安不下來，就說他少福寡德；因爲德行假使不夠，世間福多也沒用，無法證道。得要有德行，有德行的人，才剛開始學佛，立刻就遇見了正覺第八識妙法，都不必外面四處去逛道場，我們這邊好多位親教師就是這樣。你看，那何老師、張老師、孫老師等人，還有淑瑛老師，妳們都一樣嘛！對不對？這邊男眾親教師也就不談了，褒獎女眾就好了。如果是福德最差的人，他就是得一直繞圈子；繞了一輩子，到臨命終的時候還不知道正覺的如來藏妙義是正法，這就是最差的人。那好一點的人，到臨命終才知道說：「啊！原來正覺的法義才是最眞的，早知道，我就去學了。」可是「千金難買早知道」啊！所以福德的修集確實是很重要，因爲這一個福德的修集，可以讓自己有辦道、證道的資糧；可是德操的修行很重要，德操的修行可以使自己不會堅持己見，願意依實際的道理去加以探討，探討之後就可以實證。接下來說：

「深著虛妄法，堅受不可捨；我慢自矜高，諂曲心不實。於千萬億劫，不聞佛名字，亦不聞正法，如是人難度。」這種人都是在外道法中堅決不改的。虛妄法有很多種，有的人喜樂於修仙道，他想要當仙。仙，當然有很多種，未來你們讀《楞嚴經講記》時就會講到（編案：總共十五輯已經全部出版完畢），那仙人其實不值得羨慕，因爲仙就是住在山裡面清淨自修的人；山人就是仙，是一個人加上一個山。所以，如果有人畫了圖畫以後落了款，自稱某某山人，你就知道他是以仙人自居。仙之所以可貴，是因爲他有技術，而且也有道行，也就是他有道德，又有醫人濟世之術；也就是有道也有術，才能自稱爲仙。

凡是山人，一定要具足二個法：有道也有術。如果有道而無術，不足以成仙，因爲不能救人濟世。他道德雖好，但沒有濟人利世之術，就不足以成爲山人。一定有道也要有術，才能符合仙的資格。如果有術而無道，人家就罵那個人是「術仔」。他有術而無道，所以心地不善；空有各種技藝，可都是用來謀取自己的利益，自私自利；有事情時他只保自己，不管別人；好朋友他也不管，他只保自己，所以閩南語就罵這種人叫作「術仔」，就是因爲他有術而無道。可是即使有道也有術而成爲眞正的仙，但仙的法仍然是虛妄法，因爲不能解脫生死，更別提佛菩提的實修。那麼也還有別的虛妄法，外道裡面有求生天的，例如有人求生欲界天、色界天乃至無色界天的，或者想要生天去當上帝永遠的奴僕，這就是等而下之的虛妄法。人人唯我獨尊，爲什麼要讓上帝獨尊？上帝也沒有比他們更強，因爲上帝他的福報享受完了，下來人間搞不好還比那些信徒差呢！全都不離六道輪迴，所以那些都是虛妄法。

如果是「薄德少福人」，通常都很剛強，而且很深入執著虛妄法；你叫他捨棄，他終究不肯捨棄。說一句最簡單的事實，譬如說，有的人喜歡跟鬼神交通，所以藉著鬼神的小鬼通，他可以在人間獲取利益；當你告訴他說：「你將來死了，是要到鬼神道去跟他們當同伴呵？」他說：「沒關係！他能幫我，那我去鬼神道也沒有關係啊！」他就這樣想，他不肯捨棄，這叫作「深著虛妄法，堅受不可捨」。如果是其他的呢？貪著世間財利，那更是虛妄法；因爲鬼神至少還可以到來世去，他們繼續得到了世間利益。鬼神之道有另一個名稱，叫作薜荔之道。以前，有鬼神一直想要傳給我這個東西，我敬謝不敏：「我不學這個東西，我學菩薩道學得好好的，我幹嘛要學你這個呢？」但是我也讚歎他：「你們眞厲害。」不必看輕對方，大家相安無事就好。

凡是執著於這些虛妄法的人，都是「我慢」之人。「我慢」就是因我起慢，覺得自己的存在很了不得，所以心中就生起自我矜高之心——自矜；自矜時就覺得自己很行，很欣賞自己。如果惡劣一點就產生了高慢，瞧不起人。如果只欣賞自己，那還好啦！最多只是自矜，還不算高慢。如果進而再瞧不起人，那就是「我慢自矜高」。這是我慢再加上自矜而瞧不起他人，這樣的人對上奉承、對下壓榨，會這樣作事，所以這種人「諂曲心不實」。如果諂曲而心地不貞實，修學佛菩提時就不容易成就；因為修學佛菩提時就是心地要直爽，直來直往，就容易相應，否則要跟如來藏相應就很難；你就算直接告訴他如來藏的所在，他也不會接受，因為他覺得：如來藏怎麼這麼「條直」（台語，憨厚老實之意），都不會跟人家計較？他會這樣覺得，所以他不會接受，不可能相應第一義諦。因此，諂曲的心、不實的心，都要趕快捨掉；但捨掉不是目的、不是標的，捨掉只是一個手段，是為了要達到親證如來藏而把它捨掉；所以捨掉「我慢」與「矜高」，並不是已經達到目的地了，而是一個工具而已。

這樣的人「於千萬億劫」之中，不曾也不會聽聞諸佛的名字。也許有人不信，咱們舉個例來說好了。「釋迦牟尼佛」這個名號很多人聽聞過了，可是地球上仍有很多、很多人沒有聽過。且不說巴西叢林、非洲叢林，住在非洲都會區的人，有幾個人聽過「釋迦牟尼佛」這個名號？很少啊！除非他到外國留學，或者他們有教導宗教學，然後提到佛教，他才會聽到這個名號，但那也是極少數、極少數人。如果他的命就是這樣，也就是說他真的「薄德少福」，所以總是出生在無佛的世界，千萬億劫都這樣，當然「不聞佛名字」。要跟　佛陀受生在同一個世界中，多多少少總要有一些福德。福德完全欠缺的人，就是比現代非洲那一些窮鄉僻壤的人，更沒有福德的人，就永遠都生在沒有佛的世界中，在正法、像法、末法時期中，他都沒有因緣受生於這個人間，當然不可能聽聞到佛的名字，連佛的名號都聽不見了，當然更不可能聽聞到正法，像這樣的人，眞的沒有辦法得度。且不說那一些人，單說已經聽聞　佛陀名字，並且也三歸依了，他就能夠得度嗎？也不行欸！還得要經歷很多、很多劫才能夠開悟而得度，所以說，「於千萬億劫，不聞佛名字」的人，也是不曾聽聞正法的，這樣的人是很難度的。

由於這個緣故，佛陀就說：「是故舍利弗！我爲設方便，說諸盡苦道，示之以涅槃。」這就是說，即使聽聞了諸佛的名號，也聽聞了正法，不一定就能眞的進入正法之中，因爲三乘菩提都不是一般人所能理會的。諸位來到正覺以後，熏習三、四年了，覺得說：「聲聞菩提沒什麼，那麼簡單！」那是因爲你已經在正覺熏習。想想看，在正覺同修會出來弘法之前，有誰眞的懂聲聞菩提？連斷我見都作不到。所以即使是聲聞菩提，對外道及凡夫們而言，也都是甚深無比之法。釋迦牟尼佛降生人間之前，那些外道們個個都自稱阿羅漢，個個都宣稱他們已經證得涅槃了；可是 世尊來示現受生、成長、出家之後，跟隨那些外道一一受學的結果，沒有一個是證得涅槃的，都是假阿羅漢。在阿含裡面現在都還有記載著，說某些外道自稱阿羅漢等等，佛陀都說他們不是阿羅漢。連二乘菩提都這麼難證，佛菩提倍加甚深、無比微妙，當然更難實證。所以，眾生無法理解這樣深妙的法，佛陀只好施設方便，先從如何斷盡三界生死苦惱的方法來解說；所以才要「說諸盡苦道」，為大眾宣說斷盡諸苦的方法，目的就是要示現涅槃的實證：「示之以涅槃」。

涅槃實證之後，那些還沒有實證的人，心裡面就疑惑了，於是開始有一些議論出來了。最有名的，就是焰摩迦比丘，他常常主張：「如我所知，阿羅漢身壞命終，空無所有。」因為他聽過 佛陀說阿羅漢入涅槃以後是要滅盡十八界的，五蘊是統統滅盡的，那當然是空無所有，因為他不相信有如來藏依舊常住不壞。有些比丘聽見了，勸他說：「你不要這樣講，世尊不是這樣說的，你說這就是世尊所說的法，這是在毀謗世尊。」但他還是繼續主張：「如我所知，阿羅漢身壞命終，空無所有，世尊是這樣說的。」還宣稱他是

親從 佛聞，這眞的是謗佛。眾比丘勸不聽，因爲他不曾實證，有邪見又一知半解，老是砍一半來聽，另外一半他就不聽：佛陀說無餘涅槃之中有本際常住不壞，他不聽。

實際上，佛陀這麼說：「**名色是從識來，識入胎而生名色；若識入胎，不出者，有名色不？**」阿難答：「**無。**」但這個部分，焰摩迦不肯聽受，他只聽受阿羅漢入涅槃滅盡五陰、十八界。所以這焰摩迦比丘，當時我們可以叫他作「焰一半」；你既然要學聲聞菩提，就要把 佛陀的教導照單全收，不能夠只要一半；殘缺不全時，當然無法實證。所以後來眾比丘去向舍利弗稟告，舍利弗就來找他，用問答的方式來問他。越問越深，然後他每答一個問題，就進步一點。等舍利弗問完了，最後問他說：「**那我請問你：阿羅漢入涅槃以後是不是斷滅？**」他改變說：「**不是。**」舍利弗就問他：「**你剛才爲什麼堅持說阿羅漢入涅槃是斷滅空？**」他說：「**因爲我無知、無明，如今已經開解。**」這時他得法眼淨了，就是舍利弗阿羅漢爲他開示，使他得法眼淨，就是得初果。

所以，爲了這些問題，世尊常常要解說涅槃不是斷滅空，才會開示說：

阿羅漢證涅槃，是清涼、寂靜、眞實不變。爲什麼要這樣講解？因爲一般不懂聲聞菩提的人聽了，總以爲無餘涅槃之中是斷滅空，所以 世尊必須要作這一些解釋，這就是偈中的這二句：「我雖說涅槃，是亦非眞滅。」所以阿羅漢得度，都是要滅盡五陰十八界而得度，都叫作滅度，從來沒有人說是生度。可是，現代這一些大法師們大家都想要生度，都不是要滅度。他們想要怎麼生度呢？「我就這個意識覺知心一念不生，度到涅槃彼岸去，永遠一念不生而不再有生死。」那得要叫作活著度了，可是能不能度？不能度。

是因爲這個覺知心，再怎麼樣去一念不生，只要色身壞了就一定會跟著消滅。然後被轉到中陰的時候，他才知道說：「我怎麼會在中陰境界裡面？」無明的緣故，他就繼續一念不生，以爲是不生不死的涅槃。但是七天到了，那中陰身又壞了。下一個中陰身生起時，他就想：「沒辦法，看來這樣一念不生的境界不是涅槃，因爲涅槃是不生不滅，我這樣的離念靈知還是會滅。」但還是不死心，繼續保持硬撐，看這樣到最後會不會是無餘涅槃；可是撐到最後還是滅了，因爲一念不生的中陰身依舊壞了。等到第三個中陰身生起的時候，再過七天，他知道又要開始毀壞了，又開始要消滅了，那時終於知道原來這個境界不是涅槃。可是已經太慢了，所以只好等第四個中陰身生出來，他就趕快投胎去了，不敢再說是涅槃了。這就是愚癡人，因為他們都想要生度。佛說的入無餘涅槃脫離三界生死卻是滅度，是滅盡五陰十八界而得度，不能想要繼續留著意識。可是 世尊解說了滅度以後，愚癡凡夫又誤會了，又以為涅槃就是斷滅空，因為他們都是只聽懂一半；因此 佛陀就要解釋涅槃是常住不變，這就是「我雖說涅槃，是亦非眞滅」。

《妙法蓮華經》上週講到二十三頁第七行前二句，那二句是說，釋迦牟尼佛雖然施設方便為大家說了涅槃，可是接下來這四句就解釋說，涅槃為什麼不是斷滅空；並且也說明了大乘法與二乘法特異之處，也就是「諸法從本來，常自寂滅相；佛子行道已，來世得作佛。」

這四句，在二乘法中是永遠解釋不通的。譬如前二句說，諸法從本以來，一直都是寂滅的法相。你如果要從二乘法中來看，要怎麼說得通呢？二乘法所說的諸法，都是在五蘊十二處十八界之中，但這五蘊十二處十八界何曾是寂滅的呢？且不說從本就寂滅，單說眼前這一段時間的諸法就好，從來都不是寂滅相。有沒有誰在了知諸法的時候，是識陰六識不在的呢？不論誰，面對諸法而有諸法存在時，一定都有六識心具足存在；既然有六識心，這六識心卻是藉根塵作爲因緣而出生的，那顯然一定有六塵，也有所依的六根，至少也要有意根以及法塵，那怎麼能叫作寂滅呢？寂滅是完全沒有根與塵，才能說是寂滅；可是二乘法中所知的前六識，不可能離於根與塵而存在，所以不可能是寂滅相，當然講不通。

那麼，二乘人所證的無餘涅槃，當他們入了無餘涅槃以後，雖然是「涅槃寂靜」，但是在涅槃之中還有諸法嗎？沒有諸法了。那當然不能夠說：「諸法從本來，常自寂滅相。」所以，縱使有法可以讓覺知心存在的當下即是寂滅的，也不可能是常。常就是永恆，「常自寂滅」就是從無始劫以來一直都是寂滅的，那也不可能啊！因爲覺知心六識或者意識存在的當下，至少也有法塵，那如何可能是寂滅相？必須是迴離六塵，才可能是寂滅相。所以這二句偈，永遠都沒有辦法讓二乘學人、或者讓二乘無學有學聖人所了知。他們永遠不可能了知的，因爲從實相法界來看時，諸法從本以來永遠都是寂滅的法相，這在二乘法中不可能實證，因爲二乘法所觀行的對象，都是現象界中的不寂滅法。既然是現象界中的法，不可能是寂滅相，所以只能夠從大乘法來說，這二句話才會通。

大乘法依什麼而說的呢？（眾答：如來藏。）三句不離本行，這就是我們正覺的門風。因為如來藏是一切法的根本，一切法都是從如來藏中生；只有一個差別就是直接生、間接生、輾轉生的差別，無不從如來藏中生，這是明心後就可以現觀的。既然諸法都是從如來藏中生，出生以後又不可能離開如來藏而存在、而運作，顯然諸法是附屬於如來藏，是以如來藏為體才能夠存在及運作的。諸法既然是附屬於如來藏，所以諸法的本際就是如來藏，然後如來藏這個本際是常自寂滅相，所以諸法滅除以後獨存的也是如來藏。證悟之後，不論何時何處，也不論是追溯到過往無量劫以前，或者推究到未來無量劫以後，如來藏始終是寂滅相，因為祂從來不了知六塵。諸法既然附屬於如來藏，從實相來看時，諸法當然是歸如來藏所有；當你從如來藏的寂滅境界來看待諸法的時候，就說「**諸法從本來，常自寂滅相**」。這是大乘法中才能夠親自體驗現前證實的，在二乘法中是不可能的。

那麼，由此來看就知道，世尊雖然說了涅槃，那涅槃並不是斷滅空，不是眞實的斷滅。因為涅槃之中就是如來藏，而如來藏恆住不壞，性如金剛，無有一法可以壞滅祂，所以涅槃不是「眞滅」。這就由「諸法從本來，常自寂滅相」，來證實無餘涅槃不是眞的斷滅而成爲空無。既然唯一佛乘講的是這個眞實法如來藏，而如來藏能夠衍生出無量無邊的法。那麼佛子求證如來藏，依如來藏而行道之後，未來世一定可以作佛；所以 世尊說：「**佛子行道已，來世得作佛。**」也許對一般人而言，說未來世可以作佛，他們是一點都沒有興趣。可是對於努力精修菩薩道的人來講，說來世可以作佛，那又是遙不可及，因爲連入門都辦不到。

可是從諸佛的立場來說，只要證得涅槃，現觀涅槃本際不是眞實斷滅，也現觀了「**諸法從本來，常自寂滅相**」；依這樣的現觀智慧繼續行道之後，將來必定成佛，只是時間早晚的差別而已。所以，眞實的佛弟子只要實證了唯一佛乘的妙法，依之而行道，不論時間久暫，最後終必成佛。這個「**來世得作佛**」，當然不可能是下一世、下二世，因爲三大阿僧祇劫以後也叫作來世；「**來世**」是可以無量無邊的，那就看各人用功或不用功、精進或不精進。如果眞的用功、眞的精進，把長劫化入短劫，那個「**來世得作佛**」可就很快；因爲別人一個大劫是要用十個大劫的時間來過，十個大劫的時間才能把一個大劫中應該修的修完；甚至一個大劫的課業，他得要幾百、幾十萬大劫才能修完。但你的因緣成熟了，卻有可能一秒鐘等於一個大劫過完；因為你一世短短幾十年的所修所證，有可能超越別人幾百大劫、幾萬大劫的所修所證，那麼這樣的「來世得作佛」，這個「來世」可就很快了。

所以，在正覺同修會裡面跟會外是不一樣的，會外的人不論大師小師，他們的想法是：「我只要破參明心了，一生參學事畢。」因為這就是他們極盡一生所要達到的目標。可是在正覺同修會裡面，明心了，才只是剛註冊完成。在禪三期間被印證開悟了，只是剛註冊完成，即將進入增上班開始修學而已。後面等著你的，還有其他的法。如果能夠很努力，再加上往世積了不少福德，也許五年、十年後你又眼見佛性了，就進入第十住位，那時就是一大阿僧祇劫的三分之一過去了。你一生之中就這樣又跳過去了，那你這一世是不是等於一秒鐘過一個大劫？所以我這樣講還算客氣，對不對？一秒鐘過完一個大劫。因為人家要拚完一大阿僧祇劫的十分之一時間，才能從第七住位走到第十住位，而絕大多數人是連第七住位的實相般若都根本不敢想。所以在正法中只要遇到好機會，就應該努力去拚；因為這種機會不是每一世都有，所以要好好把握。因此這二句話說的絕對是眞實語：「佛子行道已，來世得作佛。」

所有的經典，在正覺同修會中都是眞實可證的法，不是會外那一些大師們說的：「大乘非佛說，因爲那根本不可能實證。」對我們而言，卻是可證的，所以我們主張大乘是佛說。他們認爲說：「這根本不可能嘛！什麼自性清淨心而有染汙，哪有可能？清淨就清淨了，怎麼還會有染汙？」他們都這樣質疑，所以大乘經講的自性清淨的第八識心而有染汙，他們不能接受，都說：「這個不合邏輯，所以大乘非佛說。」然而，如果可以合於他們的邏輯，那一定是現象界中的法，也一定是凡夫們所能知道的極粗淺的世間法，那就不是甚深極甚深、難解極難解的法界實相了。可是等你親證了以後，不論你怎麼檢查，又發覺它完全合乎邏輯；只是那個邏輯的層次太高了，不是一般人所知道的邏輯。所以這一些法在同修會中是可證的，實證以後你可以親自現前觀察而加以檢驗，結果一定證明都沒有不相符的地方，因此我們說大乘經典眞是佛說，《法華經》當然更是佛說；因爲它把二乘人所不知道的，而我們已經親證的講了出來，我們可以自作證。確實能夠如實爲自己作證，所以我們也反過來爲大乘經典作證說：這眞是佛說。

經文：【我有方便力，開示三乘法；一切諸世尊，皆說一乘道。今此諸大眾，皆應除疑惑；諸佛語無異，唯一無二乘。過去無數劫，無量滅度佛，百千萬億種，其數不可量。如是諸世尊，種種緣譬喻，無數方便力，演說諸法相。是諸世尊等，皆說一乘法，化無量眾生，令入於佛道。又諸大聖主，知一切世間，天人群生類，深心之所欲，更以異方便，助顯第一義。】

語譯：【世尊接著開示說：

我有方便善巧的智慧力，來爲大眾開示三乘菩提的法義；過去、現在一切諸佛世尊，都是演說唯一佛乘的眞實道理。

如今在這個法會中的所有大眾們，都應該已經消除了疑惑；諸佛所說的聖教終究不會有互相差異之處，永遠都是唯一佛乘而沒有二乘法可說。

過去無數劫以來，無量數已經滅度的諸佛，有百千萬億的種種名號，數目是不可計算、不可思量的。

像這樣已經過去的所有世尊，在各種因緣之中巧設種種譬喻，並且應用無量無數的方便智慧力，來演說諸法眞實義的各種法相。

過去的無數諸世尊，同樣都是演說唯一佛乘的妙法，來化度無量無數的眾生，教導這一些眾生們同樣進入佛菩提道之中。

而且過往諸世尊等大聖主，了知一切三界世間的一切有情，以及各種不同種類的群生的深心之中，在法上修學時的所欲，並且還以許多種不同的方便施設作爲幫助，來顯示出第一義諦的眞實理。」

講義：世尊說：「我有方便善巧的力量，來開示三乘菩提。」確實是需要方便善巧的力量，才有辦法開示三乘菩提妙法；因爲聲聞緣覺解脫三界生死的小法、小道，本來就不是諸佛來人間所要開示的法義。而且諸佛自己所親證的，也不僅僅是解脫三界生死輪迴而已，而是還有許多、許多的智慧，都是牽涉到法界實相的智慧，是眾生所不知道的，也是出離三界生死的阿羅漢與緣覺們所不知道的。可是既然成佛了，來人間示現時總不能吝嗇於法，只把低層次的法義教授給眾生，然後對無比勝妙的佛菩提智慧就吝嗇而不肯教導。既然不能吝於法，心中也不可能吝於法，那當然得要把自己所證的一切都傳授給眾生。

然而無量無邊佛法，是三大阿僧祇劫才能具足親證的妙法，在短短的幾十年之中開示完了，眾生能否信得及呢？這就是個大問題。因為，假使說開悟以後將來可以成佛，但是從開始修學到成佛，總共的時程要歷經三大阿僧祇劫，那麼眾生五根不具足、五力未發起，聽了總是懷疑而不能深信；像這樣情況下，直接把佛菩提的妙法弘揚了以後，眾生不能深信，也無法實證未來久遠以後才能成佛的境界，要怎麼樣使他們發菩薩心來行佛菩提道呢？當然很難發心行菩薩道來修證佛菩提的。那該怎麼辦？當然就得針對眾生最急切的解脫生死的需求來教導，讓眾生可以實證。當眾生實證了以後，發覺自己真的可以出離三界生死，那麼大眾對 佛陀就有了大信。有了大信以後，就願意接受 佛所教導的，三大阿僧祇劫才能完成的佛菩提道，這就是 佛的方便力。

既然如此，當然得要開演出三乘法來，先針對出離三界生死的阿羅漢所證法，從佛菩提中分析出來教給大家，讓大家實證了，確定自己真的可以出離三界生死苦了，再教導更深入一些的緣覺法，那就是因緣觀，這樣就是具足二乘法了。當阿羅漢們也成爲緣覺了，自知自作證，了知自己確實是可以出離三界生死的，這時就要告訴他們佛菩提道，讓大眾知道成爲阿羅漢與緣覺之後畢竟仍然不是佛。那當然得要把到達佛果的諸法內容與次第，一一具足開示了；這時候當然要說是一乘道，說本來就沒有三乘，本來就是一乘道，二乘道與三乘道都只是方便說。如今既然大家已經證得二乘道了，現在當然要告訴大家一佛乘的眞實法。

也許有人懷疑：「那只是你的方便解釋吧？」有這個懷疑，是我可以接受的。我本來就接受這種懷疑，因爲在還沒有實證，以及沒有具足了知三乘菩提之前，有這樣的懷疑都是正常的。特別是這百年來，被人家作了廣泛的錯誤教導之後，先入爲主而且熏習已久，所以有這個懷疑是正常的。因此，假使我怪罪別人提出這種懷疑，那就表示我是一個凡夫，還沒有開悟以致所見不廣，因爲依舊不瞭解眾生的狀況。但實際上我們瞭解到這些情形，那法義上就不談了，我們從一個很簡單的道理來說，就會知道眞的只有一乘道，沒有三乘道。而這個道理，是在長阿含部的經典裡面就有的，但很多人讀過就把它忽略了，所以讀歸讀，沒有體會到文字背後的意思。

譬如釋迦世尊說：「我多劫以來行菩薩道，於今成佛。」有沒有？有啊！顯然不是一世便能成就的羅漢道，就是菩薩道。也說：「毘婆尸佛往世無量劫以來行菩薩道，於今成佛。」也有這麼說啊！如果是有三乘道，那是不是應該說，某某人多劫以來行聲聞道，於今成阿羅漢。如果聲聞的解脫道就等於佛菩提道的話，那也應該說：「我釋迦牟尼佛無量劫以來行聲聞道，於今成佛。」對不對？道理本來就如此，可是有誰知道這幾句話已經告訴大家「諸佛所說只有一乘道」？因爲佛菩提道本來就函蓋二乘菩提，你只要證佛菩提道，依著佛菩提道一直修學，你不必額外修學解脫道，而解脫道這個副產品也會在你口袋裡，它只是佛菩提道中的副產品。

就好像你碾米的時候一定有兩個副產品。假使你碾的是白米，不是糙米，一定有兩個副產品，第一個就是穀皮，另外一個叫作米糠。一定有這兩個副產品，可是這兩個副產品都沒有離開過那個稻穀。佛菩提就等於那個稻穀，既有那個麩質、胚芽，也有穀皮，當然也包括裡面香噴甜美的白米。諸佛所修無量劫以來都是修菩薩道，沒有哪一尊佛是無量劫來行聲聞道，也沒有人是行緣覺道的。既然都是無量劫行菩薩道，都是修佛菩提而成佛，不是行聲聞道、緣覺道而成佛，那表示諸佛之所證本來就是唯一佛乘，可是釋印順竟然主張只要修行解脫道而不入涅槃，修久了就可以成佛，不是其心顛倒了嗎？長阿含部的經中很簡單幾個字，已經顯示這個義理，可是竟然沒有人發覺。

還有人比較聰明，他們觀察到六識論者主張說阿羅漢就是佛，當這個說法是確定的，那麼 釋迦牟尼佛入滅之後，一定會指定或者由阿羅漢們推派一位阿羅漢來紹繼佛位。因爲阿羅漢既然就是佛，現在佛入滅了，當然應該馬上有佛繼位。既然主張阿羅漢就是佛，阿羅漢有資格當佛，爲什麼不推舉另一位阿羅漢出來當佛呢？但佛教歷史事實上卻沒有，這表示阿羅漢根本不是佛。

假使—我們假設—現在是有佛住世，比如說某某佛住世，假設諸位都是阿羅漢，也有許多的菩薩，是等覺、妙覺或者說諸地菩薩，都在一起。現在假設說，這一尊佛入滅了，有很多人就在推舉說：「某某大阿羅漢，您有三明六通，佛入滅了，請您繼位來當佛吧！」請問這位阿羅漢敢不敢？絕對不敢！他聽了這樣的請求以後，雖然不至於屁滾尿流，但一定馬上斬釘截鐵推辭。爲什麼呢？因爲他如果膽敢接受的話，隨便來個初地菩薩就把他當場問倒了，他要當佛是絕對當不成的；因爲第七住位的明心不退菩薩就足夠問倒他了，那何況還有諸地菩薩、等覺菩薩呢！哪個三明六通阿羅漢敢起來當佛呢？連等覺菩薩都不敢了，何況是聲聞阿羅漢呢？而阿羅漢們迴小向大以後，還得要求悟。他求悟的階段只在三賢位的第六住位，後面還有十行、十迴向，還有十地，他距離佛地是那麼遙遠。

不迴心的阿羅漢們當時是聽過 佛陀宣講大乘經的，才會結集出《雜阿含》、《增壹阿含》裡面那一些大乘經，他們結集後的結果卻變成二乘經了，只剩下一些大乘佛法的名相存在，卻沒有義理內涵。他們連大乘經的眞實義都聽不懂了，何況能當佛？由這一點就可以瞭解，諸佛絕對是行菩薩道而成佛，永遠沒有哪一尊佛是行緣覺道、行聲聞道而能成佛的。既然是行菩薩道，菩薩道所修的是佛菩提，那麼諸佛之所證當然就是一乘道，當然是唯一佛乘。既然所證是唯一佛乘之法，是佛菩提道，那麼來人間示現成佛而教授給眾生的時候，當然也是要講一乘道；只因爲五濁惡世的眾生難以信受，所以用方便力來開示三乘法，但是最後終究是要講唯一佛乘，不可能講了二乘菩提就走人了。那麼，釋迦如來把這個道理講清楚了，接著說：「如今在座的這一些大眾們，聽我這麼說明了以後，都應該已經除掉了心中的疑惑了；都應該已經確認了諸佛所說的話是不會有所差異的，永遠都是說唯一佛乘，而不可能只有二乘法。」接著又說：

「過去無數劫，無量滅度佛，百千萬億種，其數不可量。如是諸世尊，種種緣譬喻，無數方便力，演說諸法相。」再接下來還有四句：「是諸世尊等，皆說一乘法，化無量眾生，令入於佛道。」佛說，過去無數劫以來，已經有無量已入滅度的諸佛。也許有人想，經中不是說了嗎：「諸佛如來應世，如優曇缽華，時乃一現。」是說諸佛如來示現在人間，就好像曇花一現一般，不是常常有，但為什麼又說過去無數劫已經有無量滅度佛呢？這就是說，從一個比較短的時間來說，比如說以過去一百劫裡面來說，曾經有三十一劫之中都沒有一佛出世，還曾經有六十劫之中沒有一佛出世。

然後到了我們現在叫作賢劫，這個賢劫可以有一千佛出世，這就是我們的福報。所以不要老是抱怨說：「我為何這麼沒有福報？我都沒有看見佛。」

誰說你沒有看見？二千五百多年前你看見了！你不信啊？所以今天還沒有辦法開悟嘛！我二千五百多年前見了 佛陀，我就信了；隨即出家，我就悟了，差別就在這裡而已。這道理後面還會講到，到時候我再舉例給諸位聽。「信」有很多種差別不同，後面就會講到，經文講到下下頁時就會講到。從比較短的時間來說，確實過去三十一劫中都無佛，也曾六十劫中都無佛出現，因此見佛很不容易。可是，你如果把時間推到無量無數劫以前來看，因爲過去的劫，時間是無量無數的；既然是無量數的，那就算平均一劫一佛好了，那也有無數佛，因爲過去是無數劫，當然就有無數佛。若是一劫一佛就好了，我們也說那些眾生算是很沒有福報，因爲我們是賢劫有一千佛。他們就算是一劫一佛好了，那過去無數劫，是不是就有無數佛？當然可以說是「無量滅度佛」。既有無量滅度佛，諸佛的名號當然也是百千萬億種，那個數目又如何可以計量？沒有辦法計算的，沒有辦法量度的。

可是這麼多的佛已經過去了，這一些無量數的佛，是藉著種種不同的因緣，而以無量無數的譬喻，運用諸佛無量數方便智慧的力量，來演說諸法的法相。諸法的法相之中，當然也包括了現象界中——就是二乘菩提——所觀行的內涵，而且終究要演說實相法界的內涵。可是無量數劫有無量方便善巧智慧力的諸佛世尊，同樣都是宣說一乘法，都以一乘法來化度無量無數的眾生，都是要教導大家進入佛菩提道中。過往的無數諸佛，沒有哪一尊佛說只教導大眾證得聲聞菩提、緣覺菩提，然後祂就入滅了。從來沒有！如果有這樣的佛，我們得要叫他是假佛。但假佛不一定是凡夫，因為假使是大乘通教菩薩，他修到極致也有三明六通，也可以來示現成佛，教導大家二乘菩提，然後他就示現入涅槃去了，又到他方世界繼續示現；但只能叫作通教菩薩，不能叫作佛，所以我說那還是假佛。因為眞正的佛來人間，不可能吝於法，一定會教導眾生轉入佛菩提道中。教授二乘菩提的目的，只是方便為大眾施設，然後令大眾具足佛菩提的信心，因此願意一步一步不嫌辛苦、不嫌時間長久，願意三大阿僧祇劫去實行佛菩提道，所以才說：「是諸世尊等，皆說一乘法，化無量眾生，令入於佛道。」接著說：

「又諸大聖主，知一切世間，天人群生類，深心之所欲，更以異方便，助顯第一義。」第一義不同於世俗諦，眞理是有很多層次的。比如說，一加一等於二，這是個眞理，或者叫作道理、數學定律；但是這是在一般的定義下，來說一加一等於二。如果那個一的內涵定義是不同的，比如說那個一是minus一，這樣的一個一，加上一個plus的一，是不是還等於二？已經不是了。所以眞理是有不同層次的，是有不同定位差別的。那麼，二乘法所說蘊處界虛妄、蘊處界生滅，這是眞實諦，沒有錯，但它只是世俗法中的眞實諦，所以它不能夠說是佛菩提道裡面專講第一義的眞諦，因此就把它定義作世俗諦，就稱它爲聲聞道裡的眞諦。結果這個眞諦來到佛菩提面前就不是眞諦，只能叫作世俗諦，只是世俗法中的眞實道理；因爲講的是蘊處界等三界中的世俗法，不屬於實相法界的法。既不屬於實相法界的法，就表示這個眞實道理不是至高無上的，那就不是第一義。只有實相法界的眞理是至高無上的，沒有一法能超越祂，才能叫作第一義。所以聲聞緣覺所修證的解脫道──也就是四阿含所說的解脫道──都稱爲世俗諦，不是第一義諦；因此菩薩們不願意稱它爲眞諦，只稱它爲俗諦。

那麼，第一義既然連阿羅漢都還不懂，阿羅漢們都還得要迴小向大以後，聽聞 佛陀教導般若實相義理，然後再由 佛陀以種種教外別傳的機鋒施設，幫他們證得實相，才能懂得第一義。顯然這不是容易瞭解的，因爲連阿羅漢都不瞭解，而古時候那一些阿羅漢—佛陀座下那些大阿羅漢—同時也都是緣覺，他們也都證得因緣法，也都具足因緣觀，同樣都得在　佛陀幫助證悟以後才能開始懂得第一義；因此說，聲聞緣覺所不能理解的第一義，當然是非常深妙，難知、難解、難證。所以單單是般若—第二轉法輪的般若—就已經號稱甚深極甚深了；因爲是二乘無學聖者之所不知，還得要跟隨著　佛陀繼續修學才有因緣實證。那麼諸位想一想：這樣的第一義，是不是須要用各種不同的方便善巧來幫助顯發呢？當然是如此嘛！

再請問：這個方便是不是可以用弘揚二乘法的方便來助顯呢？不可能。因爲二乘菩提弘法時所用的各種方便法，都是在現象界中所說的方便法，不涉及實相法界第一義。譬如說，這個人心思雜亂、掉舉嚴重，教他修數息觀；這個人貪欲嚴重，教他修不淨觀；另外那個人瞋心太重了，所以他始終無法證得解脫果，那就教他修慈心觀。五停心觀就是這麼來的，這都是方便法，是在事相上爲了學人而施設的對治法，不涉及二乘菩提實證的內涵，更不涉及第一義的實證內涵；所以這樣的方便，永遠都無法幫助誰去證得第一義。

譬如說，二乘法中有人因爲智慧不好，很愚癡，就教他修學界差別觀，來增益他的智慧；可是這個方便所能幫他實證的，只是學好了以後繼續進修因緣觀後所證的緣覺法，仍然無法證得第一義。所以，二乘法範圍之內的各種方便，都只能幫人證得世俗諦，無法助顯第一義。因爲這個緣故，所以 世尊在世時，一面宣說《大般若經》、《小品般若》、《金剛經》、《心經》等等，同時施設了許多的方便。所以中國禪宗那一些公案機鋒，說穿了都是東施效顰，只是學得蠻像的；也因爲有所實證，所以比東施更勝一籌。因爲禪師們都是跟著 佛陀的那一些異方便來施設，並加以衍生出來利益眾生，而這樣的方便善巧都不是二乘菩提裡面所能具有的方便善巧。

譬如你們去看二乘菩提之法——從四阿含諸經中的「大乘經」或者諸阿羅漢們所寫的論，你們去看看；只要不是從大乘經的聽聞而結集成二乘經內容的，你們自己去看，你看不到禪宗的那一些公案與機鋒。其實 佛陀當年有很多的機鋒，後來禪宗傳到中土來，禪師們爲了度人的方便就施設了更多，才會有雲門胡餅等等公案。那雲門胡餅，從一千多年前，這樣直直地擲過來，我們接了過來就吃了；可是那些大師們如今都還看不清楚，都還看不到雲門擲來的胡餅在哪裡。古時雲門擲來的胡餅，到現在都還在繼續擲著，所以我們有很多同修都看見了，拿來就吃。等到胡餅吃完了，換我問他說：「你悟了，被我印證了，我問你，那雲門胡餅是什麼呢？」他就回說：「胡餅。」我說：「你講得好。」緣何如此？因爲這都是「異方便」，但大師們講了就大大離譜，得要挨我的棒。

假使因爲胡餅香，聽起來就覺得說：「那沒什麼啦！我聽多了。」那不然，弄一點臭一點的也行；雲門的「乾屎橛」，到如今也還在擲著，等到你看見雲門丟來的乾屎橛，接過來也塞入嘴裡面，問你是什麼？你還是說「胡餅」，原來那不是乾屎橛。乾屎橛知道嗎？乾掉的狗大便。爲什麼那個乾屎橛來到悟者的嘴裡，竟然會成爲香噴噴的胡餅？這就是禪師的「異方便」，以這樣的「異方便」來幫助、來顯發第一義。可是這二句話，你們聽誰如實講過沒有？曾經聽誰如實解釋過沒有？全都是依文解義嘛！誰能告訴你這個道理？也許有人心裡說：「你講了，我還是聽不懂啊！你解釋了，也等於沒有解釋啊！」說得也是。可是現場有許多人聽懂啊！懂的人很多，而且我也跟你打包票：只要將來你被我印證了，你也一樣聽懂。那時才知道我不是呼嚨人。

既然想要「助顯第一義」，但第一義甚深極甚深，大眾很難理解，當然是必須要以種種異方便來助顯的，那表示什麼？表示過去無數諸佛，一切「大聖主」都知道「一切世間」的「天人群生」之類，深心之中所渴望的是實證佛菩提，而不單單是解脫三界生死。諸位來到正覺同修會，我現在問你們說：「第一種是今生可以證阿羅漢，然後就入涅槃；第二種是要很辛苦修行三大阿僧祇劫以後才能成佛，你們要選哪一種？」你們百分之九十九都會選第二種。我剛才還沒問完，你們有些人就這樣回答了。爲什麼呢？因爲你們假使入了無餘涅槃，於眾生無所利，於自己也無所利，正因爲二乘涅槃是多麼膚淺。

以解脫道所證阿羅漢、緣覺的智慧，來跟佛菩提道所證諸佛的智慧相比，就像螢火蟲的一點點光芒，來跟日正當中的陽光相比一樣，這是我們今天現前可以看見的事實。既然知道這樣的事實以後，當然不再愛樂二乘菩提了。即使今生就可以取證阿羅漢果，成就慧解脫，捨報就入無餘涅槃，大家也都沒有歡欣之情，不愛樂這個果證，寧可辛苦修行三大阿僧祇劫而成就佛道，因爲佛與阿羅漢的智慧功德不能相提並論，相距太遙遠了。所以說，諸佛世尊「知一切世間，天人群生類」的「深心之所欲」，因為法華會上留下來的所有大眾，都是想要得大果，不想只得到聲聞小果。

以前天台國清寺的拾得菩薩，有一天指著那一些阿羅漢的聖像開罵；因為他們有離了一些阿羅漢像供奉著，他就指著那些阿羅漢像罵：「小果聲聞。」是當眾開罵。那你想，當阿羅漢還得要被菩薩罵，而拾得菩薩只是國清寺的寺僧在路上撿回來養大的；那你們想，你們是要當菩薩，還是要當阿羅漢？這不用問也就知道了。這就是大乘種姓眾生「深心之所欲」，因為定性聲聞——不迴心的聲聞——畢竟是少數人，還是以菩薩種姓的人數居多，差別只是菩薩性具足或未具足而已；但是有菩薩性的人是多數的，只要願意進佛門，多數人是有菩薩性的。

也許有人腦袋裡面又打了一個大問號：「你說的不是事實啦！因為目前看來，台灣、大陸佛教界那些出家人，大概都是聲聞心態很重的人，所以你講的不對吧？」但是，我還是堅持沒有講錯；因為不是那一些人本來是聲聞心態，而是他們被聲聞心態的人教錯了、教壞了。好比南部人說的「教壞囝仔大小」，本來好好的棟梁，被他們以聲聞法、聲聞心態給汙了；好比一根很好的棟梁，被他們處處鑽洞、亂鑽一氣，所以將來要怎麼樣呢？要有最好的黏著劑好好去把它補一補；得要這裡補一補、那裡也補一補，全部補好了，可以用了，才能拿來當棟梁。就是說，他們是被教壞的，而不是沒有菩薩性；因爲既然會出生在大乘佛法的弘揚區域，他們本身就是有菩薩性的，否則他們的因緣應該就會出生到南洋小乘法的弘傳地區去了。問題就是被那些六識論的凡夫僧給教壞了，所以本來都是菩薩心性的，這是我對當代出家人的看法。我認爲他們只是被教壞了，我們只要願意重新爲他們作正確的教導，他們終究會繼續回歸到菩薩道中來，不會再沉迷於小乘解脫道之中。

世尊重頌中開示的這六句話，就在表顯一個事實：二乘菩提的那一些方便施設是對治法，不能「助顯第一義」。「第一義」既然甚深、難解、難知、難證，當然要用不同的方便法才有辦法「助顯第一義」，所以大乘門庭才會有那麼多不同於二乘門庭的施設，原因在此。

經文：【若有眾生類，值諸過去佛，若聞法布施，或持戒忍辱、精進禪智等，種種修福慧；如是諸人等，皆已成佛道。

諸佛滅度已，若人善軟心；如是諸眾生，皆已成佛道。
諸佛滅度已，供養舍利者，起萬億種塔，金銀及頗梨、
車磲與馬瑙、玫瑰琉璃珠，清淨廣嚴飾，莊校於諸塔；
或有起石廟，栴檀及沈水，木櫁并餘材，塼瓦泥土等；
若於曠野中，積土成佛廟；乃至童子戲，聚沙爲佛塔；
如是諸人等，皆已成佛道。

語譯：【這一段重頌，世尊是開示說：

如果有眾生，不論他是什麼樣種姓的人，在過去無數劫以前曾經值遇了過去諸佛，如果聽聞佛法之後願意去作布施到彼岸的修行，或者以持戒到彼岸的佛菩提道而開始修行，乃至以忍辱、精進、禪定、智慧到彼岸等等方法來修行，同時也在種種因緣聚會時，修集各種的福德與智慧；像這樣的人，經過那無數劫以來都已經成就佛道了。

過往無數佛滅度以後，如果有人以善良柔軟之心來修學佛道；這樣的許多眾生，也都已經成就佛道。

過去無數劫的諸佛滅度以後，有人收集舍利來供養的人，乃至建造了萬

億種的舍利塔，不論是以黃金、白銀、玻璃、車磲、馬瑙、玫瑰、琉璃珠，來加以廣泛或者精緻的莊嚴，並且保持它的清淨，以這些清淨的珍寶來莊嚴及裝設於這些舍利塔上面；

或者有人以佛舍利而起造石廟，或者以栴檀木、沉水香等，或者以別的木材來建造舍利塔而作供養，下至於以塼塊、瓦石、泥土製造舍利塔來供養佛舍利；

甚至只是在曠野之中，聚集了一堆泥土雕飾成佛廟的模樣；乃至於有童子、兒童於戲笑之中，因爲遊戲而積聚了沙土成爲佛塔的模樣；像這樣的人，如今都已經成就佛道了。】

講義：這是說，只要能值遇諸佛，未來不論時間長短，最後終究會成就佛道；重要的是，要有善心，願意供養佛舍利乃至作法供養。那麼，這其中的差別，當然就會導致成佛時間的快與慢；譬如過去無量劫以來，值遇許多過去佛；在值遇諸佛之時，聽聞正法而修學六度波羅蜜；同時也在種種因緣之中，不捨一切因緣而修學福德與智慧，這樣的人都已經成就佛道。爲什麼他們成就佛道很快？因爲他們於法上修學福慧，二種具足而不曾偏廢其一，所以擺在最前面講；就是說這一些人聞法之後，修學六度波羅蜜，都已經成就佛道。

接著再說第二類人：諸佛滅度之後，如果以善良柔軟之心繼續修行，最後一樣會修學六度波羅蜜，然後次第成就佛道。這告訴我們什麼道理？我們在這裡面要懂得　佛陀說法背後的用意。也就是說，當你們進入正覺同修會，精進修行從來不嫌累；可是其中有一些人，你送給他正覺的書，他讀了一段時間，他也跟著你來聽幾堂經；然後他又休息一段時間，也許明年、後年他又想起來，又跟著你來聽幾堂經，總之就是不精進。這都是正常的，你不該要求每一個人都跟你一樣精進，因爲眾生的根性各不相同。

還有人在諸佛滅度以後，他不是以善軟心繼續緩慢的修行，他只供養佛舍利；叫他建造舍利塔、或者用金銀去打造舍利塔而供起來，每天禮拜供養，他都願意啊！可是叫他修行時，他就不願意。現在台灣佛教有沒有這種人？有啊！而且多的是。我們看到這種人時，會覺得他們很虔誠，但你若是叫他們修行，他們都說：「**啊！我沒時間啦！我現在也還沒有興趣，我只要能夠供養佛舍利就好了。**」針對這一類人，佛怎麼辦呢？也很好辦啊！只要他們眞的每天好好供養，過一段時間就幫他們添一粒舍利，繼續增長他們的善根。哇！他信心大增了，可就拜得更殷勤，信心更具足說：「唉呀！佛祖眞靈感啊！」至少他不會遺失了三寶弟子的身分，未來世終究會有一世開始眞正精進修行了，這就是佛神通的用處。

由此就應該知道諸佛都是很忙的，因爲要照顧的眾生太多了：諸地菩薩得要照顧，十迴向位的所有菩薩，十行位、十住位，乃至凡夫位還在信位的菩薩們也要照顧，所以還在信位的人，就要讓他們去供養佛舍利。所以，諸佛在人間示現入滅時，通常不會留下全身舍利；絕大多數都是用碎身舍利，分散給大家去供養，讓他們種下未來修學佛道的因緣。但這一些人供養舍利時就會有許多的差別，有的人用黃金打造舍利塔，有的人用白銀打造，有的人用玻璃（頗梨就是玻璃，古時候玻璃很貴，因爲古時候玻璃非常非常少，不像現在一整片玻璃丟在地上都沒人要；如果去到極樂世界，你們也不會貪愛黃金，因爲遍地是黃金，你也不會想要了）打造。還有人用車磲，或者用馬瑙、玫瑰、琉璃珠，使用不同的寶物，在那些黃金打造的、白銀打造的、玻璃打造的舍利塔上面作種種莊嚴，所以舍利塔大部分都會有一些寶石類的裝飾。雖然現代的舍利塔，大部分是用假的紅寶石、藍寶石，假的鑽石去裝飾，但這也一樣是「清淨廣嚴飾」。他們各用這一些珍寶，打磨清潔明亮之後裝飾到舍利塔上面，來莊嚴佛舍利。有的人不是這麼精緻，就只是用個瓶子，把一顆、二顆佛舍利裝著，然後用石頭去蓋起一個小石廟，把佛舍利供在裡面，這就是舍利廟，就這樣來供養。

也有人用栴檀木或者沉水木，來打造舍利塔而供養佛舍利。那麼「木樒并餘材」，木樒其實就是沉水香，就是沉香木。但是木樒的範圍比沉水香的定義廣泛，木樒有三個部分的差異。新店有人種越南的風樹（風，吹風的風）。他們種一大片風樹，種了幾年以後，就在靠近樹根的樹幹，把樹皮挖掉一片，弄了細菌種進裡面去，他們管這個行爲叫作「開香門」。因爲沉香木會香，就是因爲那種特殊細菌的關係。那細菌被種在樹幹裡，開始增長；然後樹木爲了跟這一些細菌對抗，它要求生存，所以遇到那些細菌時，它就分泌一些油脂出來抵抗；最後風樹長成時，依舊抵抗失敗而枯死了，因爲被細菌侵蝕透了。侵蝕透了以後，那些有油脂的比較沈重的枝幹，就成了沈水香。

我們剛剛講的是人工促成的沈香，但野外的樹木當然不是用人工去植菌，而是自然被細菌侵入了，長大之後枯死了，是因爲細菌遍滿了整棵樹就枯了。枯死了以後漸漸倒地，倒下來之後被泥土所遮蓋或者被水所淹，然後就產生三種情況：有的部分，它是顏色非常深的，表示它的油脂非常多，就會很重；那個部分你取下來放到水裡，它就快速沉下去了，那就叫作沉水香。可是有的枝幹腐蝕之後，有很多的部分會沉到水裡面去，沒什麼油脂的部分漸漸腐壞，所以許多有油脂的各個部分互相分離了，變成一小片又一小片，它看起來就好像雞骨頭一樣，那叫作雞骨香，其實也是沉香，只是沒那麼香；這一類沉香會浮在水上，不會沉下去，所以就不叫作沉香，但還是同樣一棵樹所轉變成的。有一些部分既不是沉在水底，也不是浮在水上的，既不叫沉水香，也不叫雞骨香，但它還是有一些香味，只是很淡的香而已，那就叫作棧香。「棧」，「明修棧道，暗度陳倉」的那個棧，那叫作棧香。它的質地很粗糙而不怎麼香，及不上雞骨香，更及不上沉水香，所以叫作棧香。這三個部分合起來就叫作木櫁，所以木櫁的函蓋範圍比較廣。

也就是說，你用沉水香來建造舍利塔，或者用雞骨香、棧香，都是用木櫁來製造、來雕刻組合成爲舍利塔；或者更沒有錢的人就用普通的木材，普通的木材就是香味不是那麼好的木材；譬如說，以檜木來講也算不錯，香味也很好；或者說檀香木，甚至於用相思木也行，能夠維持幾年算幾年，就先供著佛舍利，這叫作「并餘材」來建造舍利塔，供養佛舍利。如果更有錢的話，在金、銀、沈水木等上面裝飾一點珍珠、馬瑙，或者其他什麼寶石也都行。如果更沒有錢的人，用泥土去作成舍利塔的模樣，然後送進窯裡去燒，那就成爲塼類的舍利塔。如果是用黑色的泥土而不是用黃土，去做好燒起來，那個材質跟瓦一樣是黑黑的，那就叫作瓦——瓦製的舍利塔。甚至於沒有錢去燒製舍利塔，就是只用泥土做起塔來，就把舍利供上去。「等」就是包括其他所沒有說到的不同材質的舍利塔，同樣用來供養佛舍利；像這樣的人，在過去無數佛曾經這樣作過的人，如今也已經成就佛道了。

接著說，如果於曠野之中，他也沒有舍利可以供養，因爲請不起或者請不到，那麼就在曠野之中用泥土去堆積雕刻成佛廟，同樣表示是供養於佛。如果時間、功夫夠，再用泥土雕一尊佛像供在裡頭也行；因爲有的地方不太下雨，好幾年都不會下雨，即使這樣能夠維持幾年也行。甚至於小孩子遊戲，看見佛寺蠻莊嚴的，所以他自己也來模仿而當作遊戲說：「我們來蓋佛寺。」

就用泥與沙等等造成佛廟或者佛塔都行。譬如說海灘，人家用海水把沙弄濕了離成佛塔來炫耀他的技藝，你們可不要小看他；他將來一樣會成佛，只是未來成佛時間很晚而已。但他未來終究會成佛，因爲他喜歡那個佛塔，表示他跟諸佛也是有緣的。這叫作「乃至童子戲，聚沙爲佛塔」。過去無數劫曾經這樣作過的人，這些人都已經成就佛道了。這意思在告訴我們什麼呢？意思是說，眾生學佛的藉緣千差萬別；有的人菩薩性是本來就很具足的，有的人菩薩性不很具足，有待於日後一點一滴的增加，來圓滿他的菩薩性；但是不論如何，經過無數劫以後還是會成佛的。

經文：【若人爲佛故，建立諸形像，刻彫成眾相，皆已成佛道。

或以七寶成，鍮石赤白銅、白鑞及鉛錫，鐵木及與泥；

或以膠漆布，嚴飾作佛像；如是諸人等，皆已成佛道。

彩畫作佛像，百福莊嚴相，自作若使人，皆已成佛道。

乃至童子戲，若草木及筆，或以指爪甲，而畫作佛像；

如是諸人等，漸漸積功德，具足大悲心，皆已成佛道，

但化諸菩薩，度脱無量眾。】

語譯：【如果有人爲了某一尊佛或某一些佛的緣故，而建立了佛的形像，雕刻成各種不同法相的佛像，這一些人也都已經成就佛道。

或者是以金、銀等七寶所成就的，或是以鍮石或者紅銅、白銅、白鑞以及鉛錫，鐵或者木頭乃至用泥土來做成佛像；

或者以膠來漆在布上面，又製作了種種的莊嚴裝飾而製造成佛像；這一些人也都已經成就佛道了。

如果是以顏色明亮的色彩材料來畫作諸佛的形像，而且是以「百福莊嚴相」來繪畫出來，不論是自己來畫作或者聘請別人來畫作，這些人也都已經成就佛道了。

乃至於兒童們在遊戲之中，以草木或者筆，甚至於沒有草木及筆就用指甲，在各種不同的材質或者沙地上來畫作佛像；

像這樣的人，漸漸地累積各種功德，而且具足了大悲心以後，也都已經成就了佛道，而且這一些人成就佛道之後都只化度諸菩薩，也都度脱了無量無數的眾生。】

講義：這一些經文都有一個前提，就是「若有眾生類，值諸過去佛」，是在這個大前提下來說的。可是，我們過去聽聞過某一些善知識說法時，往往把這個前提忽略了，就單單取出其中的一部分來說：「或以膠漆布，嚴飾作佛像；如是諸人等，皆已成佛道。」為什麼那一些製作佛像的人，他們做模脫胎的佛像已經做了那麼多，為什麼至今還沒有「成佛道」？因為把值遇無數諸佛而作供養的大前提砍掉了，所以他們這個質疑是不如法的。大前提是值諸過去無數諸佛，那就表示說，過去無數劫以前，曾經值遇過去諸佛了；而他們無數劫之前已經造了各種的善業，導致現在都已經成就佛道，必須是在這個前提下來講。可是有許多大師引述《法華經》的時候，都不說那個前提，那就不可能成就了。因為那是值遇過去無數劫的無數佛來到現在，才使他們已經成就佛道；而不是現在這一世才剛剛值遇 釋迦佛——才剛剛雕刻佛像，就想要成就佛道，若是那樣的引述就成為斷章取義。當然，若是在理上來說成就佛道，那就另當別論，就等到後面的經文中再來細說吧。

譬如說，在法律上面某一個法，在其中的某一篇、某一章、某一節的某一條、某一款、某一目中，它們各有前提。例如土地法好了，假使這一章講的是土地租賃，那麼，土地租賃是這一章的大前提；然後下面有某一條文說到，當地主要出賣的時候，房屋所有權人有優先承購權；或者屋主想要賣屋的時候，地主有優先承購權。這個優先權植基於那個前提，叫作土地租賃；是要在有租賃關係下，才有那個優先權，互相有優先權；在同樣價錢的前提下，要先徵求對方的同意；當對方放棄了，你才可以賣給別人。好了，接著有人斷章取義了，不管有沒有土地租賃的關係，說你都要先找我蓋個章，說願意放棄優先承購權。那就不如法了，那叫作斷章取義。不曉得現在地政界還有沒有這個問題存在；以前是有這個問題存在，審查員是斷章取義的，是把那一章的前提砍掉來論法。所以不論什麼法，都要先看前提再說。

這就是說，如果為了供養佛，或者為了自己的佛道的緣故，去建立諸佛的形像，雕刻諸佛不同的法相，比如說有時候雕刻某一尊佛去托鉢的法相，有時候雕刻某一尊佛說法的法相，或者雕成入定的法界定印的法相，有種種不同的法相，而這一些人到無數劫後的今天，都已經成就佛道。這是在過去無數劫以前值遇過去諸佛，所以現在成就佛道。不是現在佛像一雕刻上供完了，就可以馬上成就佛道，那個前提不應該捨棄。我們從這四句來說，假使你家裡爲了設立佛堂供養某一尊佛，那麼你去請雕刻的師傅說：「我要雕刻某一尊佛，是某種狀態下的法相，請你幫我雕刻。」那你就是這個人：「若人爲佛故，建立諸形像。」

當你請那個雕刻師雕刻佛像的時候，那個雕刻師傅同時也是這個人。所以當你請人家雕佛像的時候，不單你將來會成就佛道，他將來也會成就佛道；只是他成就佛道會比你晚，因爲你是主人，他是「使人」。使人的意思，就是被使喚的人；他是被你使喚的，你以金錢代價而使喚他。你爲什麼供佛呢？是因爲你已經在學法；而他爲了金錢被你使喚來雕刻佛像，他還沒有正式在學佛；而且是你出資請他雕刻，不是他主動雕刻送你的，所以你成佛一定比他早。你心裡面要先建立一個觀念，他將來很可能會是你的徒弟，因爲你成佛比他早，他當然是要當你的徒弟。你經由這個因緣跟他結上了緣，他將來就逃不掉。現在雕刻時從表面上看來好像平等平等，可是實際上不一樣。不論把佛雕刻成什麼樣的法相，托鉢的法相、說法的法相、接引的法相、入定的法相等等；總之，只要過去無數劫值遇過很多佛，值遇每一尊佛時都曾經這樣建立諸形像，這些人無數劫到現在以來都已經成佛了。

那麼，建立諸形像的時候會有不同的狀況，如果有人是用七寶，比如金、銀、車磲、馬瑙、珍珠、琉璃、水晶等七種珍貴之物，製作成佛像；假使不是很有錢，使用鍮石、赤銅、白銅、白鑞、鉛錫、鐵木及泥土來做成佛像。無數劫以前曾經這樣作過的，經過很多尊佛時都曾經這樣作過，如今也都已經成就佛道。白鑞，沒有錢的人用白鑞也行，白鑞雕成的佛像有點像噴沙的水晶或玻璃水晶一樣；看起來大約一樣，可以雕得很精緻，只是不要供在很熱的地方，因爲那是用鉛錫合金來製作的。那麼用鐵、木材、泥土來製作也都行。也有人用膠來漆布，怎麼樣用膠來漆布？比如說，他先用泥巴雕成佛像，再把布蓋上去緊緊貼著佛像，然後用膠去把它上漆，讓它乾燥凝固。等凝固了以後，弄一層東西隔起來再用膠來漆；漆了很多層以後就成爲一個模，把外面拿掉以後剩下最後那一層，它就是膠漆布所成就的佛像。這個有點像什麼？有點像現在人家用玻璃纖維來做佛像，那叫作脫胎的佛像。就是先做一個模，模做好了以後鋸成兩半或從底部開個口子，就可以打開，然後把它合起來以後在裡面鋪了布來漆，製成佛像。但現代都不用布來漆，而是用玻璃纖維，就把它漆上去又鋪上去再漆，繼續鋪上去再漆，是用玻璃纖維；

等乾燥以後打開，就是一尊佛像，那叫作脫胎；然後再用金箔貼上去莊嚴起來。這就是膠漆布脫胎的佛像，是以膠漆布的原理去做成的。把雛型弄成以後，再作種種的莊嚴而裝飾成爲一尊佛像。無數劫以前曾經這樣作過的人，如今也已經成就佛道了。

或者用彩色顏料在紙上或是布上畫作佛像，把諸佛的百福莊嚴相繪畫出來；不論是自己有繪畫的能力，自己來畫作；或者自己不會畫，用金錢使喚別人來製作；無數劫以來曾經這樣子作過的人，如今也已經成就佛道。甚至於小孩子遊戲的時候，在地上摘了草，或者摘了樹枝，或者用筆；甚至於這些都沒有，就用指甲直接在沙地上畫起來，這樣子也畫了佛像。這樣的人就不如前面的人，這一些人經過了更長的時間，漸漸地積功累德以後，具足了大悲心了，如今也都已經成就佛道了。

「但化諸菩薩，度脫無量眾。」是說這些人，不論早成佛、晚成佛的人，成佛以後同樣都只化度諸菩薩，不是度聲聞人。也就是說，度了大眾能出三界生死之後，接著就是以佛菩提教導大眾，使大家都成爲菩薩而紹隆佛種，所以說**「但化諸菩薩」**；**但**，就是僅僅、只有的意思；是說只化度諸菩薩，而且也都已經「度脫無量眾」了。這個意思在告訴我們什麼呢？是告訴我們說，諸佛都沒有單以二乘法教人的。不是釋印順講的：釋迦牟尼佛沒有以佛菩提道教人，沒有以成佛之道教人。絕對不是他講的那種意思。但他為什麼要這樣扭曲來講？因為若不扭曲事實，就不能使他說的「聲聞解脫道即是成佛之道」的主張得以成立。雖然他表面上是主張唯一佛乘，但如果主張了唯一佛乘以後，結果必然會有三乘菩提的不同，他的說法就不能成立了，所以他只好繼續扭曲下去。

因為他一開始就扭曲佛教史實了，最後當然必須要扭曲到底，不然就是自己掌嘴了；所以他怎麼說呢？他說：還是唯一佛乘才對。他為什麼這樣主張呢？因為他不允許佛菩提道存在，所以解脫道就是唯一佛乘。如果解脫道存在，佛菩提道也存在，那顯然就有高下的差別了。而他弘揚的佛法只是解脫道，並且是錯誤的解脫道；如果佛菩提道也允許存在，他說的解脫道即是成佛之道，就得要推翻了，所以他還是得要主張唯一佛乘：唯一佛乘就是佛菩提，佛菩提就是解脫道，所以佛菩提等於解脫道，解脫道等於佛菩提。他就這樣解釋，這樣子，他就自己成立另一個思想體系，所以那叫作印順思想，不叫作佛法，當然只能叫作「印順思想」。

他的意思就是在告訴大眾：釋迦佛沒有講過成佛之道，只有講過解脫道；因爲大乘非佛說，大乘經典所講的成佛之道是假的，只有四阿含所講的解脫道才是眞的成佛之道，並且四阿含諸經也不可以全信。他是這樣主張的。他認爲說：四阿含諸經中，有一些是後來第二結集、第三結集的時候才結集出來的；所以四阿含也不可以全信，只能信一部分。最可信的叫作根本佛法，根本佛法就是親耳從佛口聽聞來的。那麼我們得要請問他們：佛陀入滅二千五百多年，他在二千多年後的今天，能親耳從佛口聽聞嗎？所以顯然他所主張的根本佛法，他自己也沒分。

那麼四阿含諸經不許全信，因爲四阿含裡面有許多的說法，跟他的主張是衝突的、是矛盾的，所以他不能接受，因此他只接受其中的一小部分，是他想要的那一部分；四阿含諸經中，凡是講到第八識、第七識的部分，他全部都否定。然而否定了以後，聲聞菩提他就無法實證了，緣覺菩提他也無法實證了。因此，釋昭慧年年舉辦「印順思想研討會」，那個命名眞好，因爲那眞的叫作印順的思想，而不是佛法。所以那只是印順「思想」的研討會，不是在研討佛法，請大家要認識清楚。因此，唯一佛乘應該說的是佛菩提，因爲諸佛所證的既然是佛菩提，是眞正的成佛之道，諸佛怎麼可能只用阿羅漢道來教人證阿羅漢果呢？不可能不把佛菩提教人，然後就入滅了。如果是這樣的話，那顯然不是佛；因爲還有法慳，對法有慳吝之心而不肯教給大眾們。可是十方三世都不可能有這樣的佛，這證明他的唯一佛乘主張，不符合《妙法蓮華經》中所說的唯一佛乘的主張。

經文：【若人於塔廟、寶像及畫像，以華香幡蓋，敬心而供養；若使人作樂，擊鼓吹角貝，簫笛琴箜篌、琵琶鐃銅鈸，如是眾妙音，盡持以供養；或以歡喜心，歌唄頌佛德，乃至一小音，皆已成佛道。】

語譯：【這一段經文中世尊是說，過去無量劫之前：如果有人曾經在供奉佛的塔或廟裡面，在佛的雕像或者畫像面前，以花、香供養，又以寶幡以及寶幢、寶蓋來供養，並且是以虔誠恭敬的心來供養；

如果還有人是自己無法以音樂來供養，就請了別人來塔廟中，於佛像前打鼓及吹角貝，乃至吹奏簫笛琴箜篌等等，又彈奏琵琶以及鐃和銅鈸來伴奏，這樣子用種種美妙的音聲，全部都用來供養塔廟中的佛像；

或者有人沒有錢財買樂器來演奏供養，也沒有錢財請人來奏樂供養，他就自己以歡喜心而在塔廟中的佛像前，用偈頌來演唱，歌頌佛的功德；乃至於整首的偈，他記不得，也唱不完，只記得其中的一句，就以恭敬心只唱誦同一句偈來供養佛，而這一些人經過無量劫後到了今天，也都已經成就佛道了。】

講義：這一小段經文是說，學佛法以及成就佛道的時間過程雖然很長，可是都會有一個開始，而那一些開始的因緣是各不相同的。所以如果有人在佛塔或者佛廟裡面，不論塔廟裡的佛像是以寶物雕製成的，或是以彩繪製作成的佛像；只要有人以虔誠的心而在佛像前面作各種不同的供養，那麼他的佛道成就因緣就算是開始了。所以有的人是用花、香供養，譬如常常有人來共修的時候，買了些玉蘭花來，有的人就帶了一些香來供佛，有的人是買了美麗的花來供養，有的人是用寶幡來供養。寶幡就是一個長條形的錦繡，繡上佛號；因爲佛號周邊有一些裝飾圖案繡得很漂亮，在佛像二邊各掛一個作爲莊嚴，這叫作寶幡。

我們的佛龕是沒有掛寶幡的，本來有掛，但是因爲我們佛龕的設計風格不一樣，掛上去有些不調和，所以我們剛開始掛上去，過後幾天又拿下來。因爲正覺講堂的佛龕是全球獨一的，風格跟人家不一樣，就是把我家的佛龕放大了，依同一個設計做起來的。我家那個佛龕，是我自己畫設計圖交給家具店去做；後來交貨的時候，那家具店老闆說：「你們能不能幫我們設計一些家具？」我說：「我沒有時間可以幫你設計這一些。」因爲這個佛龕的風格跟寶幡不搭調，所以我們就沒有掛。以前我也研究過，想要在佛像上面懸裝寶蓋。可是我們這個講堂是大樓，不是那種很高的大殿，不適合，也就省了。本來也想，禪三道場應該可以裝上寶蓋，總是想要供養；可是沒想到設計出來是那麼……，那不好叫作現代化，該叫作什麼，我也不會講，也就是很特殊的風格，再要裝上去時，又會不倫不類了，所以也是沒辦法裝上去。不過，重要的是有虔敬之心，我們可以用別的方式來供養。所以有的地方是用寶蓋、寶幢等，用這一些來供養的時候，還得要以恭敬心來供養，這樣子也算是修學佛道的第一步，是說正式學佛的第一步總算有了開始。

假使自己不會唱歌也不會演奏樂器，但想要用這個來供佛，卻沒辦法時，該怎麼辦？那就是請人替代自己來供佛，比如以讚佛偈，可以自己寫好供養偈等等，請人來演唱也都可以，或是請人排練好了就一起來到佛前供養。假使以花香幡蓋，同時再加上請人來奏樂。「使人」這個**使**就是使喚，作動詞用。是使喚某一些人來佛像前，擊鼓加上角貝供佛。「角貝」是二種，一種是「角」，例如一般說的號角；把牛角或者別的大動物的角挖空了以後，另外尖尖的那一頭裝上個東西就可以吹起來。這個東西如今密宗裡也還有，現在顯教裡面好像不太看得見了，不過道教裡面有時候還看得見，這叫作角。「貝」也是同樣的道理，就是大的貝殼製作好了以後也可以吹。就是用鼓、角、貝加上簫、笛一起演奏來供佛。簫是直的，聲音比較低沉；笛是橫的，聲音比較高亢；這兩種都是以口來吹出音樂的。

琴是用輕敲或者用彈的。箜篌好像比較少見，好像是用很多根的弦，弦數不一做起來的，可多至二十五根，用木撥來彈奏，那叫作箜篌。琵琶，就是王昭君彈的那一種樂器。然後是鐃，鐃是比較大的，可以用木棍去敲它；

銅鈸則是比較小，就是二片互相敲擊，發出輕脆的樂音。這些樂器有主角也有配角，銅鈸這一類屬於配角，是伴奏用的，簫笛琴箜篌通常是演奏的主角，這樣配合起來就成爲一種很美妙的音聲。那麼音樂安排好了，演奏起來時，就有人同時用讚歎諸佛的偈，配合著音樂而唱起來頌揚如來。以這樣的種種勝妙音聲，全部都拿到佛塔、佛廟之中的佛像前來歌頌，那麼歌頌的人當然是要以歡喜心來歌唱。

「歌唄頌佛德」，就是以歌唱的方式來讚佛。這是編造了某一些偈頌來讚揚　佛陀的功德，這一段偈文中說的供佛，在佛教裡面就常常存在著。我們常常說的「梵唄」，就是指這個。爲什麼叫梵？爲什麼叫唄？「梵」就是清淨音，不會去歌頌說什麼東西好好吃、什麼風景好漂亮，不會歌頌那一些世俗法，而是歌頌佛的功德。在梵唄的時候不都有很多的樂器嗎？就是前面所說樂器的部分。梵唄時也一定要有維那，維那是主角，率領大家來一起唱誦。有時候只有維那自己獨唱，那也可以；能當維那就能夠獨唱，自己在佛前歌唱讚頌，也是「歌唄頌佛德」。這些都有功德，想想看，單單念一句佛號就可以滅除恆河沙罪；如果以頌佛的偈來歌唱，這樣供佛，當然功德更大。

能夠這樣作的人，就表示說，他對於佛的信心是十足的，才願意這麼完整圓滿地歌頌佛德。

假使有人說：「我不太會唱歌。」那也沒關係，只要能夠跟上一句也行，這叫作「乃至一小音」，未來也可以由此作緣，次第修學佛道而在未來成佛。所以，人家梵唄的時候不要生起煩惱說：「我都聽不懂。」你不要去想說「我都聽不懂」，你要注意大眾現在是在唱什麼。如果剛好有一句聽懂，就趕快跟著唱；因爲「乃至一小音」，未來無量劫以後也可以成佛道。當然這裡說的有事也有理，暫且不說它，因爲時節還沒有到來，等後面〈妙音菩薩來往品〉時再來開始說。

因爲這是一個修學佛道的緣起，以這個緣作爲修學佛道開始的第一步。時間久了，漸漸的心量越來越大，所瞭解的佛法道理也越來越深入，然後就會有第一步的實證。有了實證以後，心量就比以前越發廣大，就越能夠一步又一步往前不斷地邁進，所以剛開始是很困難的。如果看到有人在梵唄的時候，或者供佛——比如佛前大供等等，雖然他什麼都不懂，那也沒關係，你就遞給他課誦本，只要讓他能夠跟著唱，他學佛及未來成佛的緣起就開始了，他的學佛緣起就從這裡開始。

所以說，在佛法中的每一件事情都有因果，全都功不唐捐。即使是在破壞佛法的道場中，至少他還有表相的經典文字在。那一些人雖然在那邊跟著唱，什麼佛法都不懂，但那也是他學佛的緣起，就這樣開始學佛的第一步，所以我們還是隨喜讚歎。有時候遇到眾生，就告訴他說：「你們那個道場，法是有問題的，但是不關你的事。」他聽了，心裡安一點：「不關我的事。」然後再鼓勵他：「你曾經在那邊唸佛，你未來無量劫以後也會成佛；但是如果可以更快一點，你要不要？」你再介紹他正法的道場。但是不要一開始就罵得狗血淋頭，他聽後都反感了，你如何能夠引導他進入正道呢？這都是菩薩們要學的方便善巧。這意思就是說，過去無量劫之前曾經值遇諸佛，作了各式各樣的供養以後，「乃至一小音」的「歌唄頌佛德」，如今都已經成就佛道。

經文：【若人散亂心，乃至以一華，供養於畫像，漸見無數佛；
或有人禮拜，或復但合掌，乃至舉一手，或復小低頭，

以此供養像，漸見無量佛；自成無上道，廣度無數眾；

入無餘涅槃，如薪盡火滅。】

語譯：【如果有人以散亂心，或者在散亂心之中而僅僅以一朵花，來供養於佛的畫像，那麼將來就以此爲因緣，漸漸就會遇到一尊佛又一尊佛，因爲他對佛已經有所信受的緣故，所以願意以一花供養。

如果有人見了佛像之後，或者見到佛的時候，他就禮拜了；或者有人不禮拜而只是合掌，乃至有的人見到佛或者佛像的時候，只是舉起一隻手招呼一下，或者甚至於只是把頭點一下，這樣的方式來供養於佛像，未來也一樣會漸漸地遇到無量諸佛；

就在這樣的過程當中，自然就可以成就無上道，並且能夠廣度無數的眾生；度了這一些眾生而入無餘涅槃，就如同柴薪燒盡、火已經熄滅一樣。】

講義：這一小段經文中講的比前面更簡單了，前面那一小段講的，是以恭敬心而且施設種種的美妙供養。這一段講的，是說他的心是散亂的，而且供養也是微不足道的。這一段所講的供養之中，最好的供養就只是一朵花；而這朵花，也許是在路上看見時順便買了，或者乃至可能是在野外看見某一棵樹或者什麼草，花開了還算美，他就摘來供佛了。但是不要看輕這麼一朵花的供養，這也是在未來可以成就佛道的因緣。甚至於有的人見了佛像之後，什麼供養都沒有，他就只是禮拜；雖然空手而來，但是他願意禮拜，這也種下了他未來成佛的因緣。也有人進了佛寺塔廟看見佛像的時候並不禮拜，他只是合掌。合掌就是表示恭敬的意思，雖然不如禮拜恭敬，但那也是未來成佛的一個因緣。

還有人更簡單，他也許跟著人家進了佛寺塔廟，看見了佛像，隨意舉一下手，就好像好朋友見面的時候，遠遠看見了舉個手招呼一下，表示說：「我有看見你了，對不起，打擾一下。」或者有的人進了佛寺看見佛像時，連手都不舉起來招呼，他只是把頭低一下，就只是點個頭示意，這個人未來也會成就佛道。他於佛無惡心、有善心，因為有善心，所以他點了頭；既有這個善心，將來也能成就佛道，這就是他學佛因緣的一個最初開始。所以如果你們看見有哪個信基督教、天主教的，或是信什麼教的，你都不必起念分別，只要他進了正覺講堂，看見佛像時點了個頭，你可別罵他真無禮；因為他不是佛弟子，當他初次看見佛像時，願意點個頭，這就是「小低頭」；但因為他有敬心在，有了善心，他見了佛像時沒有惡意，他也就種下了好因緣，將來無數劫以後一樣可以成佛。因爲這些種種不同供養的關係，將來一世又一世流轉的過程裡面，一定會漸漸地遇到一尊又一尊的佛，不會排斥諸佛，然後因緣就越來越深，未來就這樣自然而然次第成就佛道。

「自成無上道，廣度無數眾；」諸佛在人間成佛時，都不是有人教導的，都是在無佛也無佛法住世的時候，自己修行而成就佛道的；所以現在末法時代仍然有佛法住世時，假使有人自稱成佛了，那一定是不懂佛法的門外漢，都是大妄語人。成佛以後當然會廣度無數眾，沒有哪一尊佛是只有度幾十個人就入滅了。即使現在五濁惡世人壽不滿百歲的時候，釋迦牟尼佛都還有一千二百五十位大阿羅漢，大阿羅漢座下都還有阿羅漢弟子；至於菩薩數目就更多了，所以都是廣度無量眾的。因爲諸佛來人間示現的時候，所度的眾生不會只有人類，所以都是「廣度無數眾」。

成佛以後度了這一些眾生，有很多眾生因爲得度了，所以入了無餘涅槃，如同柴薪已經燒盡了、火也滅了。「薪盡火滅」而不是連灰都燒光，這就是入無餘涅槃；因爲還有所知障未破，還有煩惱障的習氣種子沒有斷盡，還有異熟法種的變異生滅沒有除盡，所以這叫作「薪盡火滅」。這不是講諸佛，因為諸佛永遠不入無餘涅槃。成佛之後是不許入無餘涅槃的，那應身示現入無餘涅槃時只是示現；因為從入地的時候發了十無盡願，就註定永遠不許入無餘涅槃的；因為虛空有盡，我願無窮；得要虛空滅了，這個十大願才能滅除；但因為虛空無盡，所以這個十大願就是無盡的；所以成佛以後要繼續度眾生，永遠不休止，這樣才是眞的成佛，不然那十無盡願就變成空發了。也就是說，那十個大願是要度眾生猶如虛空一樣無盡，所以諸佛不可能「如薪盡火滅」，而是被度的人之中有許多是聲聞阿羅漢，將來就是入無餘涅槃「如薪盡火滅」。

那阿羅漢是不是只有人類可以當阿羅漢？（有人答：是。）誰說是？在天界以及在鬼神界之中，也有人可以當阿羅漢，為什麼一定要人間的人類才能當阿羅漢呢？又譬如中陰境界，以《阿含經》說的解脫道來講好了，解脫道說三果人不還此間，也就是不還欲界了。這樣的三果人有七種人，其中的第一種是中般涅槃。中般涅槃有三種，剛剛轉入中陰身的時候，一看見自己進入中陰，馬上滅掉就進入涅槃。還有的呢？是在中陰生起之後，過了幾天再檢討一下：「我是什麼地方沒有斷盡？」然後弄清楚了，在中陰也許三天、四天，他滅盡了，也是中般涅槃。甚至有的要到中陰身毀壞的時候才入般涅槃，這樣都叫中般涅槃。在中陰階段般涅槃，這三種都不是人類，中陰階段算不算人類？不算嘛！他在中陰境界中把沒有斷盡的五上分結斷盡的時候，還沒有入涅槃前，那不是阿羅漢，該叫什麼？還是阿羅漢。人類可以當阿羅漢，請問欲界天的天人或色界天的天人，知道 佛在人間成佛了，來人間求 佛開示，他一樣可以當阿羅漢，回到欲界天繼續生存，直到壽盡，只要五個上分結斷盡了就是阿羅漢。

不然，再回來說三果，就說生般涅槃，他往生到色界天去，或者初禪、二禪、三禪、四禪天不等。例如有人生到四禪天以後，立刻檢討是什麼地方沒有滅盡？就把五上分結全部滅盡，他就成爲阿羅漢，隨即就入涅槃了；所以生到色界天中不久就成爲阿羅漢了，那他還沒有捨報入無餘涅槃前還是阿羅漢，這就是天人當阿羅漢，有何不可呢？也有人說，他得要努力加行，然後在色界天中捨報才能入無餘涅槃；當他努力加行之後斷盡五個上分結，還沒有入涅槃之前也是阿羅漢。所以天界一樣有阿羅漢，並且天人的執著是比人類更少的，他們來聽聞　佛陀說法之後證得阿羅漢，回天界去宣揚解脫道，不一定都要隨即入涅槃，這有何不可？

二果人與三果人死後都是要往生天界的，如果不許天界有阿羅漢，那麼解脫道的證果，將會只有兩種，就是初果人跟阿羅漢，不可能生天界，就不可能有二果與三果人了，所以六識論者主張的「人間佛教」說只有人間才有佛法，那是講不通的。這就表示說，當他們主張「人間佛教」的時候，已證明他們其實是不懂聲聞解脫道的，他們對阿含諸經的法義並沒有如實知。因爲二果人一定要生天，再來人間成爲阿羅漢；但初果人得要生天以後再來人間，總共要經過七次的人天受生才能成爲阿羅漢；當他重複生天的時候不會是二果人嗎？有行般涅槃、無行般涅槃的三果人生色界天以後不是阿羅漢嗎？他最後一世如果是在天界，那一世一定是阿羅漢。如果最後一世是在人間，才是以人類成爲阿羅漢。但三果人，三果人都到天上去成爲阿羅漢，最後在天界入涅槃的，所以那些主張人間佛教的法師們，都是不懂阿含諸經的凡夫。那就看有沒有善知識出來如實說，如實說了以後，大家聽完去印證阿含部的經文就可以判別：哪一些人是眞懂阿含，哪一些人是不懂阿含。

所以，「薪盡火滅」是指阿羅漢「再受後有的薪」燒盡了、火已滅盡，這可能在人間，也可能在天界。乃至有福鬼、有德鬼覲佛聞法，他也有可能成爲阿羅漢。比如說，以前曾經學佛累功積德，但是因爲不小心謗了法、下墮鬼神道，後來在鬼神道中因爲鬼道壽命很長，又剛好遇到有佛出世，他願意來當護法神，因此在 佛陀身邊聞法斷結證阿羅漢果，那就是鬼神類的阿羅漢。所以證果的人不會是只有人類，因此諸佛說法不會只有度人。如果說法只有度人，他就一定不是佛，最多只是三賢位的菩薩。因此，「漸見無量佛」以後「自成無上道」，當然都是「廣度無數眾」，不會只有度人類。

例如阿含諸經裡面的記載，往往初夜有什麼鬼神來請法，那些有福有德的鬼王來請法了，佛陀就爲他們說法。然後過了子時，換天人來了；由於有天人來請法，所以竹林精舍或者給孤獨園，有時半夜裡一片光明；有時候是天亮之前一片光明，因爲不是只有人類跟著 佛陀學法，所以諸佛在人間都是「廣度無數眾」。這表示諸位將來成佛的時候，也一樣是「廣度無數眾」，你不會只有度人類。如果你只有度人類，那麼十號裡面有一個名號就要改棄了，那個「天人師」得要捨棄了。所以，把佛教侷限在人間而主張「人間佛教」的人，就是不認同諸佛十號「天人師」的名號。你看，光是主張「人間佛教」就有這麼多過失。如果要講下去，還有很多，但那是題外話，無關本經，我們就不談它。

這就是說，諸佛一定都「廣度無數眾」，度了「無數眾」以後，其中一定有很多人是聲聞種姓，或者說很多天人、鬼神是聲聞種姓，他們成爲阿羅漢以後就會入涅槃去了。可是，他們入的涅槃並不是究竟涅槃，就如同「薪盡火滅」一樣，仍然有灰留存。因此，對於佛道的認知是不容易的；諸位來正覺聽經，不斷地熏習，漸漸就會了知三乘菩提的異同。這一段經文就是告訴我們說，大家都應該要當常不輕菩薩，不要小看初學佛的人不懂規矩，進了寺院不懂得禮拜，合掌就坐下聞法；或者看見了佛像揚一下手，他就坐下了。都不必見怪，因爲眾生的因緣千差萬別；我們讀了這一段開示之後，就要懂得尊重。這是因爲每一個人都有成佛的可能性，《金剛經》不是說「若尊重弟子」嗎？雖然那個「弟子」不是這裡講的這個弟子，但是何妨一體尊重呢！

經文：【若人散亂心，入於塔廟中，一稱南無佛，皆已成佛道。

於諸過去佛，在世或滅度；若有聞是法，皆已成佛道。

未來諸世尊，其數無有量，是諸如來等，亦方便說法；

一切諸如來，以無量方便，度脫諸眾生，入佛無漏智；

若有聞法者，無一不成佛。】

語譯：【這一段經文中說：

在過去無數劫以前，如果有人以散亂心進入佛法中修學或是進入佛教寺院中，當他看見佛像的時候，既不稽首、禮拜，也不合掌、低頭，只是講了一句「歸依佛」，這樣的人到了無數劫後的現在，也都已經成就佛道了。

在無數劫之前曾經值遇過諸佛，不論是還住在世間說法的，或是已經滅度的佛；只要曾經在正法、像法、末法時期遇見了；只要曾經聽聞到佛所說的「法華經」這個法義，到無數劫後的今天，也都已經成就佛道了。

至於未來將會成佛的一切世尊，數目也是數不清的，而這些未來佛，也都同樣會以種種方便來說法；

十方三世的所有如來，同樣都會以無量無數的方便法，來度化眾生脫離生死苦海，並且進入諸佛的無漏智慧之中；當未來一切諸佛說法的時候，如果有眾生聽聞到諸佛所說的這種妙法，沒有一個人是將來不會成佛的。】

講義：「若人散亂心，入於塔廟中，一稱南無佛，皆已成佛道。」這是說，如果以散亂心進入佛塔、佛廟之中，當他看見佛像的時候，只要口中講出一句話「南無佛」，也就是「歸依佛」，無量無數劫後的今天也都已經成就佛道了。因爲他有善心於如來，以此爲緣，未來無量世中一定會值遇諸佛，於是次第修學，漸漸便成就了佛道。所以，凡是曾經在過去諸佛在世時聽聞佛法，或者並沒有親值諸佛在世，但是佛滅度後還有經典留存於人間，還有善知識在演說佛法，他聽聞之後次第修學，無量無數劫後的今天，也都已經成就佛道了。

「於諸過去佛，在世或滅度；若有聞是法，皆已成佛道。」所以不要小看各種的因緣，因爲眾生的因緣各不相同。假使看見有個人來了想要聽 佛說法，他連點頭都沒有，在遠遠的地方就坐下了；你就知道，他這一世是第一次遇到佛，他無量劫以來就是第一次遇到佛。如果到了道場看見 佛陀說法，他很歡喜地點頭打個招呼，然後坐下來聞法，他一定會坐得稍微近一點；你就知道，他往昔曾經值遇二、三佛。若是有人一見到佛就點頭，走近一些又舉手打招呼，繼續走得更近一些才坐下來聞法，一定是往世已經值遇二、三百佛了。你就這樣去推斷，一定對。那麼，如果是合掌或者禮拜，那就是曾經值遇更多佛了。甚至有的人以歡喜心「歌唄頌佛德」，那又曾經值遇更多佛了。甚至有的人準備了一大堆色香味俱美的供養，所謂「食噉含消」；並且還訓練了一隊樂隊來配合，他就以讚佛偈來唱誦，你就知道這個人頂多再一、二世，他就可以開悟般若了。由這一些事相，你都可以看得出來，所以只要能夠於佛有善心，未來無數劫後一定會成就佛道。雖然他這一世也許只是來聽一遍經而已，但他只要是聽聞佛菩提，而不是單單聽聞聲聞菩提，那麼未來一定會成就佛道。

「**未來諸世尊，其數無有量，是諸如來等，亦方便說法；**」過去諸佛度眾是有這麼多的因緣，諸位未來成佛以後所遇到的眾生會有這麼多種類，所以將來假使你們哪一天當了法主——因為大家未來世都會當法主，每一個人都一樣，這是必經的過程，否則怎麼能成佛呢？那時你可別說：「**唉呀！我**

算老幾？我怎麼敢當法主。」以前你三歸依的時候發願「佛道無上誓願成」，這心發得多麼大！成佛都敢發了，當法主就不敢呵？那你當時是發什麼心呢？對不對？對囉！好，既然將來會當法主，現在先幫你把這個好種子種下去。如果未來你在說法的時候，大眾歡喜鼓掌歌頌，你不必歡喜，因爲這是一定會有的。

即使只是演說世間法，都有人會鼓掌歡喜了，何況你當法主說妙法呢！但是也有人進來時點個頭就坐下，剛好聽你講到他師父的法不對，他扭頭就走，你也不必爲他惋惜；因爲他至少聽你講過一席法了，將來你成佛的時候，他還是跑不掉，還是會到你的法座下；只是他證悟的因緣會比較晚、比較坎坷而已，還是有機會啊！所以，如果有人進得正覺講堂，點個頭就坐下了，你就知道說這個人未來世還是會成爲你的徒弟，因爲他至少有善心於你，曾經跟你點過頭。這樣子認清楚了以後，心中就很坦然，不管誰中途聽了不爽快，站起身來，身體一搖就走了，你也都覺得是正常的啦！因爲眾生的因緣各不相同。

你要有一個認知說「眾生本來如是」，不然怎麼叫作眾生？因爲每一個人都不相同才會叫眾生，如果每一個人心性都相同，那應該叫作「一」生，不叫「眾」生了，因爲只有同一種心性。既然叫作「眾」生，你就得要接受：有人聽了很歡喜，有人聽了起煩惱。你應該接受這個現象。所以你將來成爲法主的時候，同樣要以無數方便來度眾生，將來成佛的時候，你的方便善巧就會更多，這樣「以無量方便」來「度脫諸眾生」。

「一切諸如來，以無量方便，度脫諸眾生，入佛無漏智；」度脫眾生的時候不是以聲聞菩提來度脫眾生，而是用諸佛所得的無漏智來度脫眾生。當你成佛爲眾說法時，假使有許多眾生聽不懂、茫茫然；可是有時他也能聽懂一、二句，那也行，這表示他未來無數劫以後也會成佛。那麼，佛陀告訴我們這一些道理，我們應該深體佛心；就好像孔老夫子有一句話「有教無類」，不管什麼樣的眾生你都應該要攝受他。

攝受時要用各種不同的方式，就得有很多的權巧方便來應用。有的眾生，你得要大力用他，他會發揮很好的修學結果出來。有的眾生，你就以平常心態看待他；有的眾生要用冷凍法把他凍一凍，各不相同。有的眾生，你還要添柴加火，所以同樣是攝受，各不相同。但是，絕對不用單獨一種方法攝受，叫作疾言厲色。絕對不要開口用罵的，那不是攝受之法，那是在結惡緣。所以，法主要有法主的風格，不許用疾言厲色。可是，你如果辦禪三的時候，那可就不一定了；因爲有的人，你若不罵他，他不會開悟；有的人還得要打了以後他才會開悟，可是有的人，你要用溫言軟語安撫他，然後他就可以開悟。但這是教外別傳，不是平常說法攝受眾生，平常不許如此。

眾生根性各不相同，所以你當禪師的時候這樣子作，不能叫作疾言厲色。雖然表面看起來好像是疾言厲色——唷！禪師都會打人。可是諸位沒聽過一句話嗎？「打是疼，罵是愛」啊！因爲疼他愛護他，才要打他、罵他。不過，學人本身也要有那個資格，值得人家疼，值得人家愛。所以，早期的禪三我都好疼好愛、又打又罵，結果沒有效果，因爲他們大部分人並不值得我疼愛。後來我不疼也不愛，就只是平常心去辦禪三，反而品質好，都不再退轉了。原來愛得過火、疼得過火也不行，還是要隨順因緣，這樣才是方便善巧。

「**若有聞法者，無一不成佛。**」這就是說，眾生各有不同的因緣，所以諸佛說法不會單用二乘菩提爲眾生說法，唯除方便施設，最後終究是會演說大乘法。可是大乘法很難體會、很難理解，因此有很多人聽了還是不懂的，這絕對是正常。莫說聽聞，你看我們那麼多書在解釋實相般若的眞實理，以書本印出去流通，很多人拿在手上可以一讀再讀、五讀八讀。問題是，他們這樣不斷重複去讀，並且重複思惟之後，都還能誤會呢！何況只聽聞一遍？所以，將來諸位成佛的時候，如果有許多人聽得茫茫然，你也不必覺得奇怪，因爲你說的是甚深極甚深的實相般若，或者你說的是非常難以理解的一切種智，當然眾生不可能很輕易就獲得理解。但是，到那時諸位自然會知道「若有聞法者，無一不成佛」，因爲他有善心於你，願意聽你說法，只要他攝受了其中的幾句，心田裡種下了大乘佛菩提的因緣，未來就有因緣修學佛菩提道而不入二乘道中，將來修學時劫很久以後就可以成佛了。

經文：【諸佛本誓願：我所行佛道，普欲令眾生，亦同得此道。

未來世諸佛，雖說百千億，無數諸法門，其實爲一乘。

諸佛兩足尊，知法常無性；佛種從緣起，是故說一乘。

是法住法位，世間相常住；於道場知已，導師方便說。

天人所供養，現在十方佛，其數如恒沙，出現於世間；
安隱眾生故，亦說如是法；知第一寂滅，以方便力故，
雖示種種道，其實爲佛乘。】

語譯：【諸佛在因地本來所發起的誓願就是：我所行的佛菩提道，是普遍地想要讓眾生，也和我一樣同得這個佛菩提道，現在過去諸佛的本誓願都如此。

而未來世無量諸佛，雖然演說百千億種，無數無量的不同法門，但其實同樣都是唯一佛乘的正道。

諸佛都是福慧兩足之尊，也都了知法是常而沒有世間性；而佛種也是要從各種因緣際會之中來發起的，由於這個緣故而說唯一佛乘。

這個法是本住的法，而且永遠都住於祂自己所應住的地位之中，而祂所顯示的世間相卻是恆時不斷地住持於三界中；正因爲對於這樣的道場了知了以後，所以成爲人天導師而爲眾生施設種種的方便說法。

諸天和一切人類之所供養的，現在住世的十方世界諸佛，祂們的數目猶如恆河沙之多，出現於十方無量世間；

為了安隱眾生的緣故，同樣也說這樣的常住不變唯一佛乘妙法；諸佛都了知無上第一之法以及究竟寂滅的境界，卻以方便善巧力量的緣故為眾生說法，雖然說法的時候示現有種種不同的修行法門，其實同樣都是唯一佛乘的成佛之道。】

講義：「諸佛本誓願：我所行佛道，普欲令眾生，亦同得此道。」「諸佛本誓願」就是諸佛在因地的時候，同樣都在進入佛門時就發過誓願，這個叫作本誓。譬如諸位此生歸依時發了四個大誓願，這四個大誓願中當然是說「眾生無邊誓願度」，可是發了這個誓願還得要去實行，所以才說：「煩惱無盡誓願斷，法門無量誓願學。」經歷這兩句所說的全部過程與內容，才有可能成就佛道。歸依的時候已經知道佛道是可以成就的，所以敢發願說「佛道無上誓願成」。既然發了這個願，而這願心是要成佛的，而且也發了度無盡眾生的願，當然不可能自己是發願成佛，將來度眾生的時候竟然只給眾生二乘小法，不度他們成佛。你們一定不可能這樣嘛！因為十方三世都沒有吝法之佛。所以，既然因地歸依三寶時就已經發了四宏誓願，這個「本誓願」已經發了，種子種在那邊，一世又一世學佛而慢慢滋長；最後成佛，果實圓滿成就了，當然會再記起來說：「我所行佛道，普欲令眾生，亦同得此道。」不可能有人成佛的時候，竟然忘了因地發的四宏誓願，所以一定要把自己成佛的所得全部教給眾生，這樣才能符合因地所發的四宏誓願。

「未來世諸佛，雖說百千億，無數諸法門，其實為一乘。」那麼過去、現在佛是如此，未來世的諸佛雖然同樣也會演說百千億的無數諸法門，然而所說的同樣都是唯一佛乘。所以，以前有許多大法師們說：「佛法八萬四千法門，你為什麼要求我們一定要跟你一樣學如來藏？」有沒有聽過？有。那些大法師們常常這樣講，問題是，他們根本就弄錯了；他們把成果當作是工具，又把工具當作是成果。

譬如說，你要雕刻某一個東西，你可以有很多種工具，老師父說：「士林刀也行，美工刀也行，什麼刀都行，看你用得順不順手。你如果智慧很厲害，你可以有十幾種刀混著用，雕得更快。」但是有的人說：「我笨，所以我就單用美工刀來雕刻好了。」那麼他雕出一個藝術品，就要雕很久，因為工具不好。人家技術嫻熟，懂得用十幾種刀，所以二、三天就完工了。雖然刀有很多種，可是不論哪一種刀，全都是工具；他要的不是那些刀，那些刀只是工具，拿它們來製造各種成品，成品才是所要的成果。

所以我就說：八萬四千法門都是入門之法，可是進入佛法殿堂時只有同一家殿堂，沒有兩家殿堂；因爲佛教不是聲聞教、緣覺教，而佛教只有一教；同理，佛教所說的實相只有一種，不會有多種；所以不可能有二種、三種，只有一種。但是，你想要進入佛法的殿堂中，佛陀慈悲就開了八萬四千個門，使八萬四千不同心性的眾生各自都可以進來。可是進得來以後，所見的佛都是同一尊佛，不會是二或三尊佛，因爲自心如來「眞如」就只有一種，沒有第二種。所以「雖說百千億，無數諸法門」，那只是給大家不同的入手方便；可是一旦入了門以後所證都同一個，叫作第八識如來藏，又叫作自性彌陀，或者把祂叫作本地風光、莫邪劍、吹毛劍，隨你怎麼命名都行，就是同一種眞如心。

如果有人問我說：「老師，您怎麼不命一個新的名字？」我說：「也可以啊！我就把祂叫作『平實』也行，或者把祂叫作『大梵』都行，因爲不管用什麼名稱，都是同一種如來藏眞如。」如果喜歡談玄說妙的人來了，就告訴他：「石上無根樹。」也行啊！他也許反問說：「世間哪有這個東西？」

我問他說：「世間哪有如來藏？」對啊！因為如來藏是出三界的法，不在世間境界中。「那既然不在世間，我怎麼找得出來？」對啊！不在世間，所以你才能找到祂；如果祂住在世間境界中，你就得要跟祂打架了。就是這樣啊！祂不住於世間，可是祂卻腳踏兩條船，既在世間又不在世間，聽起來好奇怪、好矛盾，可是等你證了就知道不矛盾。

這就是說，有許多的方法可以幫助人家證悟，法門容有許多種，但是所證全都同樣是眞如心如來藏，所以其實都是唯一佛乘。因此我說，有的道場幾十年來只教一個法門，而且又教錯了；可是咱們幫人家證悟的方法不只三、四種，那是千奇百怪，什麼法門都有。你看，人家大法師們打禪七，求開悟要一念不生，不許打妄想。我偏不，我偏叫某些人打妄想；等他妄想打久了，他還眞的能夠悟入；那你說，奇怪不奇怪？對啊！我們有好多人，我是教他們打妄想才開悟的。所以，法門眞的叫作八萬四千，但八萬四千只是個形容，意思就是「百千億，無數諸法門」。可是，這無數法門都指向同一個點，叫作如來藏。證得第八識如來藏，佛菩提智就生起了，這才是諸佛降生於人間的目的。所以說，成果是證得如來藏眞如心，只有一種；但法門可以有八萬四千種，各種法門的修學應當實證的都同樣是如來藏；因此說，如來藏不是修行的法門，而是修證之標的，不該說是修學如來藏法門。

唯有實證如來藏這個唯一之目標，才是成佛之道的實證內容；又由於因地本發的誓願就是要成佛，也是要度眾生都成佛，怎麼可能自己所修的法道是可以成佛的，而不肯把這個法給眾生，偏偏只把二乘小法給眾生？這絕對不是諸佛的本懷。所以有些人主張說：「**回歸佛陀的本懷，就是阿含解脫道。**」我說他們是在冤屈 釋迦牟尼佛，毀謗 世尊。佛陀的本懷有那麼狹窄嗎？佛的本懷是很寬廣的，完全無私的，祂不會留著佛法而單單把聲聞緣覺法給眾生；祂是要把自己所有的無盡寶藏全部都給眾生，那才是 佛陀的本懷。所以 佛陀的本懷就是唯一佛乘，而這個唯一佛乘不是聲聞緣覺的解脫道，而是函蓋了解脫道的無量寬廣的佛菩提道。

佛陀這個本懷也可以從事相上看出來，以前 佛陀在世的時候，文殊師利菩薩、觀世音菩薩，長髮飄飄綁起來再戴上寶冠，穿著也是天衣飄飄，胸配瓔珞還有臂釧；然後腳下踩著輪寶，十方世界來來去去；若是在別的世界沒事可忙，他們也就跟阿羅漢們一樣中午去托鉢。你們有沒有看見過光頭的文殊菩薩？有沒有看見過光頭的 觀世音菩薩？沒有呵！對喔！可是他們同樣跟佛陀住在道場裡面，他們也是出家人喔！他們都不是在家人喔！結夏安居時，他們一樣要結夏安居；但是 佛陀不管他們，因爲他們是妙覺菩薩，自有不同的度眾因緣和方便善巧。所以結夏安居的時候，他們也許沒有結夏安居，到處去度眾，佛陀也從來不皺一下眉頭，因爲知道他們出去在幹什麼，這才是 佛陀的本懷。

大乘佛教不是從聲聞部派佛教中發展出來的，聲聞人連如來藏在哪裡都不知道，不懂大乘佛法，還能發展出來大乘佛法啊？就好像說一個不懂得汽車的人，竟然可以發展出太空梭來，道理是一樣不通的嘛！所以諸佛絕對不會單用二乘小法來傳授給眾生，因爲祂既然是成佛了，因地本發的誓願也是要把成佛之道修學完成來教給眾生，那當然說了百千億法門以後，一定是要教導眾生成佛之道。而這個唯一佛乘所說的，就是開、示、悟、入法界的實相。而法界的實相不是一個空洞的名詞，是眞實可證的，就是如來藏所具有的功德；因爲祂是一切萬法功能差別的根源，一切法的功能差別都從祂來，所以祂是法界的實相。因此，諸佛不會單單用二乘小法給眾生，一定會具足演述唯一佛乘。

「諸佛兩足尊，知法常無性；佛種從緣起，是故說一乘。」諸佛全都是福慧兩足的世尊，一定都了知有一個本住法是常，而這個本來就常住的法，卻永遠找不到祂會有世間性。世間性是什麼？是生住異滅；第二個呢，有種種煩惱；第三個呢，是有相有爲，這就是世間法。世間法，不論你能夠找出什麼來，都不離生住異滅以及有種種煩惱，因爲全都是在有爲法中生起作意。你從三界六道中所有有情去看，誰沒有煩惱呢？都有煩惱，這就是六道眾生。只有諸佛究竟斷盡煩惱。

如果不說有情，說山河大地、宇宙世界好了，那宇宙世界豈不是生住異滅嗎？所以，世間法都逃不過這個範圍。可是，當你證悟了唯一佛乘，從你所證的如來藏妙眞如心加以現觀，你會發覺這一個本住法是恆常不滅的，無有一法可以滅祂，所以祂才被叫作金剛心。正因爲祂有這個金剛性，無有一法可以壞祂，所以述說這一個心的經典便叫作《金剛經》。而這一個法性，你永遠找不到祂有世間性，因爲這個心是常住而不生滅的。

祂也沒有任何煩惱，可是祂會給人煩惱。如果還沒有找到如來藏，心裡反對說：「才怪！祂沒有煩惱，怎麼會給人煩惱？」會啊！明明你不想生起煩惱，你希望上座了以後一念不生可以入定，偏偏一個又一個妄想一直來，那是不是祂給了你煩惱？是啊！祂就不斷丟給你煩惱，這不是給人煩惱嗎？但是不要怪祂，因爲那些煩惱種子都是過去世的你儲存給祂的，祂只是在這一世回饋給你。有人問老趙州：「如何是佛？」老趙州說：「與人煩惱。」如何是佛？當然是問自性佛，是問那個金剛心；但老趙州竟然說「與人煩惱」，說祂是給人煩惱的那個心。有人不知道禪師這樣回答時還是言外之意，就思惟妄想說：「禪師都答非所問，我知道了，原來『禪』就是亂答一氣，答非所問；所以講禪最簡單，亂講一通就是禪。」問題來了，老趙州說「與人煩惱」，其實已經把自性佛指示出來了，只是沒有悟的人很難體會。

但爲什麼老趙州能這樣度眾生而當禪師？因爲他「知法常、無性」。他知道有這麼一個法，他對這個法窮盡一切智慧加以觀察的時候，發覺祂是常住的，無有一法可以壞祂，所以說「法常」。然後，從這個法一直去加以觀察，都找不到祂有世間性，因爲祂從來不起煩惱。假使有人參禪參得很久，始終找不到祂，氣得在心裡面破口大罵：「我張三的如來藏，你爲何這麼渾蛋，老是躲著不讓我找到？」一直罵個不停，可是張三的如來藏依舊不會生氣。也許突然想一想說，不然就用褒獎的好了：「張三的如來藏啊！你好好喔！你對我好好喔！你永遠都跟我在一起，我知道你一直在幫忙我，我好感激你啊！你就跑出來，讓我瞧一瞧吧！」可是祂依舊不動心，因爲祂沒有世間性。

爲什麼祂永遠都不會動心？因爲你罵祂，祂聽不見；你褒揚祂，祂也聽不見。你說：「那不然，我寫文字讚歎祂好了。」祂也看不見，祂既盲又啞也聾，祂根本沒有世間性；因爲所謂世間就是有煩惱的，而人類的世間就是人身名色等五陰。「有因有緣集世間，有因有緣滅世間」；然後，「有因有緣世間集，有因有緣世間滅」。佛是這麼開示的，而那個世間就是講五陰十八界眾生世間。可是如來藏「法常」而沒有世間性，所以說祂常而「無性」。

但是雖然每一個眾生都有這樣的如來智慧德相，卻不是每一個眾生都可以成佛，一定要有一些外來的藉助因緣才行。所以，有的人於塔廟，以華香幡蓋作種種供養；有的人散亂心，乃至以一華供養於佛；乃至有的人禮拜、或者合掌、或者舉一手、或者小低頭，各種不同的因緣都會使他們種下將來學佛的種子，因爲他們有善心於佛，願意聽佛演說大乘法。只有決定性的聲聞人，才有可能是永遠決定走向聲聞道的人；但那種人不是多數，因爲定性聲聞一直都是少數，而定性緣覺也一直是少數。大部分人是在還沒有發起學佛因緣的時候，在因地往往因爲某一個小小的因緣，使他與佛法結下了善緣，然後就以這個善法因緣在未來世重新再接觸佛法時，又會繼續增長一些。就這樣子藉各種助緣，使他的佛菩提種子漸漸滋長發芽，所以說「**佛種從緣起**」。

我們以前也曾說佛性是每一個人都是本有的，所以說「**性本具有**」。有的人就要質疑我：「**某一部經典裡面說性非本有。**」就引出來反對，結果是什麼？是引用錯誤，因爲那一段「性非本有」的經文所講的是指菩薩性，不是指佛性。「性非本有」是說，要有一些因緣去促發它，眾生的菩薩性才會生起。是講菩薩性並非本有，而不是說佛性非本有。爲什麼菩薩性非本有呢？因爲無量劫以來都不曾接觸過三寶，所以他沒有發起菩薩性的因緣；可是，一旦有因緣接觸到了佛法，或者見到了佛像、見到了佛，或者聽聞佛法等等，那時他曾經發起一念善心而不否定或反對，那麼他的成佛種子，也就是他的菩薩性，就開始會發展。等到他的菩薩性發展成熟了，那他當然就要開悟實相般若了。所以佛菩提種不一定是天生就有，但是成佛之性是所有眾生都有，問題是他的佛種被引發了沒有？這才是重要的。

如果你突然間想到一個問題：「那一些在佛門中以常見外道法來取代正法的人，他們將來會不會成佛？」會不會？會啊！因爲他們假使有聽過幾句佛法，那個佛法種子就種下心田裡去了，只是他們將來證道時會曲折一點。又譬如說去學密，跟喇嘛上過床，她們將來也會成佛的，只是她們要先下去三惡道輪轉一番再來；但畢竟她們也從喇嘛們的口中聽到過幾句佛法名詞，因爲喇嘛們也會講幾句佛法名詞。而她們將來成佛會比那些喇嘛們快，因爲她們業輕，只是無知而被欺騙；喇嘛是騙人的，業重。差別只是這樣而已，但都聽聞過一些佛法，所以她們先下墮以後，將來回到人間佛種就眞的發起了，因此說「佛種從緣起」。

可是「佛種從緣起」的前提是「知法常、無性」，因爲有這個前提在，所以諸佛來人間示現而演說種種修行法門及實相正義時，眾生有因緣接觸而聽聞到了，往昔或者小低頭、或者一舉手、或者合掌禮拜，乃至小供養、大供養、無量供養，都可以發起他們的佛種；諸佛正是因爲這個緣故，所以只說一乘法；因爲都是爲了要把佛菩提送給眾生，「是故說一乘」。眾生會聽聞到三乘菩提，是因爲佛菩提太深妙，眾生難以理解，所以要方便善巧先演說二乘法。但是說了二乘法以後，即使眾生聽聞大乘法時會生起煩惱，還是得要說；因爲只要把佛菩提演說了，眾生聽完了起煩惱時，他們的佛菩提種也就同時種下了，因此諸佛都是爲了說一乘法才會來人間的。

「是法住法位，世間相常住；」那麼，這一個一乘法所說的本住法，祂是本來就常住的，所以是「**法住**」。這個法永遠如是住，不曾有生，未來當然也不會有滅。而且，這個心自身永遠不變異，祂始終是本來自性清淨涅槃，會變異的只是祂所含藏的種子，祂自己的心性卻是永遠不變異，就如是住。無量劫前如是住，現在如是住，未來無量劫後一樣如是住。可是這樣的如是住，永遠住於「**法位**」，所以說「**法住法位**」；祂不會來住在你的六塵境界中，所以你正在享受好吃的食物，祂不會來跟你分享，祂不會說：「**你現在吃這個，味道聽說不錯，我也來幫你嚐一嚐，讓你少嚐一些。**」祂永遠不會，因爲祂永遠住於祂的「**法位**」。所以你悟了很歡喜，要祂來跟你一起歡喜，祂也不會這樣作，仍然住於祂的「**法位**」。當你找祂找不到，所以愁眉苦臉，你說：「**我某某人的如來藏！你為什麼不來為我分擔一些憂愁？**」祂也不理你，因為祂住於祂自己的「**法位**」，與你的境界不相應，而你住於你五陰自己的「**法位**」，雙方沒有交集。

祂住於祂的「**法位**」，祂的「**法位**」就是涅槃相，祂不住於世間相中，這個法就這樣「**法住法位**」。問題是，為什麼祂這樣的「**法住法位**」能夠使「**世間相常住**」？不懂的人也許就毀謗說：「**這個說法都不對啦！祂既然法住法位，怎麼可能又有『世間相常住』？**」可是我說真的，正因為祂是「**法住法位**」，才可能有「**世間相常住**」。因為祂「**法住法位**」，所以祂自己永遠不會有生滅；不會有生滅的常住法，才能夠一世又一世不斷出生世世不同的五陰，有了五陰才會有世間相。祂就這樣，這一世五陰壞了就再去入胎，再製造一個下一世的五陰出來，於是就有無量世的五陰不斷延續下來；如果不學佛也不修解脫道，或是學錯了，未來還會有無量世的五陰繼續出生而常住三界世間。這就是「**世間相常住**」，世間就是指五陰，所以說五陰相常住。

如果這一個本住法實相心是曾經有生而會滅的，當祂未來滅了，祂就不能再生五陰世間，如何能使「世間相常住」呢？所以經中說的是沒有錯誤的，如果有人認爲有錯誤，那只是他自己有錯誤，不是經典有錯誤；因爲是他讀不懂，自己誤會了。他是以世間人的聰明智慧，來判斷演說出世間實相的經典有沒有錯誤；但問題是經典說的是世出世間法，不可能讓他用世間智慧判斷出來。所以一定要證得這個出世間法，然後才能知道講解出世間法的經典說的是什麼道理。知道了以後就可以爲經典出來證明：《法華經》這二句話講的是正確的。並且提出說明：一定「是法住法位」，才可能有「世間相常住」。因爲你已經自知自作證，所以也能說給別人知道，讓別人也能實證然後也出來作證，這就是禪師住世的目的。

「於道場知已，導師方便說。」正因爲對「法住法位」的這個「道場」已經了知了，才能成爲人天師而來示現在人間，將導眾生邁向佛地。所以佛法中所說「導師」的意思，很清楚表示說，是要引導眾生走向某一個層次或者境界去的。那麼，如果將導眾生入火坑，算不算導師？算啊！怎麼不算？也是在將導啊！將就是把對方捧著、拿著，然後引導到火坑去，也是導師啊！所以「導師」的意思眞的像南部人說的「三不等」，但那得要叫作邪法導師、害人導師，不是佛法導師。若是在佛法中說的導師，一定是將導大眾往佛菩提道邁進，才能叫作佛法導師；如果是將導眾生向解脫邁進，那叫作聲聞導師、緣覺導師，所以導師有許多種。

可是諸佛來人間當眾生導師，一定是要將導眾生邁向佛地；因爲十方三世都沒有吝法之佛，不會單單給眾生小法，一定要給眾生無上勝妙的佛菩提大法。所以，諸佛之所以能成爲人天導師，是因爲證得這個「**法住法位**」的道場。「**道場**」，不要把它當作是一家寺院、一間講堂，因爲修道的場所不在房屋建築上面，而在各人自己身中。「**道場**」在自己身中，所以有時候禪師常常罵人說：「**你這麼笨！一天到晚揹著道場到處去逛道場。**」眞的是揹著道場到處去逛道場，還眞是揹著自己眞正的道場去逛假的道場，這就是凡夫眾生。有智慧的人反求諸己，結果找到了自己身中的「**道場**」，後來發覺說：「**原來我都只在自己的『道場』裡面修行，我從來不曾踏出過我自己的道場一步。**」那麼，能夠具足了知道場而無遺漏以後，才可能成爲人天導師。

然而成爲人天導師以後，馬上就有問題出現了，因爲這個「**道場所得法**」，甚深極甚深、廣大極廣大、微妙極微妙，一時之間卻不知道要怎麼開口跟眾生說。眞的就像那一首歌唱的「叫我如何說」，文殊菩薩化現作寒山貧士，他寫的一首偈裡面也說「叫我如何說」，眞的很難說。所以，必須要施設種種方便，從最淺的法義爲眾生說起，那就是聲聞菩提。等到證得阿羅漢果以後再說緣覺法——因緣法，使阿羅漢們個個都成爲緣覺，然後大家的智慧開啓了，再來演說大乘菩提而將導大眾迴心轉入大乘法中。所以唯一佛乘必須方便說，若不巧設方便就無法演說，因此才說：「於道場知已，導師方便說。」

《妙法蓮華經》上週講到二十六頁第二行，今天要從第三行開始說：

「天人所供養，現在十方佛，其數如恒沙，出現於世間；安隱眾生故，亦說如是法；知第一寂滅，以方便力故，雖示種種道，其實爲佛乘。」這是延續前面四行，說諸佛本來的誓願都是行於佛道。那麼，既然因地的誓願就是發願成佛道，同時也發願要度盡一切眾生。就像前天許多人新加入歸依三寶的行列，三歸依時就是發大心。很多人不瞭解這一點，已經三歸發大心以後，心裡面還想：「我不算什麼，我不算什麼。」這叫作妄自菲薄，都沒有想到幾年前受三歸依的時候，已經發了大願「佛道無上誓願成」，而且還發願說「眾生無邊誓願度」，所以不論什麼樣的法門都要學，一切的煩惱也都願意斷；但是一談到斷我見、證初果，大家就說：「我不是那棵蔥。」好像蔥很行而他是很差勁的樣子。

既然說煩惱無盡誓願斷，那麼斷見惑是最基本的，這叫作解脫道的入道初門；明明發大願說無盡煩惱全都願意斷，單單剛進門的一個見惑，他卻不敢斷，然後就說：「證果，那是未來很多世、很多世以後的事。」他那個四宏誓願可就白發了嘛！所以，眞不懂他們發了四宏誓願，到底是在發什麼願，我眞不懂。但至少，我們正覺這個四宏誓願的眞義，我是要講清楚的；否則的話，大眾特別來正覺作三歸依又是什麼道理？因爲別人那裡三歸依可能只是唸著玩，不作數；而我們正覺同修會既然三歸依又發了四宏誓願，這是要算數的，不是發著玩的。

那麼想想看，諸佛也都是如此，因地本發的誓願都是要度盡眾生，都是要成就究竟佛道。可是，成佛以後竟然只給眾生二乘小法，不肯給眾生無上菩提，哪有這種佛啊？這種佛，我看不要也罷！如果有這種佛來人間，我不要去親近，我寧可去親近後山那個比丘尼。爲什麼？至少她還懂得說「要成佛」，而不是要成阿羅漢，至少她口頭上還這麼講嘛！對不對？所以，諸佛之所以能受到天人所供養，絕對不是無因，一定是因爲這樣的大心無比的慈悲，願意把無上妙道來傳給眾生，而不是只給眾生不能成佛的二乘小法，因此才會是諸天天人所供養的三界至尊。

現在的十方世界一切諸佛，數目猶如恆河沙數那麼多，出現在十方世界世間；這麼多的十方諸佛爲了安隱眾生的緣故，同樣也是演說這樣的法；都是演說能使人成佛的妙法，或是把一佛乘分析爲三乘菩提，以種種方便來利樂眾生。所以諸佛都知道第一究竟絕對寂滅的實相法界，但是都不會一開始就宣說這樣深廣奧妙的無上佛道，因爲眾生的根性不足以承受，才要把它方便分析爲三乘菩提；如是運用方便力的緣故，雖然示現有八萬四千法門難可計數，但這樣教導種種法道示現之後，其實背後眞正的目的，還是爲了傳授給眾生無上佛乘，也就是唯一佛乘的眞實義。

經文：【知眾生諸行，深心之所念，過去所習業，欲性精進力，

及諸根利鈍；以種種因緣、譬喻亦言辭，隨應方便說。

今我亦如是，安隱眾生故，以種種法門，宣示於佛道；
我以智慧力，知眾生性欲，方便說諸法，皆令得歡喜。
舍利弗當知！我以佛眼觀，見六道眾生，貧窮無福慧，
入生死嶮道，相續苦不斷，深著於五欲；如犛牛愛尾，
以貪愛自蔽，盲瞑無所見；不求大勢佛，及與斷苦法，
深入諸邪見，以苦欲捨苦；爲是眾生故，而起大悲心。

語譯：【佛陀繼續開示說：

諸佛了知眾生的種種行爲，也了知眾生深心之中所想念、所追求的，並且了知眾生過去無量世以來所熏習的種種業，也了知眾生的欲求以及他們的根性和精進的力量多寡，並且知道他們在信進念定慧這五根上面是猛利的或者是遲鈍的；

然後以種種的因緣、運用各種譬喻和無數言辭，觀察種種適合眾生的方便法而隨宜因應、加以解說。

如今我釋迦牟尼也是像這樣子，爲了安隱眾生的緣故，而以種種的法門，來宣說和顯示出佛菩提道的眞實義；

我以智慧的力量，了知眾生的根性以及他們心中的欲求，藉著種種方便來演說無量無邊的諸法，使得全部的聞法者都可以獲得歡喜。

舍利弗！你們應當要知道，我以佛眼來觀察，看見六道所有眾生，那麼貧窮而且沒有福德與智慧，由此緣故進入生死苦海的危險道路之中，相續不斷地領受種種的苦痛，而仍然很深厚的執著於財色名食睡等五欲；

這就像犛牛深愛著於自己的尾巴，由於這樣的貪愛而遮蔽了自己的智慧光明，所以常常處於如盲昏暗而無所見的境界之中；

眾生正是像這樣不懂得追求有大威勢的佛地境界，也不懂得追求斷除種種苦惱的法門，而深入於種種邪見之中，用各種讓自己世世受苦的方法而想要捨離種種苦惱；

為了這一些眾生的緣故，所以我釋迦牟尼生起了大悲之心。』

講義：「知眾生諸行，深心之所念，過去所習業，欲性精進力，及諸根利鈍；以種種因緣、譬喻亦言辭，隨應方便說。」了知眾生的種種身行、口行、意行，是十方諸佛的智慧。只有愚癡人心裡才會想：「我作了什麼事，佛不會知道；我說了什麼話，佛不知道；我心裡在想什麼，佛不知道。」只有愚癡人才會這樣認知。不但眾生現在的身口意行，佛都知道；乃至過去無量劫以來的身口意行，佛也都知道；未來無量劫將會如何演變，佛也知道。不但如此，每一尊佛都知道無邊世界中的每一個眾生的身口意行，只要想知道的就能立即知道。也許有人覺得說：「你講這話，未免太誇大吧？」實際上一點都不誇大。假使你知道一切種智的內涵，你就會曉得我說這個話不誇大，是如實語。這是因為諸地菩薩已經能夠感應眾生的如來藏中的種子，那麼諸佛當然可以具足感應眾生如來藏心中的種子，這才叫作具足一切種智。

如果某某人提到說：「東方娑婆世界有個什麼人如何、如何。」阿彌陀佛一聽，馬上觀察就會立即知道，只要一觀察就曉得了。只要你說得出那個人在什麼地方、姓啥名誰，不是瞎編的，就能立即知道；因為祂可以具足觀察所說的那個人心中的一切種子，怎能不知呢？你如果瞭解了一切種智，又有二地滿心以上的無生法忍實證，你就知道諸佛無有不知者。所以不是只有釋迦牟尼佛無有不知，假使你說：「再過東方多少佛土，琉璃光如來座下有某某菩薩。」阿彌陀佛一聽到這個名號，馬上知道這個菩薩如何如何、過去如何如何、未來會如何如何，這就是一切種智的功德。

所以「知眾生諸行」，這個並不是徒託空言，而是確有實質。可是那些六識論者聽到你這麼講，他們往往會這樣說：「那些大乘經中講的神話，你也相信呵？」他們認爲那是神話。爲什麼認爲是神話？因爲他們根本不懂得種子，連如來藏在哪裡都還不知道，甚至都把祂否定了，當然這種功德對他們而言，就是神話。所以他們的「神話說」是如實說，因爲對他們而言，那確是神話，因爲是他們不可理解的。然而對我們而言，我們可以理解，所以對我們而言，那是如實說，不是神話。

不但「知眾生諸行」，而且眾生「深心之所念」，無所不知。這還是同樣一個道理，就是由於能夠現觀每一個有情的種子。從過去的種子、現在的種子觀察以後，這些種子將來會如何如何演變，就可以觀察出來。所以這個「深心之所念」的了知並不困難，到了三地滿心的時候其實就開始有能力這樣作了，只是沒有具足圓滿而已。諸佛都是具足圓滿的，所以一念之間就能了知，每一個眾生過去世所修習的種種無記業以及有記性的十善業道與惡業，無所不知。由於知「諸行、深心之所念」，及「過去所習業」，綜合起來當然就知道每一個眾生心裡面的欲求是什麼。這個人想當國王，那個人想當轉輪聖王，那個人想出離生死，那個人想當菩薩，那個人只想行善而別無所求，甚至於這個人想要造惡業等等、等等，對於眾生深心中的欲求，如來無所不知。

因此當然也可以判斷這個人是什麼樣的根性，比如說這人是無種姓，他目前沒有任何種姓，眼前看來就只是會輪迴生死。無種姓，你教他聲聞菩提也沒有用，佛菩提、緣覺菩提、聲聞菩提對他全都沒有用，他不會相應，所以是無種姓。又有人是一闡提人，是斷善根的，在可預見的未來幾劫之中不可能發起種姓，修學什麼法都不會成功，連聽都不想聽。有些人，如來一看：「這是善人的種姓，這是惡人的種姓。」有時候一瞧就知道「這是天人種姓」，然後再來看「這是異生種姓，這是聲聞種姓、緣覺種姓、菩薩種姓」，所以眾生的根性是諸佛想要觀察某人的時候，當下就能了知的。這不是天方夜譚，因爲入地開始就有一點點這種能力，那成佛以後當然是具足圓滿了，因爲這種能力，到三地滿心時就已經很厲害了，諸佛當然更沒問題。

接著說，假使他有三乘菩提的種性，這個人的精進力如何？也可以觀察出來，這是成佛必然要有的條件。如果有人宣稱成佛了，竟然沒有這種功德，竟敢說他自己是佛，那叫作冒牌貨，要依智慧財產權告他一個侵害佛陀名器的罪；因爲他根本是冒牌的，他不足以稱爲佛陀，別說是菩薩，他連聲聞初果都還不夠格。

並且諸佛如來還能夠了知眾生的根性是利根或者是鈍根。修學三乘菩提修得快或者修得慢，就看他五根「信、進、念、定、慧」，也就是信根、精進根、念根、定根以及慧根好不好。信根夠的人修學久了，漸漸就會發起信力；如果信根不夠，一說到禪宗開悟就是悟得阿賴耶識，他馬上就罵：「你這個人是阿賴耶識外道。」就是這樣啊！這種人多得不勝枚舉，在密宗裡面大約都是這樣子罵的。你只要說明開悟是證得阿賴耶識，他們就罵你「阿賴耶外道」，不然就罵你是「如來藏外道」。密宗裡面大多是這樣的，因爲密宗四大派都是六識論者；你提到這個第八識，是他們完全不懂、完全無法實證的勝妙法，他們不服氣，當然要罵你是外道。因爲他們若是不罵你，那他們自己就變成凡夫或是外道了，是可忍，孰不可忍？所以寧可冒著下地獄危險也要罵你，否則他們就沒有聖人這頂帽子可戴了。這就是信根不夠的凡夫，信根如果有發起了，他會想：到底哪個說法才對？接著他就會去研究，後來發覺原來沒有這個第八識還眞的不行，所以他就開始對八識論的正法有了具足的信根。信根具足了以後，努力修學正確的佛法，信力就接著發起。當信力發起了，他就會開始精進學佛，也會遠離邪見，所以信根圓滿以後才會有信力。

信力發起了就有精進根了，有了精進根就表示他眞的開始學佛了，他就離開十信位，進入三賢位的初住位中。有了這個精進根之後，修習久了，精進的力量生起了，於是所說的三乘菩提諸法，他開始能夠深入加以理解。當他正確理解了，就表示他對三乘菩提諸法的理路有了勝解。勝解就是殊勝的理解，有了勝解就表示他具足了知：原來三乘菩提的差別與相同之處，是這樣子。有了勝解，表示他的念力就生起來了。所以，精進修學的過程之中有了精進力的時候，他的念根就開始發起。念根發起之後，有了具足勝解就有念力。念力是什麼？念力是不是像電影中星際大戰那個「我動一念，東西就飄起來」，根本不是這樣子。念就是憶念，是因爲已經勝解所以能夠記住它；如果所聽的都不懂，沒有勝解時根本就記不住，即使聽了兩個鐘頭也完全記不住，因爲都不懂。精進力可以使人產生念根，因爲他很精進而理解。念根圓滿了，念力就會隨後出現。

念力出現以後就可以口若懸河爲人宣說，是因爲他具足勝解了，所以有了念力，憶念勝妙法的功德出現了。有了念力，表示他的勝解是具足的，他心中就有了決定性，心得決定。這五根裡面的定不是指禪定那個定，很多大師學人都誤會了，這叫作決定心，也就是心得決定，這表示他的定根已經生起了。當他有了勝解而有念根與念力的時候，定根就一分一分發起。到了定根圓滿時，就是他的決定性是圓滿的，那就是定力發起、定力具足了。定力具足的時候，你想要轉變他、使他退轉是不可能的，這就是定力。所以修學佛法的定力，修學二乘菩提的定力，都不是坐在那邊練腿功、修禪定；那種定力是另外一種定力，但是五根之中所說的定力，是心得決定而產生的力量。

好了！當他定力圓滿的時候，他的慧力就開始出生。當他的定力開始發起的時候，他的慧根也就會隨後開始發起。爲什麼呢？因爲當他有了定根的時候，繼續修學到定根圓滿而定力開始發起，這時雖然定力還沒有圓滿，才剛開始發起，可是我們就說他有了慧根。慧根這兩個字，諸位可常聽到了，有一些戲曲——特別是跟出家人有關的戲曲，都會說：「**這某某人小時候，某某大師就授記說他很有慧根，應該出家。**」然而慧根到底是什麼，卻沒有人知道。其實很簡單地說，就是對於三乘菩提的智慧根苗已經發起了，就叫作慧根。

智慧的根苗發起了，能不能產生作用？譬如尼拘陀樹，尼拘陀樹的種子非常小，就像芝麻一樣，當你把它種下去，它開始發芽生起，根苗發起了；泥土下方有根，泥土上方有苗，這根苗發起的時候，能不能拿來作尼拘陀樹用？當然不行！因爲還沒有力量嘛！不論誰來了，一腳就能把它踩爛了。這表示說，根苗是發起了，還沒有大用；但是它會生長，當它生長到一個程度，譬如當它長到二層樓高，它的功德就很強了。它如果長到七樓高—尼拘陀樹可以長到七樓高—那眞的叫作棟梁之材，可能要好幾個人才能圍抱它。慧根具足成長時就叫作慧力圓滿，可是如果智慧的根苗剛生起，那是還沒有什麼大作用；就譬如定力剛生起的時候，它的慧根就生起了。等到定力圓滿的時候，他的慧力就開始生起了。這就是五根「信、進、念、定、慧」，當這五根生長圓滿時就稱爲五力。

有些學佛人有沒有五根呢？完全沒有。當你爲他們解說三乘菩提時，他們完全聽不進去，甚至於你爲他們解說天乘或者人乘，他們也完全聽不進去，這表示他們完全沒有五根。有的人五根很淡薄，你為他講人乘，說要在人間行善、造橋鋪路、慈濟眾生，他聽得進去。那表示他是有五根，不過五根的根苗還很脆弱，才剛剛發芽。你接著再為他說可以修習天乘：「那天乘是什麼呢？行善求生欲界天，這叫作天道。然而天道可不是只有欲界天，還有色界天、無色界天，應該離欲及修學禪定。」他若是聽得進去，也願意辛苦打坐修學禪定，這表示他的五根又更圓滿，比剛才那個人好多了。

如果有人為他談到說：「除了修天乘以外，還可以有出世間道，超越天乘永無生死，不會下墮人間，更不再輪轉三惡道了。」他依舊聽得進去，你就知道這個人有聲聞菩提的種性，可以修學聲聞法；假使進一步再為他說明因緣法如何實證，他也聽得進去，「喔！他有緣覺的根性。」然後再來看，當你講菩薩道時，他聽得如何？有的人才剛一聽：「喔！這個我沒興趣。因為這太累了，要修三大阿僧祇劫，我受不了！」你就說他沒有菩薩性，依佛菩提而言，佛菩提道的五根，他是不存在的。可是有的人聽得進去，雖然沒有信心來實證，但至少聽得進去，就表示佛菩提的五根他是有的，只是還沒有生長強壯。如果繼續熏習到後來，他開始奮鬥了：「我這一生最重要的目標就是開悟明心，我願意承擔起紹隆佛種的如來家業。」列爲最重要的目標了，這時候我們就說他在佛菩提道中的五根已經圓滿了，因爲他已經具足信力而發起精進力、努力在作了，開始付諸於實行，然後有了實證，五力全都發起了。

那麼，所謂的利根與鈍根，就是看這五力。單有五根的力量是不夠的，五根具足成長而發起力量了，就叫作五力，我們對這個人，就說他是利根人。利根人這一世一定可以開悟，稍微鈍根的人也許到了臨命終時才開悟；也許命終以後已經轉到中陰境界去了，看到自己的屍體在那邊，他終於才開悟，這已經算是鈍根了。如果更遲鈍的人，要到未來十幾世乃至幾百世、幾千世以後才能開悟。那麼還有沒有更駑鈍的？有啊！要好幾劫以後才能開悟。爲什麼呢？因爲他爲了維持名聞利養，特地寫文章出書弘揚六識論，破斥如來藏妙義，種了一大堆邪見種子。

這還不是別人幫他種，他是自己幫自己種，然後未來世好幾劫之中，他就得自己去收割那一些邪見種子。當然得自己收割啊！當他收割了，沒有人要受用，他只好自己受用。這意思就是說，他要在三惡道中從最深的地方，一世又一世慢慢往上受生，最後才能再來到人間。但是為什麼他回來人間以後可以開悟呢？因為他得到的教訓夠了。他得到很大的教訓，並且百劫前在人間為了破斥八識論，他也讀了很多善知識的著作；善知識說的八識論法義成為種子，也種在他腦袋裡面，死後帶到他的如來藏中去。在地獄中受過教訓以後知道那一些邪見都應該丟掉，決定說：「**我要改依八識論來修行，才有可能成就。**」於是他從深心中懺悔，願意這樣修，所以從地獄道、鬼道、畜生道回來人間，這樣子經過了一百劫以後，他也開悟了。可是他下墮惡道之前是很聰明、很厲害的人，雖然這麼聰明厲害，但仍然屬於鈍根人。這就是說他的五根、五力是不圓滿，或者欠缺、或者完全還沒有。

這就是說，每一個人修學人天乘善法或者三乘菩提時，他的根性是猛利的或者是遲鈍的，就依此來判斷。所以一個人是不是利根，不是看他是否聰明伶俐。如果依聰明伶俐來看，一定會看走眼。就說我這個人好了，我就是個現成的例子。以前我在學校學習，那當然都要叫作學「生」。可是我這個人對學「生」沒興趣，學「死」倒是有興趣，所以我當學生總是學不好，師長們都認為說：「**唉！這孩子好笨。**」因為我完全無心於那些世間法，到現在，你如果問我數學、代數，我一定還是考鴨蛋，因爲我連數鈔票都不太會數，我都沒在聽老師教什麼數學等等。可是好不容易熬到學校畢業了（唉呀！那時眞的痛苦），當了兵回來，社會上混得倒還可以，好像不是很難的樣子；即使是會計，我也是自己記帳，不請會計；從總帳、分類帳到損益表，我也都自己來，以前在學校卻是永遠考不及格，看來社會大學比較好讀。後來我想：我在社會大學也該畢業了吧！就想起小時候常常想的問題：我是從哪裡來的？活著究竟是要幹嘛？死後又到哪裡去？於是走上學佛這一條路，沒想到這一條路更好走。

誰曉得：這孩子以前那麼笨，都被人家罵笨；那些聰明人個個都是每次考第一名，如今談到學佛，卻是個個都盲無入處，如今跟著大師們私下裡偷偷讀著笨孩子現在寫的佛書。所以說，一個人是不是利根？不是依世間法上的聰明才智來判斷，而是看他在三乘菩提中，特別是佛菩提中的五根與五力是否圓滿、具足。這一些道理，我們都能說了，難道諸佛還不懂嗎？諸佛當然無所不曉。所以知道這一些事情之後，對於不同根性的眾生，對他們的不同心性、不同欲求、不同的精進力、不同的利根鈍根等狀態差別，就能以許多種方便善巧，藉著各種不同的因緣，加上諸佛都有的四無礙，來爲眾生說法，當然可以適應一切不同種類眾生的心性，以及根性的利鈍而作不同的接引。

「今我亦如是，安隱眾生故，以種種法門，宣示於佛道；我以智慧力，知眾生性欲，方便說諸法，皆令得歡喜。」諸佛當然都是如此，如今釋迦牟尼如來也一樣，都是爲了要安樂隱覆一切眾生的緣故，所以用種種法門來宣揚開示佛菩提道。安隱眾生是很重要的，以前有人喜歡把安隱改成安穩，可是穩是穩定的意思，但是穩定就一定安嗎？穩定不一定安，譬如他穩定在一個很明顯的地方，他成爲箭靶子就很快了，那到底安不安？不安啦！所以安隱這兩個字用得很好，隱就能安，不隱就很容易成爲眾矢之的。假使兩個人要打架，其中一個人隱形了，另一個人要怎麼跟他打呢？他隱形了，都還不必跟人家打，他就先贏了，對方一定會敬畏他，他都不必動手就已經贏了。所以隱就是隱覆的意思，不讓眾生暴露於危險之中，把眾生安全地隱覆起來，不會被三界中的惡業所侵凌或者障礙，就叫作安隱。

釋迦牟尼佛同樣是爲了要**「安隱眾生故」**，用種種法門來宣示佛道。種種法門譬如八萬四千法門，可是八萬四千法門所宣示的只有一個佛菩提道，並不是說每一個法門宣示一個內涵，而是說每一個法門所宣示的同樣都是指向這個佛菩提；所以我才會在《宗通與說通》裡面說：實證般若的法門有無量，但是入得門來，同樣是這個佛法的殿堂，都是同一所證。不會說修學第一種法門進了佛殿堂，第二種法門進了阿羅漢殿堂，第三種法門進了緣覺殿堂，第四種法門變成進了外道殿堂了，不會這樣。因爲修證般若的法門有八萬四千，可是入得門來，同樣是那個如來藏殿堂。

這就是說佛法殿堂無邊廣大，眾生無門可入；因此諸佛如來就開方便門，所以無量無邊的門都準備著，走幾步路就會碰到一個門，就可以進來，這就是諸佛的方便，所以號稱八萬四千法門。請問：一個佛法殿堂如果有八萬四千個門，你想想看，那個門只要像我們講堂這種門就好了，八萬四千個門擺起來有多大？這樣建築起來的一個佛法殿堂，一定大到難以想像，世間還眞難得找到這樣的建築。反而那個巨蛋就叫小蛋了，因爲它也沒有辦法裝上八萬四千個門，差太遠了，高雄的巨蛋也沒辦法裝上八萬四千個門。這意思就是說，目標只有一個，就是佛菩提；但要讓眾生如何實證佛菩提，然後進入佛菩提這一條大道上一步一步邁向佛地，可就需要有很多種方法。由於這個緣故，所以 釋迦如來以智慧力而了知眾生的根性以及欲求以後，隨著各種不同眾生的根性和欲求，而施設無量方便，演說種種的法門，令所有聽聞者都可以獲得歡喜。

講到這裡，釋迦牟尼佛又吩咐說：「舍利弗當知！我以佛眼觀，見六道眾生，貧窮無福慧，入生死嶮道，相續苦不斷，深著於五欲；」世尊說：「舍利弗啊！你們應當知道，我釋迦文佛以佛眼來觀察，看見六道眾生既貧窮又沒有福德並且沒有智慧，因此就進入了三界生死的危險道路之中，」也許有人想：「三界生死有那麼危險嗎？我如今活了幾十年都還活得好好的。」說得也不錯，可是能保證自己生生世世永遠都生在人間嗎？這一想，腳底可就冒出冷汗來了。爲什麼？譬如說，年輕的時候，也許曾經有某某同學追求你，可是後來沒有緣分分手了；過了十幾年以後，發覺那傢伙現在竟然是黑道大哥。現在想起來說：「當初如果嫁給他，不是要跟著他造惡業了嗎？即使不造惡業，也都在享受他的非法所得。」現在想起來：「唉呀！真的僥倖喔！好在沒有嫁給他，要不然未來世怎麼辦？」未來世他要下墮地獄，因爲他不曉得殺害欺凌了多少人，強奪了別人多少錢、訛詐了多少錢；自己跟著受用，至少也得下餓鬼道去吧！想一想，好險呵！你說說看，人間就不險嗎？險哪！

那麼譬如說男生好了，也許遇到某一個好朋友說：「有一個好生意，這一票就大發了。」可是那一票是不法的勾當，當初在那邊猶豫不決：「到底是幹那一票還是不幹呢？」後來下定決心，還是不要。現在想起來，不是覺得好險嗎？當時要是一念把持不住被說服了，造下那件大惡業，未來世可就不在人間了。不在人間時，那就有三等果報，最重業是下地獄，其次鬼道，再其次是畜生道。可是下去以後要回來當人都不容易，因為當人是欲界中大家搶著要的，緣分不夠時還當不成。那你說，當時險不險呢？真的叫作好險，一想起來就覺得：「喔！好險，好險，好在當初沒有答應；當初若是答應而一起幹了那一票，今天怎麼辦？」

也許有人想：「我一天到晚修學禪定，我會生天的，會有什麼險？」生天更險啦！假使他修定很好，證得非想非非想定，他死後生去非非想天，把一切福德都在非非想天享盡了，福德絲毫不存。就算他不中夭，整整八萬大劫都住在非非想天中，天福享盡時一切福德消盡，而那八萬大劫之中都是一念不生，那時下來欲界還能當人嗎？他會投胎到毛毛蟲那個卵裡面去了，因為那境界跟他很相應，而他的福德消盡也不能當人了。到那時，他當毛毛蟲不曉得要被吃多少世；也許被鳥吃了，被蜥蜴吃了，或者被螳螂吃了都不一定，何時才能再回來人間？眞的不容易啊！那麼請問：生天險不險？險哪！然而這個險，少人能知。

所以咱們還是修學佛菩提道，證悟了繼續留在人間修道最安全。生天不安全，這個道理很少人懂；並且你跟他說了，他還不信，還說那都是你自己講的；人之無智，以至於斯。所以「**入生死嶮道**」是有很多種不同狀況的，有多少人能瞭解？因此，不管是生天或者在人間，乃至下了三惡道，總是一世又一世相續不斷地有種種苦一直存在。講到這裡，也許又有人抗議了；以前 佛陀那個年代，沒有人會抗議的，可是現在到處有人抗議。以前我把 佛說的眞正道理講出來，佛教界大家都抗議，只有你們不抗議；為什麼呢？因為我所說的，跟他們所知的佛法都不同，而他們無法判別如何才是正確的。

「**相續苦不斷**」是三界中常事，沒有一時一刻無苦。也許某甲說：「**我**

家財萬貫，每一餐花掉一兩黃金都無所謂，有什麼苦？」說得也是，然而他每一餐都享受美食的時候，那是不是常？顯然非常。有沒有壞苦？有啊！那一兩黃金付出去，吃完了，一兩黃金也就壞了，而他吃的美食，吃進肚子以後也壞了，這是壞苦啊！他吃進肚子以後就不再是美食了，一兩黃金也不見了，雖然他說：「我至少享受過了。」可是享受過就已經不存在了，一兩黃金也不在了，美食也不在了，他到底得了什麼？這就是壞苦啊！也許他抗議說：「你講的不對，因為我正在享受美食，那一個鐘頭裡，我是很舒暢的。」是舒暢啊！那個舒暢的境界在不在行陰之中？在行陰之中。在行陰之中，不就是行苦嗎？是行苦啊！何時何處沒有苦呢！所以說相續的苦是永不中斷的。

這樣說來，好像應該自殺了。然而不必！就正好因為人間苦樂參半，才容易修學佛法。要是忍不得這種苦，你就無法成就佛道了。可是相對於異生凡夫來說，畢竟菩薩們這種苦是堪忍的，因為菩薩有可愛的異熟果，所以生生世世都無匱乏，雖然仍然有壞苦，也仍然有行苦，但是可以在這個過程之中次第邁向佛地，獲得究竟的解脫、究竟的智慧。

然而眾生不懂這個道理，所以「貧窮無福慧，入生死嶮道，相續苦不斷」，偏偏這時候還不能警覺，依舊「深著於五欲」。「深著於五欲」就會被五欲所蒙蔽，於是一直在無明漫漫長夜之中，智慧光明無法出生，因此與解脫道無緣，與佛菩提道更加無緣。五欲會使人增長無明，譬如世間人一般家庭之中（不是指諸位的家庭，我說的是一般人的家庭），這一餐都還沒吃完，就在計畫下一餐要煮什麼來吃，這是很常見的事。你說：「那只有世俗人才會啦！」我說「不然」，因為我也親眼看過，有不少人出了家以後，每天為了吃，從早忙到晚。原來他們的修行就是處理廚房這些菜，怎麼樣弄得好吃，這就是她們的修行。那是修什麼道？修食道！啊！吃的都是一些很費功夫的食材，所以要花很多時間在那上面。我當時見了，心裡面想：「這些時間如果用來好好用功，該多好！」可是我不敢講啊！因為那時候我初學佛沒幾年，都還算不上小老弟，有什麼資格說話？看在眼裡，就記在心裡，到現在還是印象深刻。我這個記性這麼差的人，竟然到現在還記得。

所以這樣都是深著於五欲，可是這樣下來，無明就增長了，完全無法捨棄無明，然後日積月累，每天越蓋下去，五蓋就越深厚。「如犛牛愛尾」，這樣的人就會像犛牛老是愛護自己的尾巴，所以一天到晚要看自己的尾巴，左邊看、右邊看，這樣，犛牛愛尾不是就這樣來的嗎？所以牠一天到晚在草原上吃飽了草沒事，就轉圈圈追著自己的尾巴欣賞，「以貪愛自蔽」。人類不就是貪愛五欲尾巴而蒙蔽了自己的智慧嗎？所以從生至生，「盲瞑無所見」，就像瞎了眼，什麼智慧都看不見。「不求大勢佛，及與斷苦法」，這樣的眾生連三乘菩提的名義都不想聽，乃至於連人乘、天乘的法都不想聽，當然更不會想要追求有大威勢的佛地境界。他們既不追求大威勢的佛地境界，當然就不會想要追求如何斷離三界生死苦的法門，心中所愛樂的就是不斷地在邪見之中去深入。

「深入諸邪見」，在邪見中深入，這其實可以說有廣義的，也可以說有狹義的。如果我們以廣義的來說，有好多科學家不是研究細胞的嗎？也有研究物質，想要研究物質的極微是什麼，有沒有？他們說要探討宇宙的奧祕，所以有的人探討細胞，要從細胞去分析，深入理解到說「原來生命是這樣起源的」。有的人從那些物質深入探究，想要瞭解宇宙的起源，所以才會有電子、中子、質子、J粒子、夸克，有沒有？現在還有沒有更小的？後來又聽說有上帝粒子。但他們都還沒有找到極微，四大極微的境界他們都還達不到。就算他找到了四大極微以後又如何？就能知道生命的起源嗎？還是不知道，因爲四大極微的聚合不能成就有情眾生的覺知心。再怎麼樣去聚合極微物質，都無法成就有情眾生能覺能知的覺知性，所以他們根本是一開始方向就錯了。

如果他們是去探究科學來增長人類的福祉，那就對了。如果他們是想要藉這些物質來探究宇宙和生命的起源，那就錯了！因爲永遠都探究不到，永遠都只能探究到現象的變化，所以我說那也是無明。又如醫學家要從細胞去研究，來了知生命的起源；後來不是研究到什麼？現在好像最進步的叫作基因？還有沒有更進步的？目前還沒有聽說，就算還有更進步的，那些東西也無法探究到生命的起源，因爲只能探究到生命的現象而已。他們永遠都探究不到這些細胞、這些基因是怎麼來的，永遠探究不到。但在我們來講卻很簡單，就是從如來藏中生出來的，而這是可以證實的。「上帝創造眾生」是不可證實的，但是如來藏創造了眾生，可以再三、再四、再五、再六而無止盡去證實，所以我說他們叫作無明。

如果他們爲了造福眾生而研究生物學、物理學，我就說他們的說法是正確的。如果是爲了要追究生命的起源而去研究細胞等等，我說那叫作無明。這個叫作「深入諸邪見」，永遠不能斷苦，爲什麼呢？因爲終究不免生死，也終究不能免於六道之中產生無量無邊痛苦，正是「以苦欲捨苦」。如果在修行人之中說：「我們要追求不生不死的涅槃，證得涅槃不生不死就永離痛苦。」可是追求的結果，卻是不斷往識陰或者往意識境界一直深入執取，那也是「深入諸邪見」，因爲這識陰六個識—能見能聞乃至能覺能知的心—永遠都是所生法，所生法將來一定會壞滅，不可能轉變成不生法。假使所生法能變成不生法，不但他們贊成，我把雙手舉起來贊成還不夠，還願意把雙腳也舉起來贊成；可是事實上作不到，因爲既然生了，未來就一定會有滅。

以已經出生的法去修行而想要變成不生的法，那叫作妄想，外道們都是如此。外道也就罷了，結果佛門裡面的大師們如今竟也是如此，都是想要把有生的意識心變成不生的眞心。那意識心在出胎時已經生了就不可能不生，既然生了就是生了，怎麼能夠藉修行而把祂變成不生？因爲過去的生不可能再拉回來成爲不生。如果意識可以拉回到過去不生，那時的不生卻是斷滅空，他們要那個不生幹嘛？諸位有沒有想過這個道理？也許有人想過了，可是我跟你保證：那些大師們都沒想過。這就是邪見啊！已經生的法，要把它變成不生，是不可能的任務。可是大師們自己想要達成這個任務，也要求徒弟們要達成這個任務，到最後沒有人能達成任務，白忙一場。縱使他們能夠把這個生拉回到意識還沒有生的時候，他們拉回到那裡去要幹什麼？是空無啊！那時沒有意識啊！他們拉回去那個空無的時空是要幹嘛？也是沒用啊！所以兩條路都不通啊！那他們到底要怎麼走？最後不得不拉著老臉，繼續往他們所說變成不生的邪路去，只有「深入諸邪見」。

但這些都還算好，因為畢竟不是嚴重的「以苦欲捨苦」，因為意識有時候還有一些快樂，比如早上起來洗過臉以後進了家中佛堂，看見 釋迦如來聖像在那邊，又生起歡喜心，上個香頂禮一下，覺得說：「佛對我好好喔！在經中解說不苦不樂的中道法給我聽。」這畢竟還有一點樂。至少聽聞佛法的時候，心中也是快樂的。可是有一種外道是笨到不得了，人生已經夠苦了，修道也已經夠苦了，他們還弄很多的苦行來奴役自己。有的用火燒著來烘自己受熱，有的臥在棘刺上面，有的常立不坐，有的常坐不臥，種種苦行勞役自己以後，結果還是無法斷我見，依舊不能出三界。用苦行勞苦自己而想要捨離苦，是天下最愚癡的人。那些塗灰外道、五熱炙身等等，都是「以苦欲捨苦」，永遠不會有出三界的智慧。

把那個鏡頭再拉回到現代佛門來照一照，看看有沒有人這樣？也有啊！有的人就說：「我要持過午不食戒以外，晚上還要加上不倒單。」哇！然後就把床給敲掉，弄一張禪椅來；可是他在禪椅上面坐到半夜，一不小心跌到地上去了，因爲他打瞌睡。他就這樣修苦行，幾年後終於練到眞的不倒單，不會再跌下地了。問題是，他只是坐在椅子上睡覺，三十年後沒有斷我見，五十年後也沒有斷我見，七十年後也沒有斷我見，最後倒是斷了氣。那你想想看，這個也眞是苦行欸！佛教界有幾個人作得到？但他們不倒單七十年之後呢？還是沒有斷我見，最可憐的是連初禪都沒有就捨報了；這種人所在多有，都叫作「以苦欲捨苦」；結果還是到頭來一場空，三乘菩提無論哪一乘，都沒他的分，你說可憐不可憐？可憐哪！但是可憐之中卻有可惡的人，就是那個教他這樣修苦行的人，那個人就眞的可惡。因爲一般人害人不過一世，人家痛苦不過幾年，結果他這個人害他的徒弟受苦卻是受苦一輩子，到後來是師徒全都苦了一輩子，三乘菩提竟不得其一，這都是「以苦欲捨苦」。以前有個附密宗外道還登了報紙罵我說：「你蕭平實講什麼開悟？人家釋迦牟尼佛還有六年苦行，你有六年苦行嗎？」我倒想要問一問說：「釋迦牟尼佛當年是不是捨了苦行才開悟的？」所以我說眾生眞的是「盲瞑無所見」。在這樣「盲瞑無所見」的狀況之中，你要如何利樂他？要如何安隱地幫助他們實證三乘菩提？這眞是相當困難的任務。然而，釋迦牟尼如來卻爲了這一些眾生的緣故，生起了大悲心。諸位就記住這一點，你如果想要快速成佛，就必須記住這一點：「爲是眾生故，而起大悲心。」不是爲了謀求自己快速成就佛果，而是爲了要救度無量無邊眾生才要尋求自己成佛。既然是如此，眼前可以救度眾生的機會這麼多，爲什麼要放棄而自己一個人去求取佛地的境界呢？

因此菩薩都沒有急求成佛的，總是要顧念無始劫以來跟他有緣的人，乃至跟他有緣的畜生，要一一同事利行，所以菩薩一定要常常都住在人間，不斷與過去和他結過緣的眾生常在人間同事，這樣來利益大家，所以菩薩不會說：「唉呀！我悟了、悟了！我馬上就要進到三地、五地去了。」菩薩不是這樣想的。如果這樣想，就不是眞的菩薩，這表示說，他還是個新學菩薩，因爲他心中還有很多自利的想法。這個人大悲心不夠，當他大悲心不夠的時候，他成佛的速度就會越慢，因爲縱使他自己很快到達等覺、妙覺位了，可是徒弟們都還差一大截，都還在三賢位中；就算是徒弟們都入地了，但沒有八地以上的弟子們，就算他下來人間也不能成佛，因爲欠缺了很多應該有的八地以上的諸地菩薩。這表示他利樂的有情還很少，他縱使眞的來人間成佛了，無數劫來跟著他修學的多數徒弟也還是沒有辦法開悟，他就無法成佛，那他成佛不是還要再等待嗎？是要再等啊！

那時他該怎麼辦？還是得要捏著鼻子乖乖下來人間，繼續幫助這些廣大的徒弟們，得先幫他們這一批人都成爲阿羅漢，未來世可以轉成證悟的菩薩了，然後他下一步才可以成佛。結果還是一樣要回頭利樂弟子們，這樣一加一減，成佛的時程還是一樣，因爲這一些內涵都是避不開的。如果某一個部分先完成了，可是其他部分還沒有完成，他還得要回來再補足了。這就好像說，你要當什麼職務，需要有多少學分，當你學分不夠時就得再去補修。所以大悲心是諸佛的首要條件，也就是因地行菩薩道時，必須要時時刻刻提起來的。

所以，如果菩薩出來弘法的時候開了條件：「求開悟明心，要供養我五百萬元；斷三縛結要一百萬元，眼見佛性要二千萬元，想要入地得要供養我一億元。」如果有這樣的菩薩，我跟你保證：他絕對不是菩薩，那叫作假名菩薩，必定是凡夫。菩薩只觀察對方的根性，觀察他的福德夠或者不夠，不是在觀察對方送來供養自己的禮金多或少，菩薩沒有這樣的。假使有人不信說：「我就不相信，一定有這樣的菩薩。菩薩那麼多，什麼樣的菩薩都有，怎麼可能沒有？」我說：「你若不信，就求佛陀夢中來跟你開示，看看有沒有這種菩薩。」結果呢？有！有什麼樣的菩薩呢？凡夫菩薩。所以 釋迦佛這裡吩咐舍利弗的主要意旨是說，佛眼普視六道眾生時，知道眾生就是這麼愚癡，不懂得要追求大威勢的佛地境界，所以都不尋求斷苦之法；老是口中說要斷苦，結果把無量無邊的貪愛來遮蓋自己應發起的智慧，然後產生了種種邪見，用苦來取代苦；取代的結果還是苦，這就是眾生的現象。

假使諸位不信，我們再來看看假藏傳佛教密宗好了：達賴喇嘛專門弘揚雙身法，教導喇嘛們就是要愛盡天下女人。好啦！那是不是苦？是苦啊！他們都在貪著而品嚐莫邪劍、魚腸劍的劍鋒上面那一小滴蜜，沒有不被割舌頭的。他們自以爲在修行，自以爲在幫助人家成佛，結果死後是要下墮三惡道，特別是喇嘛們。被騙的人最多就是沒有智慧，所以犯了佛戒；死前懺悔了，只要有善業作依靠，下一世還可以保住人身。但喇嘛們那個惡行是不通懺悔的，因爲他們那個雙身法不但是邪婬，而且是破壞 佛陀的正法。爲了圓滿他們的謊言，又說了很多的大妄語，又多加了許多妄語罪。大妄語的謊言雖然一樣是地獄罪，與他們用雙身法破壞正法來比，相形之下罪又變得輕了。

你想，這麼多的大惡業聚集於一身的結果，那不是在求未來世的苦果嗎？所以喇嘛們眞的在修苦行。他們未來世要受無量劫的苦，可是他們自己不知道，這也是另一種層面的「以苦欲捨苦」；因爲眼前的樂空雙運離不開壞苦、行苦，至於未來無量劫住在三塗中，那最少是三百劫、五百劫的苦，因爲他們破壞佛法太嚴重了！他們以很多很多數不盡的苦，想要來捨棄這一世求不得的種種苦；你說，我們如果身爲菩薩，該不該爲他們起大悲心？應該啊！可是爲他們起大悲心的時候，用母親的愛是不夠的，一定要用金剛寶劍去砍他，才能刺激他們覺醒過來，這樣的愛才夠力。因爲母親的愛，他們會覺得理所當然；如果用金剛寶劍砍下去，痛徹心扉，他們才會醒過來說：

「唉呀！原來我都在作夢。」

這就是我們要把密宗的邪見普遍說出來的原因，因爲你要求他們改變是不可能的，我們只好轉個方向，告訴社會人士說那都不是佛法。大家都拒絕密宗了，他們就沒有惡業可以造了，才能夠救轉他們。只有這樣的救法才能畢竟其功，因爲他們不可能承認自己的法是錯誤的，他們心裡面想的很簡單：「我們這個樂空雙運是某某佛傳下來的，現在已經一千多年了，怎麼會是錯誤的？」當然不信啊！他們也眞的不信啊！但他們眞的不信，沒關係，我們就讓大家都知道他們是錯誤的，使他們不得不關起門來沒辦法「度」人，他們的惡業就減少了。從現在開始，他們也許只要下墮一百劫就夠了，不必五百劫、三百劫，那也是好啊！所以我們就不要讓他們去修那個「苦行」，我們要讓他們改修快樂行——遠離地獄的時間提早。提早四百劫、三百劫，我們都爲他們快樂。能夠提早離開痛苦，怎麼不快樂？也是快樂啊！不過那叫作苦中求樂，我們也只能這樣幫助他們。

這就是說菩薩要有悲心，你如果沒有悲心，怕背負罵名就不敢作，那不是眞的菩薩。你眞要當菩薩，千夫所指，人不敢爲，吾一身獨行，這樣才能稱爲菩薩摩訶薩。所以不管人家怎麼罵，他們罵歸罵，我們救護他們的事情還是要繼續作。如果被人家一罵就受不了，氣起來：「你們都是恩將仇報，我要救你們離開地獄，你們還罵我。」就氣起來說：「老子不救你們了。」不救人家，自己的道業就跟著下墮，爲什麼呢？因爲大悲心已經失去了，那就是自己沉淪，菩薩沒有大悲心時就說是沉淪。所以菩薩在利他之中自利，自利的時候並不是求世間法的利得，而是在世出世間的法財上面去求自他共得，這樣才是眞實義的菩薩。諸佛這句話就教導我們：那麼多愚癡而沒有善根的眾生是多麼可憐，於是因此而生起了大悲心。

經文：【我始坐道場，觀樹亦經行，於三七日中，思惟如是事：

我所得智慧，微妙最第一；眾生諸根鈍，著樂癡所盲，

如斯之等類，云何而可度？

爾時諸梵王，及諸天帝釋、護世四天王，及大自在天，

并餘諸天眾，眷屬百千萬，恭敬合掌禮，請我轉法輪。

我即自思惟：若但讚佛乘，眾生沒在苦，不能信是法；破法不信故，墜於三惡道；我寧不說法，疾入於涅槃。

語譯：【這一段偈文是世尊複述剛成佛時的那一段過程：】

我釋迦牟尼當初坐於菩提樹下金剛寶座道場時，既然已經證悟成佛了，那時諦觀菩提樹，有時候則是經行，在那二十一天之中，思惟了以下所說的這一些事情：

想到我所得到的智慧非常微妙，世出世間第一無上；而眾生的五根是非常遲鈍的，總是耽著於欲樂而被愚癡所遮障，因此產生了無明，像這樣的眾生一切種類，要如何而可以得度呢？

當時諸天以及梵天王，和欲界諸天天主以及忉利天的釋提桓因、四天王天的護世四大天王，甚至於大自在天的天王，以及諸天的天眾們，這樣總共有眷屬百千萬，都來到菩提迦耶面對我恭敬合掌禮拜，請求我要為眾生轉法輪。

我當時就自己這樣思惟：如果我只是讚歎唯一佛乘，那麼眾生已經沉沒在無邊的生死苦海之中，不可能相信我所說的唯一佛乘妙法；

他們將會因此出來指責及破壞佛菩提妙法，因為破壞正法及心中不信受的緣故，死後將會下墜於地獄、鬼道和畜生道中；所以我寧可不要說這個勝妙的唯一佛乘，不如趕快入涅槃算了。】

講義：「我始坐道場，觀樹亦經行，於三七日中，思惟如是事：我所得智慧，微妙最第一；眾生諸根鈍，著樂癡所盲，如斯之等類，云何而可度？」

這個典故，諸位應當都聽過，這是說 釋迦世尊當初剛成佛時坐在道場中。這個道場當然不是指寺院，因為那時候坐在菩提樹下，而當時那個寶座也只是一叢吉祥草，就是牧羊的孩子割來的那些草，供養了當時的 釋迦菩薩，所以就稱為吉祥草。當 釋迦如來成佛的時候，那個吉祥草鋪成的寶座就稱為金剛座，也稱為道場；那時候有什麼寺院呢？當然沒有啊！所以那時候講的道場，當然講的就是所證的如來無垢識境界，以及如來無垢識而引發出來的無量功德妙用，道場就是指這個。

也就是說，釋迦牟尼佛當初住於所悟的佛地境界之中，依佛性境界而詳細地看著那一棵菩提樹，然後也在那裡經行加以整理思惟，把整個佛菩提內涵作了統合思惟，總共歷經了二十一天。從那時候來反觀三界一切眾生，現前觀察到自己所得到的智慧是那樣的微妙，一切眾生之中沒有人能到達。不但沒有人能到達，乃至連入門都很困難，因為眾生信、進、念、定、慧等五根是很遲鈍的，要找到有一些眾生具足信進念定慧五根的人是那麼少，至於五力就更別提了。而眾生根性如此遲鈍的緣故，是因為愛著於人間無常的五欲之樂，都是因為愚癡所以被五欲所遮障，而如同盲人一般無法見到智慧光明，像這樣的眾生要如何才能得度呢？

諸位想一想，你們進入正覺走到今天開悟明心了，但你們去看看社會人士，單單要他說：「你每個月捐一千塊錢給慈濟去救護苦難眾生，好不好？」他就直接說「不好」，他會當場答覆你：「這一千塊錢，我可以在圓環吃滷肉飯、吃很久呢！」也許你說：「唉呀！那是因為他是生活很困難的升斗小民，才會這樣啦！」我說「不然」。我就講自己的眞實故事給諸位聽（因為是過去的事情所以叫作故事，但不是編造的），以前我剛學佛，那時我還在世間職事上面、還沒退休，當然也還沒有記起往世的所悟；當時我也曾幫某個大山頭勸募，因為那時想：「開悟是那麼困難，末法時代哪有可能？」因為把過去世都忘了，今生是從頭開始，那麼想一想說：「好嘛！那不然就支持人家搞搞佛教學校、辦佛學教育也不錯。」也就幫著勸募。

有一次，因爲我幫一位大老闆辦事情，幫他幹什麼就不談，不然就洩漏人家姓名了，可就不好意思。我幫他解決了一件大困難，沒向他收錢，然後我藉機會說：「某個佛教山頭辦學校缺錢，您能不能每一個月捐一點錢？」他很爽快說：「好啊！可以啊！你哪天來，我就拿給你。」我就想：「反正每一個月時間到了就四處去逛，繞一圈回來再繞到他那裡取善款。」一個月到了，我去見這位董事長，他說：「我就一次都給你了，你就不必每一個月來要。」我想：「哇！太體貼我了。」心想，一定是一大筆錢。然後他口袋裡掏出來，我以爲是支票，結果是一千塊錢：「我就一次給了，以後你不必每個月來討。」那家公司在台北市南京東路好地段上，有將近二百坪的辦公室，單單董事長的辦公室就有二十五坪，你看公司大不大？他在南部的工廠就不談喔！就這樣子一次捐了一千元，沒有下次了。可是如果去看什麼選美——那時候台灣還有選美，他去看選美的門票一張二萬塊錢，他可是一買就幾張，面不改色。你想，要如何度他呢？完全不可能嘛！

當初　佛陀剛成佛坐道場的時候，首先想到的就是這一點：眾生要怎麼度？你想，像這樣的眾生，他行善只願意作一次，只給你一千塊。我們每天四處奔走，花的錢都不只這一些，而我們每個月布施的都不只這一些，可是大老闆只願意這樣一千塊錢就了結，沒有下次了，而且我是幫了他一個大忙，是義務幫他的大忙而不收費的；那你要怎麼度他呢？眞的是困難啦！所以 世尊說：「如斯之等類，云何而可度？」

「爾時諸梵王，及諸天帝釋、護世四天王，及大自在天，并餘諸天眾，眷屬百千萬，恭敬合掌禮，請我轉法輪。」所以，世尊當初想到這一點的時候，當然有緣的諸天都會感應到，因爲他們很早就期待 世尊成佛、轉法輪。當悉達多太子出家的時候就已傳遍了天界，一天又一天往上傳遍了天界，所以成佛的時候一樣也會傳遍天界，大家就在等著 釋迦如來什麼時候要開始宣揚佛法。沒想到竟感應到 釋迦如來想要滅度，所以大家都急了，立刻就聚集、就趕了來，都來請轉法輪。

所以「諸梵王」也來請求「轉法輪」，梵王就是色界四天的天主；色界總共有十八天，這十八天中的五不還天除外，還有十三天；但這十三天其實才只有四天，因爲初禪天裡有三種天，大梵天王管轄一切天人，由梵輔天幫大梵天王管理梵眾天，這三種天合為初禪天。二禪天、三禪天、四禪天也都是如此；但四禪天中另有一種天人就是無想天，不歸四禪天王所管轄，因為第四禪天的天王管不著他們。所以色界從初禪天到四禪天總共是四個層次的天，共有十三種色界天有情類，共有四位天主，「諸梵王」講的就是初禪天到第四禪天的四位天主。但色界最高層次的五不還天，是證得第四禪的三果以上聖者才能往生的，四禪天以下未得第四禪、未證三果的人都無法住在那裡。

四禪天的四位天主，以及欲界諸天的天主，包括釋提桓因、四王天的四大天王，乃至他化自在天的大自在天王都來了，率領著天眾眷屬百千萬人。那時候很壯觀，往天界一眼望去都是天王天人，大家都來合掌、禮拜、恭敬，請求 佛陀「轉法輪」。你想想，如果你是 佛陀，你看了還能入涅槃嗎？入不了了。這麼多天王天人都來請求了，於是只好答應「轉法輪」。可是要「轉法輪」的時候，總得要先思惟一下，看看該怎麼轉？對不對？這當然得要費心思，因為整個佛法都在心中之後，然而眾生是距離那麼遠，眞是天壤之別，他們不可能一步登天，那該怎麼辦？當然要構思一下，看是應該如何次第宣講。那麼，這個構思的過程，得要再聽下回分解。

《妙法蓮華經》上週講到二十七頁第三行，今天要從第四行開始。「我即自思惟：若但讚佛乘，眾生沒在苦，不能信是法；破法不信故，墜於三惡道；我寧不說法，疾入於涅槃。」這是說，當時釋迦如來心裡面自己思惟著，如果只是讚歎唯一佛乘，一開始就講大乘法，那麼眾生沉沒在生死苦海之中，如果只爲他們宣說必須經歷三大阿僧祇劫才能成就的佛菩提道，他們的五根、五力不夠，沒有辦法相信。那麼，由於一開始就直接說佛菩提，而沒有方便施設二乘菩提的緣故，眾生之中有許多人就會出來誹謗而成爲破法者，也有的人會因此不信而有懷疑的說法；那麼，這些人將來死後都會下墜於三惡道中。也就是說，依照不信或者謗法的嚴重或者輕微程度的差異，而分別下墮於地獄道、餓鬼道或是畜生道中。所以說：「如果單單只說大乘菩提的話，我釋迦如來寧可不說法，快速地進入無餘涅槃。」否則的話，反而會毀壞了眾生的法身慧命，或者會因爲直說佛菩提的緣故而使眾生不信或者破法，以致死後下墮於惡道，因此當時　佛陀的想法是快速地進入涅槃之中而不說法。

經文：【尋念過去佛，所行方便力；我今所得道，亦應說三乘。
作是思惟時，十方佛皆現，梵音慰喻我：善哉釋迦文！
第一之導師，得是無上法，隨諸一切佛，而用方便力；
我等亦皆得，最妙第一法，爲諸眾生類，分別說三乘。
少智樂小法，不自信作佛，是故以方便，分別說諸果；
雖復說三乘，但爲教菩薩。】

語譯：【這一段重頌是說：

我釋迦如來想到這個地方，隨即又憶念起過去諸佛度化眾生時所施行的種種方便善巧的力量；而今我釋迦如來所得到的實相智慧及出離解脫之道，也應該如同諸佛如來一樣，爲眾生宣說三乘菩提。

當我作這樣的思惟時，十方世界諸佛全都示現，以清淨的音聲來勸慰勉勵我說：非常好啊！釋迦文佛！你是三界第一之導師，證得無上正等菩提妙法，如今也將隨同諸佛一樣，以方便善巧的力量來爲眾生說法；

我們十方世界一切諸佛也和你一樣，證得最勝妙第一無上的佛菩提法，也都是爲了所有不同根性的眾生種類，而分別演說三乘菩提。

智慧少的人只會愛樂小法，沒有辦法相信自己將來可以成佛，由於這樣的緣故要運用種種方便善巧，爲眾生詳細分別演說聲聞菩提及大乘菩提的種種果位；

雖然也都同樣是說三乘菩提，但說法之目的其實都是爲了要教化菩薩們。】

講義：這裡面當然還是有一些內容要加以分辨。釋迦如來說當時想要入於涅槃的時候，隨即又憶念過去諸佛是如何度化眾生的，然後就觀察到諸佛有一轉法輪，有二轉法輪，也有三轉法輪的不同。如果不是純一清淨佛土的話，都不會是一轉法輪。那麼，諸位想一想說：「在極樂世界的阿彌陀佛，是一轉法輪還是三轉法輪？」是三轉法輪嗎？諸位有沒有詳細讀過《觀無量壽佛經》？在《觀無量壽佛經》裡面有三輩九品：上輩都是大心善心的菩薩們所往生，下輩三品則是造作惡業的人，但是心性都有菩薩性，是這樣的人往生。也就是說，下輩三品生的人也都是有菩薩性，但是他們造了惡業，而且那個惡業還不小，這樣的人才會是下輩三品生的人。

所以如果有人告訴你說：「我只要能夠下品下生，就很滿足了。」就表示他不懂《觀經》，那你應該指點他一下：「請問你有沒有殺人、放火、詐欺、擄掠，有沒有？」他如果說沒有，你就告訴他：「那你沒有資格下品往生。」因爲下品往生是五逆十惡那一些無惡不造的人，雖然那一些人仍然是有菩薩性的人。那他就只剩下中輩三品生了，中輩三品生的人是因爲他們屬於聲聞種姓，所以往生到極樂世界去的時候，最高果位是阿羅漢，不像上輩三品生人有初地乃至諸地。中輩三品生人最高就只是阿羅漢果，沒有證得佛菩提果的人；可是你們有沒有看到記載說，中輩三品往生到極樂世界的人，聞佛說法成爲阿羅漢以後入了涅槃？一句也沒有，這表示什麼？這表示 阿彌陀佛也是要爲他們講大乘法，要使他們轉入大乘法中。

阿彌陀佛有沒有直接爲他們講二乘菩提？當然是中輩三品生人。有沒有？你說有也行，說無也行。《佛說觀無量壽佛經》不是講了嗎：那八功德水尋樹上下，演說苦、空、無我、無常。然後還講什麼？講六波羅蜜、三十七道品。那表示是合在一起講的，不是單講二乘菩提。那麼這樣子，極樂世界是唯一佛乘還是宣演三乘菩提？（有人答：唯一佛乘。）對嘛！因爲如果是講三乘菩提，那麼生到那裡成爲阿羅漢（中輩三品往生到那裡就會成爲阿羅漢），馬上就要入滅了；可是《阿彌陀經》裡並沒有說誰入無餘涅槃啊！這就表示，那是純一清淨世界，才可以這樣。

若是還沒有離開蓮苞，還住在蓮花宮殿裡面的中輩中生、中輩下生、上輩中生、上輩下生的人；因爲那個宮殿蓮苞裡面，其實就是一個方圓五百里的一座蓮苞大宮殿；那裡面很寬廣，你不要說那個蓮華那麼小，那裡面是方圓五百里。由於他們的心性還不足以修學唯一佛乘，在這以前就讓他們住在那裡面享受，才能安住下來；因爲方圓五百里眞的好廣闊，裡面應有盡有，讓他們去享受。享受到他厭膩了就說：「**我一天到晚在聽苦、空、無我、無常，也在這邊享受，好像沒什麼意思吧！**」終於下定決心，想要好好努力學習了，當他們心得決定的時候蓮華就開敷了，所以隨即見到 阿彌陀佛或者見到二位大菩薩，或者見到化佛、化菩薩，就可以開始修學唯一佛乘。

但，如果是像我們這種五濁惡世，在十方虛空中有無量無邊的世界，像我們這樣的五濁惡世的世間非常多，全部必須要宣講三乘菩提，次第「轉法輪」以後眾生才能相應於唯一佛乘。既是三乘菩提，就可以分爲二轉法輪或分爲三轉法輪的方式了。如果是二轉法輪，那就先講聲聞、緣覺菩提，然後接著第二轉法輪就講般若與種智。如果是三轉法輪，就像 釋迦牟尼佛這樣，初轉法輪講二乘菩提讓大眾證得解脫果；然後大乘菩提分爲二個階段，幫大阿羅漢們證悟以及進入初地，也就是第二轉法輪專講般若；於是在初轉法輪再轉到第二轉法輪的大阿羅漢們證悟後已經入地了，再來第三轉法輪講十度波羅蜜多。

在第三轉法輪一開始時就有一些私底下的授記了：你們這些阿羅漢們，誰將來如何成佛，多少時間以後成佛，佛名是什麼，佛世界名爲什麼，有多少聲聞弟子，多少菩薩弟子，然後正法住世多久，像法多久，末法多久，就開始有一些授記了。因爲只要一入地時就可以授記了，當他們有能力入地了，教導他們如何入地以後就可以授記了；這是因爲不會再改變了，他們那個善業的勢力、淨業的勢力都已經確定不會再被改變了，然後講完一切種智等唯識增上慧學以後，再整合於《無量義經》之中，這就是《法華經》可以宣講的緣起，所以諸佛都會講《法華經》的。

因此初轉法輪完了，釋迦牟尼佛度得一千二百五十位大阿羅漢，這些大阿羅漢們除了定性聲聞大約五十位以外，全都是菩薩，那個時候就得迴小向大，開始教導他們如何邁向成佛境界的次第。因此，三轉法輪最後階段，就講《無量義經》。《無量義經》是說有一個法，而這一個法是具有無量義的，這就是《無量義經》的道理。大家聽了有印象，然後心裡面想：「像這樣的法，我應該證啊！因爲這個法具有無量義啊！」這一些大阿羅漢座下的許多阿羅漢們有這樣的心了，當然得要開始講《法華經》了。

這意思就是說，如果以唯一佛乘，也就是以在純一清淨世界弘法的方式，拿來在五濁惡世裡面直接開講，眾生聽了就想：「三大阿僧祇劫以後才能成佛，我一世不過就短短百年，我能相信嗎？」就算是將來人壽長了，說可以有八萬四千歲好了，人們也會想：「我八萬四千年是不可能成佛的，因爲要三大阿僧祇劫；那麼三大阿僧祇劫以後佛陀您在哪裡，我不知道，而我這一世八萬年一轉眼就過去了，還是不能成佛，那我要如何相信您所說的呢？」所以，這就必須要讓大家瞭解 佛所說法是不誑語、如實語，那該怎麼辦？當然要先讓眾生可以解脫生死苦惱。因此，菩薩們固然要訶責自了漢，罵他們一天到晚只想要了生脫死、不願乘願再來人間。然而，假使你不能夠讓眾生先證實解脫生死的事是確實可以達成的，那麼眾生要如何相信這個佛菩提三大阿僧祇劫才能成就的道理呢？眾生當然無法信受。所以，看到過去諸佛以方便力所行的弘化之道，也觀察了當時的五濁眾生，當然就知道如今自己所證得的無上菩提是應該分爲三乘法，來爲眾生廣作分別、細加演說，所以說：「我今所得道，亦應說三乘。」

那麼，作了這樣的思惟時，十方佛當然就現前加以贊成。這就好像有十個兄弟，這老大、老二、老三，他們公司都已經在各地成立，營運很成功了，然後老四也在另一地開了一家公司，同樣準備要大展鴻圖了。那請問：前面三位兄長該不該來慶賀？當然來呵！乃至老五一直到老么終於也成長了，也出來建立一個事業了，那前面九個哥哥當然都要來慶賀，當然也要說：「唉呀！你終於也有能力建立這麼一家大企業了。你啊！應該像我們一樣啊！我們也是按部就班來發展啊！所以你眞的有智慧，跟我們一樣準備要按部就班來進行了。」這是一樣的道理嘛！

總不可能說公司一設立，同時在世界各國設立分公司，一定要依著順序來。所以十方諸佛都現前，以清淨音聲來慰勉勸喻 釋迦如來說：「非常的好啊！釋迦文佛！你是三界中至高無上的導師，得到這個無上菩提勝妙之法，也準備要隨同一切諸佛一樣，用方便善巧的力量；我們也都跟你釋迦文佛一樣，得到了最勝妙的第一無上佛菩提法，我們也都為不同種性根器的眾生，詳細分別演說了三乘菩提。然而智慧很少的人、智慧不廣大的人，都是愛樂小法，無法承受勝妙廣大之法，都不可能自己有能力相信未來一樣可以作佛，所以我們也都因為這個緣故而以種種方便善巧，分別細說各種果位。」

這當然就會牽涉到二乘菩提的四向五果了，也就是說，有初果向、二果向、三果向與四果向，也有初果、二果、三果、四果加上辟支佛果，這就是四向五果。然而這只是二乘菩提的果位，還有佛菩提，也就是十信、十住、十行、十迴向、十地，還加上等覺與妙覺，菩薩所證的是這五十二個果位。

諸佛又說：「我們雖然也都同樣是宣說三乘菩提之法，其實目的還是為了教化菩薩們。」這意思就是說，諸佛降生於世間弘法度眾的目的，不是為了把聲聞緣覺小法送給眾生，而是為了要把最勝妙的佛菩提來教化眾生，期望眾生將來都和自己一樣，可以獲得無上勝妙的智慧，獲得無邊廣大的功德，這才是諸佛示現於人間的目的。所以雖然講三乘菩提，目的還是在教化菩薩，不是爲了想要度人成阿羅漢而來人間的，當然都是唯一佛乘。

經文：【舍利弗當知！我聞聖師子，深淨微妙音，喜稱南無佛。復作如是念：我出濁惡世，如諸佛所說，我亦隨順行。思惟是事已，即趣波羅柰。諸法寂滅相，不可以言宣，以方便力故，爲五比丘說。是名轉法輪，便有涅槃音，及以阿羅漢，法僧差別名。從久遠劫來，讚示涅槃法，生死苦永盡，我常如是說。】

語譯：【接著釋迦如來就向舍利弗說：舍利弗啊！你應當要知道：我聽聞最神聖的諸佛金毛獅子，從深心中以清淨微妙的法音告訴了我這些事情，於是我歡喜地說：「歸命於諸佛。」然後我又這樣子想：我釋迦文佛出現於五濁惡世之中，就如同諸佛所說一樣，我也應當隨順於諸佛的所說來行於佛道。思惟了這樣的事情以後，我就走向波羅奈鹿野苑的方向去了。然而一切諸法本來寂滅的法相，是沒有辦法以言語直接宣說出來的，所以我就隨順諸佛所說的方便力，從佛菩提道中分析出聲聞菩提來，而爲憍陳如等五位比丘宣說。

這就是轉法輪，從那時開始人間就有眞正涅槃這個音聲流通出來，以及有了阿羅漢和佛法僧寶的不同名稱了。

從久遠劫以來，我就讚歎開示不生不滅的涅槃法教，是生死之苦永遠斷盡了，我是永遠像這樣子說法的。」

講義：「舍利弗當知！我聞聖師子，深淨微妙音，喜稱南無佛。」從文字表面來看，好像有一些矛盾；可是如果你瞭解了佛陀那個年代的弘法事相與教理，你就不覺得矛盾了。常常有人認爲初轉法輪的四阿含經教與大乘菩提互相矛盾；然而如果實證之後也瞭解佛陀在世的情況，就不會覺得矛盾，而是本來如此。所以凡是認爲三轉法輪經教法義有互相矛盾的人，都是因爲誤會的緣故才會那樣說。「聖師子」，「師子」就是指獅子。神聖的獅子，我們又稱爲金毛獅王。這是在世出世間法中的一切弘法者之中，屬於至高無上的地位，無人能比，所以稱爲「聖師子」。十方一切諸佛以深心中說出來的清淨微妙法音，最喜說的就是歸命於諸佛，所以一切佛在人間示現的時候，當然會指天指地說唯我獨尊，但是卻不妨礙歸依於十方諸佛。一切佛都以十方諸佛作爲自己的所歸，把自己認定是諸佛中的一佛，不外於任何一佛，世尊當時自然也是「喜稱南無佛」。

那問題來了，爲什麼降生的時候卻要說「唯我獨尊」？這看起來好像是矛盾衝突的，其實都不矛盾，因爲那是在示現實相法界。一切人天之中都以這個眞我作爲至高無上，這個眞我就是第八識自心如來，或者稱爲自性彌陀。這個眞實心在禪宗祖師又常常稱祂爲眞如，這個眞如於一切法中唯我獨尊，沒有任何一法可以和祂相提並論。所以世尊降生人間時行走七步，一手指天一手指地，口唱「天上天下唯我獨尊」，講的就是這個自心如來。可是成就了究竟佛道之後，卻不曾自外於十方一切諸佛。假使有哪一尊佛成佛以後排斥其他諸佛，認爲自己比其他諸佛都行，那就表示他根本是個凡夫，我見具在；因爲實證的菩薩就不可能這樣了，怎麼可能成佛以後還會這樣子呢？那就表示說，他是在向天下有情宣稱「我是凡夫佛」。

所以過去諸佛如此，現在十方諸佛如此，未來諸位成佛了也還是會如此，同樣是「喜稱南無佛」。那個時候具足人無我、法無我了，還會跟其他諸佛比高下嗎？十方世界中唯有諸佛至高無上，而自己只是諸佛中的一分子，所以將來如果有佛已經成佛了，想一想：「我要入涅槃了，因爲眾生難度。」可是又想一想說：「過去諸佛怎麼度眾生的？先來觀察一下。」然後決定要宣說三乘菩提了，你也會與諸佛一起對這一位新成之佛道賀說：「我們如此，你也如此。」你絕對不會說：「你們諸佛去道賀就好，我沒空。」十方法界中一切諸佛都是如此，當然一切諸佛也都「喜稱南無佛」。因爲諸佛是一切有情所歸依處，而且是眾生的究竟歸依處；而自己屬於十方諸佛之一，此外當然無可歸依。那麼，這樣子想過以後呢，說自己既然也成佛了，跟十方諸佛都一樣，而十方諸佛也都歸命於一切佛，不外於一切佛；就像我們菩薩也說歸依於菩薩僧團，不能自外於人間的菩薩僧團，否則就不是眞悟的菩薩；佛陀當然也是歸依於十方諸佛，也就是一切諸佛要以整體來看待。

所以「復作如是念」，這個時候又轉一個念，就這樣想：「我出濁惡世，如諸佛所說，我亦隨順行。」我釋迦牟尼佛出現在五濁惡世了，如今的眾生具足了五濁，信根、信力乃至定根、定力、慧根、慧力都是不夠的，我當然應該要如同諸佛之所說一樣，隨順諸佛的所行，要以三轉法輪的次第來利樂眾生。

「思惟是事已，即趣波羅奈。諸法寂滅相，不可以言宣，以方便力故，為五比丘說。」當　釋迦牟尼佛思惟這樣的事情以後就離開了菩提樹，前往波羅奈，去到鹿野苑，為憍陳如等五比丘說法。當然這裡面先有一個過程，本來是想要先去度那個證得非想非非想定的鬱頭藍弗；可是以佛眼一觀，知道他已經捨報往生非非想天去了，沒辦法度他；於是再觀察說應該先度何人？然後想起出家的時候那憍陳如五個人跟著他修苦行，應該先度。憍陳如等五個人跟著　世尊六年專修苦行，後來看見　世尊竟然不修苦行了，去河裡洗個澡，然後接受那牧羊女的乳糜供養，於是想：「太子貪圖安逸了。」就離開了。可是他們離開的那個晚上，釋迦牟尼成佛了。他們到底是幸福還是淒慘呢？也不知道該怎麼說；因為二十幾天以後，世尊首先就是度他們得解脫，所以應該也算是幸福。

這五個人在波羅奈國鹿野苑，有一天遠遠看見　釋迦牟尼佛走過來，大家就互相約定：「不要理他，好好的苦行他不肯修，貪圖安逸。他若來到眼前，我們也不要為他鋪什麼座位，讓他自己找座位坐。我們大家也都不要起立，不必歡迎他。」可是 世尊從遠處走來，漸漸地走近了；當他們看見 釋迦如來越來越近，結果大家就不由自主站了起來；世尊走得更近了，他們又不能自已走上前去迎接。後來就在迎接 釋迦如來的地方，距離鹿野苑大概一公里處，其實也不遠，大概一千公尺而已；當時是曠野，看起來也不遠，後來就在那個地方蓋了一個迎佛塔，說明是在那邊歡迎 佛陀的到來，就建了個迎佛塔作紀念。

然後就圍繞著 釋迦如來去到鹿野苑，鹿野苑裡面因為有時候下雨，修行人在那邊有蓋了一個遮雨之處，叫作雞園，讓雞也可以在那邊避雨休息，五比丘此時開始跟著 世尊住在那裡。然後 釋迦如來才為他們說法，把四聖諦三轉十二行法輪，憍陳如在初轉四聖諦法輪時得法眼淨，他是第一個成為初果人，其餘四個人在第二轉四行法輪時證得初果；當 世尊第三轉四行法輪時，大家都成為阿羅漢。當然，世尊前往鹿野苑的路上也有遇到在家人，佛陀因為他們與法有緣，就為他們說法。說法以後當然也有證得聲聞果，他們說要歸依佛，佛說：「不是，你們要歸依三寶，不是單單歸依佛。」由於當時還沒有佛門的僧寶，佛陀就說：「你們就先歸依未來僧寶，不久就會眞的有僧寶。」所以就來到鹿野苑度了這五個人。所以有僧寶之前，是先有在家人證聲聞果的，然後度了這五個人以後，才算有轉法輪成立聲聞僧團的事實。所以才說「**是名轉法輪，便有涅槃音**」。

可是度這五個人時，並不是一開始就爲他們說「**諸法寂滅相**」。因爲諸法寂滅相很難懂，對定性聲聞來說，以及對一般凡夫來說，諸法從來都不是寂滅相。不管哪一個法：十二處、十八界乃至輾轉所生諸法，沒有一法是寂滅相。想想看，諸位心中所知的一切法，當它在你心中生起了，是不是就有語言文字了？縱使沒有語言文字時，你心中也一樣會有那個法的作意存在，那就不是寂滅相了；因爲寂滅相就是涅槃相，是不生不滅而絕對寂靜，連一法也無。既然有那個作意在，就有心行在運作，絕對不是寂滅相；何況是世俗人所知的諸法，那都是有語言文字的；縱使不說那些法，就說六識自身好了，也都不寂滅，都在六塵中運轉；六塵的本身就不是寂滅相，六根也不是寂滅相，因爲已經是落在生滅裡面了，當然不寂滅。

有一句話說：「**生命誠可貴，愛情價更高。若爲自由故，兩者皆可拋。**」對吧？問題是，生命本身就是一個苦的本質，依於生命而有的一切法，也都不離苦苦、壞苦、行苦。哪一個人生來完全無苦的？都沒有啊！即使從母胎裡面咬著金湯匙出世的，或者例如《紅樓夢》裡面那個含著寶玉出世的賈寶玉好了，一生都沒有苦嗎？他苦惱死了！誰沒有苦？賈寶玉讓老太太疼得不得了，可是賈寶玉愛林黛玉，不愛薛寶釵，老太太偏要給他薛寶釵，所以他不得不去葬花、出家等，還是有苦楚的啊！那不然說皇帝好了，皇帝更苦，沒有安心的時候，所以生命的本身就是苦。那苦可能是寂滅相嗎？不可能嘛！苦的時候心是熱惱的，怎麼會寂滅？然而，這六根、六塵、六識乃至輾轉所生一切諸法確實是寂滅相，因爲這一切諸法都附屬在如來藏中，都只是在從來不生不滅、從來寂滅的如來藏中出現、運轉、過去，而如來藏仍然是寂滅的。當這些喧鬧的諸法附屬於寂滅的如來藏時，這些法就也是寂滅的了。

這眞的很難懂，但是眞悟的菩薩們隨　佛而證以後，卻都是這樣子現觀的。說一個譬喻好了，譬如一個密封而堅固不破的玻璃球，這個玻璃球裡面出生了一隻蚊子，玻璃球就因爲蚊子的活動而跟著蚊子滾來滾去，到處滾，然後碰到別的玻璃球又繼續碰到別的玻璃球，碰來碰去永無休止。那個玻璃球譬喻是如來藏，裡面的蚊子譬喻是五陰；例如你們現在擠在講堂裡聽我說法，大家膝蓋碰膝蓋，其實就是玻璃球碰玻璃球。然後幾十年過去，玻璃球裡面那隻蚊子終於死了，於是玻璃球不久又出生了另一隻蚊子，又繼續運作。就這樣子，那蚊子從來沒有離開過玻璃球外面，卻自以爲沒有玻璃球，誤以爲自己都是直接接觸外面的六塵。同樣的，諸位的五陰從來沒有離開過你的如來藏，不曾去到如來藏之外，你都住在自己的如來藏裡面。還沒有證悟的人也許說：「哪裡有？我看看，沒有啊！我看不到有如來藏啊！我是直接接觸到六塵境界的啊！」對不對？等到悟了就知道說：「唉呀！我本來就在如來藏裡面，不曾去到如來藏外面。」而如來藏是從本以來就寂滅的。

像這麼深的寂滅法，你想要對世人說「這五陰本來也是寂滅相」，能說給誰聽呢？眾生如何能夠理解呢？所以「諸法寂滅相」眞的「不可以言宣」。確實沒有辦法以語言文字把它宣示出來，得要眾生找到了如來藏而能夠現觀時才有辦法。但如來藏又是如此現成與平實，眾生很難信受或悟入；所以如來藏這個法不可以明講，明講了，眾生不信，大多會謗法。一定要先有次法的修習與實證，然後再給他參禪的過程和體驗，智慧才能出生，悟了以後才不會謗法、謗賢聖而下地獄。所以「諸法寂滅相，不可以言宣」，只好運用佛地所有方便善巧的智慧力量，把佛菩提之中可以讓人修學一世就證得的出離三界生死苦海的聲聞法，來爲五位比丘先作宣說，以後再漸漸引入大乘法中。

因此，憍陳如五比丘聽完　世尊三轉四聖諦十二行法輪之後，大家都斷盡了我執成爲阿羅漢。所以當時　釋迦牟尼如來在波羅奈國鹿野苑的雞園中，爲五比丘說法時就是第一次的轉法輪。從這時開始十幾年中，都在宣講出離三界生死之法，這就是初轉法輪，在這個初轉法輪時期都講二乘菩提解脫道。那麼鹿野苑仙人住處那個雞園中，爲五比丘說法就是最早的「轉法輪」；當憍陳如五比丘斷盡了我執，就告訴他們：「你們已經有能力滅盡自我而入無餘涅槃，因爲『我生已盡』而可以不受後有了，」並且告訴他們說：「涅槃是不生不滅、無生無死的境界。」這時候人間才算有了眞正涅槃的法音，以前外道們說的涅槃都是虛假不實的「涅槃音」。

釋迦如來演說眞正的涅槃之前，外道們也都說他們已證得涅槃，也都說自己是阿羅漢。可是他們的涅槃不是眞實涅槃，所以那時還沒有眞正的「涅槃音」，因爲他們說的涅槃都是虛假的。就好像整個城市裡面開了很多很多家的金店，大家都說他們賣的是黃金，但都是誤將黃銅當作黃金，大家都共同認定那是黃金，因爲他們都沒有找到眞的黃金；他們所能找到的就是黃銅，根據記錄比對起來似乎是一樣的，因爲打磨了以後也就亮晶晶的，也都是黃色的光芒。後來有人眞的挖到金礦了，拿出來說這才是黃金；從現在開始才有眞正黃金這個名稱，以前他們說的黃金全都是指稱假的黃金。就像這樣，所以 釋迦如來示現成佛之前的外道們都說他們有涅槃，卻都不是眞正的涅槃，因爲都是假的。

「**及以阿羅漢，法僧差別名。**」釋迦如來剛出家的時候示現如同凡夫，找到某甲大師求證涅槃，發覺他只是把初禪當作是涅槃境界。釋迦如來示現爲凡夫求道時，聽了外道說明涅槃如何證，坐下來一修習立刻就得了，原來這只是初禪，不是涅槃。就離開，又找第二個宣稱證得涅槃的外道。第二個人只是證得第二禪，是錯把二禪當涅槃。然後次第尋找外道求證涅槃，已經證得無所有處定了；到最後就是找到鬱頭藍弗，他的證量最高，但也不是涅槃，只是證得非想非非想定。釋迦如來也是聽完他說法以後坐下來，當時就證得非想非非想定，隨即知道這仍然不是眞正的涅槃。就這樣一一把外道所說的涅槃都具足經歷過之後，一一說明那都不是眞的涅槃。所以開始有眞正的「涅槃音」，是 釋迦如來初轉法輪爲五比丘說法之後，才算眞的有涅槃音，那時候也才算有了眞的阿羅漢，也才有正法與僧團。

釋迦如來弘法之前，外道們宣稱已證涅槃，個個自稱阿羅漢，都認爲自己就是人天應供；但是一一檢驗之後，發覺都沒有斷除我見，都還是凡夫；雖然有四禪、有四空定，都還是凡夫啊！所以他們所謂的涅槃之說都是假的，他們宣稱的證阿羅漢也是假的，因此那些阿羅漢的名稱都不算數。直到 釋迦如來初轉法輪之後，這五比丘成爲阿羅漢了，人間才算眞的有阿羅漢這個名稱，以前的阿羅漢名稱指的只是凡夫修行者。然後才說有 佛陀所傳授的法，因此有了法寶與僧寶，這五比丘便成爲僧寶了，所以這時法與僧才算是正式建立。雖然有了法寶，可是這時的法寶還只是二乘菩提法而已。因此在此之前，外道們自稱阿羅漢、自稱有涅槃，其實唯有其名而無其實，直到佛陀初轉法輪之後，才有「涅槃音」以及「阿羅漢」名和「法僧差別名」。

「從久遠劫來，讚示涅槃法，生死苦永盡，我常如是說。」然而 釋迦如來是現在才成佛嗎？是在這個地球上的現在來示現才成佛？其實不是現在才成佛，而是在娑婆世界的這一個地球的這一段時間，額外再來示現成佛。當這個地方示現完了，又換另一個星球，仍然在娑婆世界中，換另一個星球示現降生、修道、成佛、轉法輪，那是不是那個時候才成佛的呢？顯然不是。因爲娑婆世界中有百億四天下，要在這一百億個小小世界中，一一爲眾生示現成佛，到底是該以在哪一個星球成佛的時間來說祂是成佛呢？都講不通啊！所以不能光看表相，把自己的眼界侷限在這一個小小的地球裡面，因爲這個小小的地球不等於整個娑婆世界。

在娑婆世界中有一百億個這樣的小世界，讓眾生在其間過著五濁惡世的生活。所以，將來如果你捨報的時候，釋迦如來說：「來來來！某甲！你這個弟子啊！可以去獨當一面了，我派你到某某星球去。」你如果今天沒有建立這個觀念，到時候說：「世尊！您老人家爲什麼派我去一個陌生的地方？」其實不陌生啦！在娑婆世界中，有時生在這個星球，有時在那個星球，這樣輪轉來來去去，都是你的故鄉啦！哪裡會陌生？是因爲你忘了過去世，所以覺得陌生。這個娑婆世界有一百億個小世界，你什麼地方沒去過？所以如果派你去，你就說：「好啊！謝謝世尊提拔。」就往生過去了嘛！

雖然去了以後很辛苦，篳路藍縷，但是不會讓你空手而去，一定給你一堆法寶帶去。就像軍陣，要派遣大將上場，一定要給他足夠用的兵力與武器。就像《封神榜》裡面說的一樣，即將要派弟子下山去幹什麼事情時，就給他一個法寶。所以當你被 世尊點了名要去某個星球辦大事，那是你的光采、你的榮幸，你就去啊！比較幸福的就是跟著 佛陀，一個星球又一個星球都跟著祂：去到另一個星球又重新示現爲凡夫，然後聞 佛說法又成爲阿羅漢，然後又成爲菩薩，常常都在聞法而有法樂無窮；但是成佛會比較慢一點，因爲日子輕鬆，福德修集就慢了。所以利弊得失存乎一心，就看你怎麼想。

因此說，釋迦牟尼如來在我們這一個地球示現成佛，是二千五百多年前；可是祂的化區是整個娑婆世界，這是一個三千大千世界，裡面有一百億個小世界，那你要挑選祂在哪一個小世界裡面的成佛，來算是祂成佛的時候呢？你很難挑吧！所以不能只看這一個地球世間，否則便不足以成就菩薩的廣大心量。這樣瞭解以後，諸位想一想，一天到晚把佛教侷限在地球上這個人間，還不許這裡的四王天等等諸天有佛教；你說他心量大不大？太小了吧！因爲即使是這個地球所處的世界，也都還有四王天等等諸天。但是把欲界六天及色界四天的天界包括進來，都已經覺得太小了，釋印順竟然只要小小的地球，說只許地球上有佛教而四王天以上都沒有，心量這麼小，那你說他有資格當菩薩嗎？沒有心量這樣小的證悟菩薩啦！所以像他那樣的菩薩，只能叫作凡夫異生性具足的假名菩薩，因為他還沒有開過眼界。沒有開過眼界，懂嗎？就是眼光如豆；他張開眼睛所看見的，就像一顆豆那麼短的距離。一顆豆，什麼豆最大？四季豆或蠶豆好了，就這麼長好了，他只看到這裡，眼光只有這樣。難可與語啊！當你把眞實的景況告訴他的時候，他會罵你說：「那個神話，你也相信呵！」你要怎麼跟他說？所以，其實 釋迦佛「從久遠劫來」，就已經在「讚示涅槃法」；「生死苦永盡」，二種變易生死之苦，在久遠劫以前早就永遠斷盡了。

釋迦如來說：「我常如是說。」意思就是說，不是只有在這個地球世界才這麼講，在每一個世界次第示現的時候，都是這麼講的。諸位聽到這裡，心量應該放大了吧！所以，來到正覺同修會不是說「明心就參禪事畢」了，不是這樣的；因為即使眞的開悟明心了，參禪也還沒有完畢。所謂「涅槃心易曉，差別智難明」，同樣是一個明心的開悟，為什麼有的人所有公案都懂？

有的人對公案卻只懂得那麼幾則，遇到其他的大部分都不懂？所以眞實如來的心量，諸地菩薩是無法臆測的，何況是凡夫，要如何臆測諸佛如來的心量呢？但是世間法說將心比心、同理心，那是好事啊！可是如果把這句話拿到佛法中來可就壞事了，因爲不能用己心比如來心。莫說己心，如果說初地菩薩以己心比二地菩薩心，那就差很遠了，那就有過失了，就會妄想說：「**我是這樣，那二地菩薩應該跟我一樣啦！差不多啦！**」其實差很多呵！哪裡差不多？

所以眞的叫作佛法「**與俗相背**」，跟世間人所知所說的都不一樣。如果有人所說的佛法跟世間凡夫說的都一樣，同樣都是意識或識陰的境界，你就知道他說的都不是佛法，都是世間法。那種世間法範圍中的所謂佛法，諸位都聽多了、聽膩了，才會來正覺同修會，不然你們來這裡幹嘛？如果我們這裡的說法也跟他們一樣，你們就不用來學了，繼續留在原來那邊就好，人家道場更大，師父名氣也更大。然而你們想要的就是要跟他們不一樣的，因爲佛法「**與俗相背**」，跟俗人所想、所說的都不相同，才是眞正的佛法。

既然如此，在世間法或世間化的假佛法中說「同理心」，你就拿來用說：

「我所知道的是這樣，你蕭老師應該要跟我一樣；咱們要有同理心，因為我是這樣，你就應該也是這樣。」那如果我蕭老師也學著說：「我就是這樣，佛陀當然要跟我一樣，因為大家都要有同理心啊！」可是這個「理」絕對不能拿來套到佛法那個「理」上面，因為佛法的理不可思議、背於俗說，跟世俗凡夫的想法說法都是相背離的，所以這時不能將心比心，否則去跟世俗人學解脫、學佛法就好了，何必來佛教中修學？

對世間人，你可以將心比心；他不喜歡的，你不要給他，都是可以。可是，佛法的修學絕對不能將心比心說：「唉呀！我明心了，我今天跟我的老師證量完全一樣了。」你如果覺得一樣，那你去考考你的老師，你去考考看，然後讓他反過來考你，一定是一考就倒。你考他不倒，他可以把你考倒，怎麼會一樣？所以眞的不能將心比心。這個道理的意思就是說：不要把自己的眼光侷限在這個小小地球上面，總以為就是如此而已；因為 釋迦如來成佛以來，不是地球上面示現的二千五百年前這一次，很多劫以來已經示現很多次了，因此「從久遠劫來，讚示涅槃法，生死苦永盡，我常如是說。」這眞的是如實語啊！

經文：【舍利弗當知！我見佛子等，志求佛道者，無量千萬億，咸以恭敬心，皆來至佛所；曾從諸佛聞，方便所說法。我即作是念：如來所以出，爲說佛慧故，今正是其時。舍利弗當知：鈍根小智人、著相憍慢者，不能信是法；今我喜無畏，於諸菩薩中，正直捨方便，但說無上道。菩薩聞是法，疑網皆已除；千二百羅漢，悉亦當作佛。如三世諸佛，說法之儀式，我今亦如是，說無分別法。】

語譯：【舍利弗啊！你們應當知道：我看見了佛弟子等，至心求證佛菩提道的人，有無量無數千萬億人，所有人以恭敬之心，全部來到了佛陀面前；他們都曾經隨從過去諸佛，聽聞過諸佛以種種方便所說的法義。我隨即生起了這樣的想法：如來之所以要出現在人間，是爲了要演說諸佛智慧的緣故，而我如今正是宣說諸佛智慧的時候了。

舍利弗！你們應當要知道：根器遲鈍而智慧狹窄的人，都是執著於表相、心中自憍而誑慢的人，他們不可能信受這樣深妙廣大的佛法；如今我釋迦文佛歡喜而無所畏懼，於諸菩薩大眾之中，將以正直之心而捨棄了方便說，只說無上第一的佛菩提道。

眞實義的菩薩聽聞了我所說的這樣的法，心中曾經懷疑的種種邪見也全部都已經斷除了；而這一千二百位阿羅漢們，也全部都會在將來作佛。

猶如三世無量的諸佛，說法的法式和儀則，我如今也像是這樣，直接爲大眾宣說無分別的妙法。

講義：「舍利弗當知！我見佛子等，志求佛道者，無量千萬億，咸以恭敬心，皆來至佛所；曾從諸佛聞，方便所說法。」這一段重頌裡面有些經文，是以前善知識們常常援用的，只是他們大多解釋錯了。釋迦如來開示說：「舍利弗！你們應當要知道，我看見了佛弟子等眾人，不是專爲求證二乘菩提，而是專爲求證佛菩提妙道的人，這些人的數目是無量而難以計算的，概數而說大概有千萬億人；全都是以恭敬心，所有人都來到我釋迦如來的所在；」有的人讀了這幾句就會說：「唉！這眞是神話。你想想，那靈鷲山才多麼大，那祇園精舍才多麼大，怎麼可能有千萬人？何況還說是千萬億？」問題是，諸佛說法時只有人類來聽法嗎？這又是「將心比心」的問題了，他們總是用自己心量所知的來比度諸佛。

如果都像他們想的那樣，譬如以「印順佛」來說，他的徒弟們都是沒有斷我見的人，而他自己也沒有能力為徒弟們授記說：「這位釋某某未來什麼時候將會成佛，又那位釋某某將會在未來什麼時候成佛。」他絲毫都沒有辦法授記。如果要將心比心的話，那麼未來佛就應該跟現在的「印順佛」一樣沒有能夠為人授記的功德了。可是佛法中顯然不是這樣，凡是他們將心比心而比不通的時候，就否定說：「那是神話。」一句「神話」就全部解決了。可是他們解決不了的地方——法，不論是解脫道的法、佛菩提道的法，他們解決不了時，其實無法用一句「神話」就推卸掉。諸佛轉法輪圓滿時，授記大眾將來多久以後會成佛等等，他們縱使可以輕蔑地推為神話，但問題是經中所說的三乘菩提法義，他們總不能再推卸為神話了吧？而這一些法義是可以現前親證，並且可以有好多人再三地親證，然後互相來檢驗，互相來證明。這一點他也作不到啊！所以在佛法的實證中，將心比心是會有問題的。

因此，以後如果遇到會外有人再告訴你說：「唉呀！我們要將心比心啦！」你就告訴他說：「那是世間法，佛法實證的現量中不許用世間凡夫的心境將心比心。」你這麼一說，他或者好奇，或者不服氣，接著就想要跟你再談了。那你就跟他聊，聊上半天、一天不夠，就聊到晚上抵足而眠繼續講，也沒關係，或許就能眞的度了他。這樣看來，這時的將心比心四個字也是佛法了？是喔！當然也是佛法啊！這樣看來，如來說「**一切法是佛法**」有沒有道理？有嘛！因爲你只要貫通了，任何一個法都通到佛法來不能外於佛法。只有不通的人，老是落入現象界而無法同時觀照實相法界，才會說：「**世間法是世間法，佛法是佛法。**」

那麼 佛陀說法時的聽法眾，那是蔽塞於虛空，層層沓沓，大力有福鬼神及諸天等，大家都想要來聽。因爲從那一些大鬼王們來說，他們如果遇到了 佛陀，功德增上，那可眞是不得了，當然都要聽 佛陀說法。若是諸天，從他們的境界來看人間 佛陀出現的時候，他們的感覺是才不過一、二天，佛陀就會過去了，所以他們一定要好好把握機會的，只要 佛陀有空閒，他們就趕快來請法，何況是 佛陀公開說法的時候。諸位想想：釋迦如來三十六歲成佛，八十幾歲入涅槃；忉利天一天等於人間一百年，釋迦如來在人間成佛跟入涅槃，在他們那邊看來只有不到一天的時間，世尊成佛轉法輪的過程就全部過去了，你說他們該不該把握？當然要好好把握了。所以諸天只要知道如來要說法了，大家一窩蜂就趕來聽了，還能空過啊？因爲下一尊如來彌勒尊佛在人間成佛說法，那又是幾億或幾千萬年後的事了，當然諸天都要把握啊！在這樣的情況下，釋迦如來說法會只有那麼一些人在聽嗎？當然那時的靈鷲山是層層沓沓，人數難以計算的。只有世間人才會只從人間的表相來看事情。

所以，看見娑婆世界中的佛子等四眾，志求佛道的人有無量千萬億，懂得追求佛菩提道的人一定是以恭敬心來求，因爲這不是二乘小法，而是可以使人成佛的大法。那麼大家來到 佛的所在的時候；這一些人有的是人類，有的是正在天界的菩薩們，他們過去世就跟著 佛陀行菩薩道而一路走過來，佛陀還在因地時，他們就已經當 佛陀的弟子了，就這樣子跟隨過來。其中有的人則是過去世曾在諸佛座下，經歷一尊佛又一尊佛而奉事供養，這樣修學過來的，所以這一些人「曾從諸佛聞，方便所說法」。

「我即作是念：如來所以出，爲說佛慧故，今正是其時。」既然有很多而且是大多數的佛弟子，不論是從鬼神道來的，或者從天道來的，以前聽過諸佛方便施設所說的種種法，當然不會只樂於二乘小法；因爲他們都知道有佛菩提道，以前也都曾經學過、修過；甚至於其中有的都已經證悟，有的甚至於入地了，他們這時來人間聽 佛陀說法。如來看到這個情形，所以這樣子想：諸佛如來之所以出現在人間，就是爲了向眾生宣說佛地智慧的緣故，如今這一些曾經隨從諸佛，曾經聽聞諸佛方便所說佛菩提道的佛弟子們來到這裡了，世尊當然要爲這一些菩薩們宣說佛地智慧的境界。所以看到這一些無量千萬億的菩薩們都在這裡，而《無量義經》講完了，他們都還不想離開，當然現在正是開始宣揚佛菩提道精義而解說唯一佛乘的時候了。

接著還是要把前提再說一下，就說：「舍利弗當知：鈍根小智人、著相憍慢者，不能信是法；今我喜無畏，於諸菩薩中，正直捨方便，但說無上道。」也就是說：「舍利弗啊！你們應當要知道，根器遲鈍、智慧狹小而不深廣的人，他們的所知所見是非常狹窄的；這樣的人當然會執著於表相，於是心中就生起了憍慢。」且不說那個時候，就說末法時代的現在好了。在十幾年前（編案：此是二〇〇九年十二月二十二日所說），那時現代禪剛開始弘揚，對不對？那時候我還沒有破參，我才剛學佛。記得我那時候也跑到光復南路一個居士的店裡，他有一個什麼園？好像叫作菩提園或是什麼園？喔！是復興南路，你說的對！我也去買了李老師一些錄音帶回來聽。

那時候佛教界罵他，簡直是罵翻了，有沒有？「哼！一個居士竟然敢說他證道了。」當時台灣佛教界罵翻了。可是，若不是他出來說大家都可以證道，佛教界有誰敢企圖要親證佛法呢？有沒有人？沒有啦！大家如果說要親證（那時候還沒有人出來宣講佛菩提道，那時候都是講解脫道，把解脫道當作是佛菩提道），誰要是敢說他可以證果，大家都會另眼相看：「佛門異類！」都是這樣啊！總是罵說：「非我族類，那一定是外道。」所以，很多人把李老師扣個帽子，叫他是一貫道；很多法師們都罵他是一貫道，不承認他的現代禪是佛教。還記得嗎？這是眞實的故事。因爲他已經過去了，所以叫作故事，但它是眞實的、曾經發生過的事。

那時我看到一本書，書名是《與現代人論現代禪》，我就想：「李老師的書本封面最底下說，要於未到地定得自在的人才能開悟。」如果有人都沒有基本定力，連看話頭的功夫都沒有，而能夠說他眞的開悟了，我不相信；所以看到李老師的書本封面這麼說，我覺得這個有道理，就買了二本送給法師。不得了！我就被聖嚴法師召見，就被他點油作記號，當眾暗示說我去跟李老師學法了。唉呀！天哉！枉也！我到現在都還沒有跟他見過面，也不曾通過電話，那時卻被扣上帽子了。

那你們想，那時李老師不是被佛教界罵翻了嗎：「好大膽！李元松竟然敢說他已證阿羅漢果！」對不對？好了，問題來了，當年罵他的法師們，是不是都只看表相？是啊！那時候佛門最流行的話就是：「居士們是不可能證果的。」鳳山寺那群學密的法師們當時上課也曾經幾度輕蔑地說：「你們居士們都是一壺永遠燒不開的水。」那時候，這幾句話是很流行的。那表示他們心裡都是著相的，對不對？他們私下裡的口頭禪是：「在家人懂什麼？」都是著相嘛！由於著相，所以他們的所說遠不如李元松老師，眞的相差很遠。你們看，現在這一些大山頭法師說的，把李老師當年說的東西拿來比較，有誰能跟得上他？都還跟不上，但是他們個個都覺得自己很厲害，其實只是因爲著相的緣故，生起了憍慢心。

他們都不服李老師，所以後來就換我上場了。我上場以後，也有一位大法師就當面否定：「這個不算是開悟，不過他的無相念佛，你們大家可以學一學。」意思是說，我這個證如來藏不可能是開悟，說我只是有一點功夫而已。這句話是當著我的面、當著大眾的面前公開講的，然後開會完了，我在回家的路上想著：「奇怪！如果同樣是證悟的話，佛佛道同，應該所悟都是同樣的法；既是同樣的法，否定了對方就等於否定自己，他怎麼會否定自己呢？那麼他所悟的法跟我一定不一樣。」所以回到家就先拿了他的書，一本又一本，我一目兩行，不到三個鐘頭，把他的四本書讀完了，然後恍然大悟（不是又開悟啦！是終於知道他沒有悟）。這就是大法師們啊！

這表示說，那樣的大法師們根器其實是遲鈍的，智慧是狹窄的，而且是膚淺的，所以他看表相說：「這蕭平實是我的徒弟。」不想人家往昔修道幾劫過去了，只看這一世的表相：「這蕭平實學佛才不過五、六年」。如果他能夠看遠一點，如果能夠看見九百多年前，那時他是我的師兄——一個悟不了而且疑心病很重的師兄。當年我想要幫他開悟，因為他不相信真的可以開悟；當我想要幫他的時候，準備給他一個機鋒，把手剛剛抬起來，坐在我對面的 克勤大師手刀就直接砍了下來：「還早咧！」這樣說明了，諸位知道 克勤祖師像那個手刀的雕刻緣起了吧？所以當時，我才剛剛舉起手來，馬上又收回來，因為被砍了。

這個手刀，我這一世也曾經砍過一次。有一次，他座下有個法師，除夕的前一天，由張老師陪同來到我家，說是要求法。但是在我家三樓佛堂中講了老半天，原來他不是求法，是勸我不要印行《念佛三昧修學次第》，因爲我在裡面說：「**虛空粉碎不是開悟，大地落沉不是開悟。**」偏偏那是大法師講的開悟境界。然後他又說：「**你們說多久多久就可以明心又可以見性，我不相信這個啦！如果修學三十年後可以明心，我就很高興了。**」我當時舉起手刀砍下來說：「**好！你就三十年後明心。**」這樣好不好？（有人說：不好。）爲什麼不好？三十年後可以明心，有什麼不好？大師們少小出家至今幾十年都還悟不了呢！然後又講了一堆話，張老師也是老婆，她就準備要耍機鋒了；我看見她的手才一動，就知道她要幹什麼，立刻砍了手刀就說：「**還早咧！**」還是那三個字，所以眞是有傳承的。這意思是什麼？是說，當他根器還不夠大，智慧還狹窄、還膚淺的時候，這種深妙法一定沒有辦法信受，不該幫他悟入。

所以他們都是只看表相的，只看表相的時候就會有憍慢心。他們不知道菩薩的身分是一世又一世、一劫又一劫延續下來的；但是菩薩有時在天上，有時在人間，不一定，所以有時出家、有時在家；但他們不曉得，只看這一世，不能看到過去的無量世，所以我們說他們「眼光如豆」，只能看這麼遠，對不對？以四季豆來講，最遠就是這樣而已，四季豆有這麼長的嗎？即使連著豆莢來說，也是很短啊！就算很長的那一種，最多也不過一個手臂長。當他們都只看一世時，就叫作目光如豆；只能看一世的人、只想到這一世的人，根性當然是遲鈍的，智慧一定是不夠大。

但是這一種人，你可以教育他們，讓他們的心量越來越大，讓他們的眼光越來越遠，透過鍛鍊可以幫助他們，所以現在有一些人開始認同佛菩提道了。我們剛出來弘法時，他們最難過的就是無法破斥正覺的法；因爲以前佛教界所有人在諍論的時候，都是在解脫道法義上面論爭，都不出於解脫道的範圍；而解脫道法義的範圍就只有這麼一點點，他們就在那個小範圍裡面互相論爭。然而我們弘法以後，說的是佛菩提道，講的是明心、是眼見佛性、是種智，是講第八識如來藏而不是離念靈知意識；而他們所說的都是在意識境界裡面，不外於識陰。他們講的證果都是從初果到四果，我們講的證果則是十信、十住、十行到等覺、妙覺；我們講的完全是在他們所知的範圍之外，他們想要論爭也無從論爭；因爲他們所知的我們都知道，我們所知的他們完全不知，所以就沒有辦法對話，何況是破斥我們呢。

以前常常有人告訴我：「老師啊！有人罵你說：你沒有辦法跟佛教界對話。現在又有人罵你這一句。」我說：「他們罵的本來就是事實啊！」他們講的眞是事實啊！雙方完全不對等，怎能對話呢！所以我眞的沒有辦法跟他們對話，那我接見他們幹什麼？就免見了！這一些人是無法信受佛菩提道的，這樣深廣長遠勝妙究竟了義之法，無法讓他們相信，何況讓他們理解。因爲他們都只看表相，他們看的是：「釋迦如來還不是跟我們一樣有一個頭、兩個眼睛、一個鼻子，還不是一樣要托缽吃飯？」他們看的是這樣。可是問題來了，釋迦如來可以不必來人間，祂連天界都可以不必去，隨時可以出離於三界之外，不必存在三界中，可是爲什麼祂要來人間？他們都不探求這個道理，只看表相說：「唉呀！祂跟我們一樣嘛！也是凡夫肉胎嘛！然後也會老、也會死嘛！祂有什麼了不起！」看表相時就會這樣，卻都不知道 如來的功德與智慧，所以他們「不能信是法」。

今天從第七行開始講：「今我喜無畏，於諸菩薩中，正直捨方便，但說無上道。」這四句裡面的後二句，以前常常有人援引出來用；但他們解釋的意思到底對不對，就有商榷餘地；因爲他們說的是：「只要直接地、直心地修行，不要在世間法上用心，就是無上道，就是正直捨方便。」可是問題來了，如果學佛法時只是直心，但一向都是落在意識裡面，那樣的修行能夠說是正直修行嗎？因爲那樣的修行永遠會與意識相應，與意識相應的時候，其實沒有辦法永遠正直，而是有時候可以正直，多數時候都不正直，總是要考慮自身的利害得失。假使說那件事情跟自己沒有利害關係，意識心是可以正直啊！可是那件事情的相對雙方之中，有一方是我的父母親、我的師長、我的子女、我的徒弟，那我就要維護到底了，這時候講話就言不由衷了。結果這個正直，原來是有時正直，有時不正直。

至於「捨方便」，大師們更是不懂了。落在意識裡面當然會有很多方便法，明明法說錯了，也會運用各種方便把它強講到對，這就是意識覺知心的特性。像這樣的修行，老是以意識爲中心而教導大家要放下，當對方的高堂往生時就勸他：「你要放下啦！人必有死，一切人都不能免啦！所以你只要放下，就沒有痛苦了，這樣就是修行啊！」如果這樣就是方便修行，這到底是有上道還是無上道？諸位都說是有上道，因爲其實這個叫作世間道。如果佛法是這樣的話，那跟世間老人家的看法可就一樣了，世間老人家也會這樣講，那佛法就等於世間法了，大家又何必辛苦學佛呢？學佛時的方便善巧都不懂，至於這句「正直捨方便」可就更不懂了，因爲這裡說的「方便」，不是指修道上的方便善巧。

所以，眞正實證了佛法的人，會像 世尊說的「今我喜無畏」，在一切大眾之中心無所畏，歡喜無盡，也就是一般佛門中大眾常常掛在嘴上的「法喜充滿」。菩薩爲什麼能這樣？是因爲三乘菩提無一不證，所以不論在什麼樣的場合，不管誰要說什麼樣的佛法都可以跟他談；是因爲法喜眞的充滿了，滿到會噴出來給大家分享，這才是證量高深的實義菩薩。如果只是在自己家裡關起門來，對著不懂佛法的老爸、老媽、子女可以滔滔不絕，可是到了戶限之外——踏出了戶限——就不敢講了。或者說，在自己道場中可以滔滔不絕，可是到了外面道場就不敢講了，這樣的話就不是歡喜而無畏。

諸位應該永遠都是歡喜無量，全無所畏。在三乘菩提中只要有一乘不通，心中便有恐懼，有恐懼就不敢與人論法。在正覺同修會這一塊金字招牌還沒有擦亮以前，那時候好多道場大師或學人們，大家都是「喜無畏」，個個說起法來口沫橫飛。可是到了晚近這幾年，他們不再口沫橫飛了，他們變成兩個極端：第一種是用邪見大水來沖我們，另一個是連一滴口水都不敢噴出來。用大水來沖是因爲他們要掙扎圖存，不然就被正法的威德氣勢掩蓋了，徒眾不免要跑光了，那時可怎麼辦？那是道場生存的大計，我們應該要體諒他們，所以他們想要怎麼沖就讓他們去沖，好在咱們的金鐘罩、鐵布衫，不怕他們沖。另外一種是以前大話連篇，現在全都閉嘴不言。因爲以前不論他怎麼講，沒有人能知道他講錯；可是現在只要稍微講一下，正覺裡面的那些金毛獅子太多了，這個上來講出他錯在什麼地方，爲什麼錯；那個也上來講說他另一個地方又錯了，原因又是什麼；結果一張老臉沒地方掛啊！越講就會越沒面子，乾脆閉嘴不說了。因此問題就來了，就說他以前那一種「喜無畏」的心情已經不見了。那表示說，他們原來的「喜無畏」是相對性的，不是絕對性的。

然而佛弟子們隨從諸佛修學而實證以後，那個「喜無畏」都是絕對性的，不是相對性的。即使是下地菩薩遇見了上地菩薩，一樣是「喜無畏」，因爲上地菩薩只會作指導，不會嘲笑他說：「你爲什麼現在才到初地？你爲何這麼笨！」上地菩薩都不會這樣。所以下地菩薩明知上地菩薩會怎麼樣對待自己，只有會得到好處而不會被譏嘲，當然也是「喜無畏」。所以假使被推了上台，講了一座法以後，說句：「抱歉！請上地菩薩上來評論一下、指正一下。」也是可以在評論的過程之中，自己得到了被評論的利益。所以實證的菩薩永遠是「喜無畏」的，那麼到達了佛地便是究竟，這個「喜無畏」不可能再增長了，因爲已經到了究竟地步了。

世尊爲何說自己「喜無畏」而「於諸菩薩中」，即將「正直捨方便，但說無上道」呢？是因爲二乘菩提只是方便法，是爲了攝受大眾先證解脫而有了大信心以後，才好引入大乘法中實修實證，然後次第進修而得入地。如今佛法即將圓滿而收攝在妙眞如心中來講《妙法蓮華經》了，當然是要捨棄方便道的二乘菩提，直接來演說十方三世一切佛教其實就是唯一佛乘了。所以說，諸佛一樣是「於諸菩薩中」，永遠是在最後正式以正直之法捨離了種種方便，純說無上佛菩提道。

二乘聖人遇到了菩薩不敢開口，因爲他不能知己知彼。然而菩薩遇見了二乘聖人，可都是知己知彼的。如果是「知己知彼」，下面緊接著哪四個字？喔！對了！就是「百戰百勝」。雖然菩薩沒有爭勝之心，但是大家都知道；因爲內行人看門道，外行人可以看熱鬧，單從熱鬧上來看，也就知道二乘聖人的智慧都是無法與菩薩對抗的，所以大眾只看到二乘聖人在菩薩面前畏畏縮縮不敢論法。雖然一般人對菩薩所說的法都聽不懂，可是看見二乘聖人只有聽的分，沒有開口的膽子，給他們機會也不敢開口，從這個表相一看，大家就知道智慧高下了。菩薩能夠如此，因此在二乘聖人之前都還是可以口若懸河滔滔不絕，而他們只能靜靜地聽，只能請問而不能質疑。這樣一來，菩薩於大眾中當然心無所畏。

可是菩薩的所知畢竟還是有限，得要到達佛地才能究竟圓滿。所以，釋迦如來當然是「**喜無畏**」，不必在二乘聖人當中才說「**正直捨方便**，但說無上道」，而是「**於諸菩薩中**」說。只有針對凡夫們，才需要爲他們講人乘、天乘，只有遇到與聲聞法有緣的眾生才會跟他們講聲聞乘、緣覺乘，可是如果遇到了菩薩種姓時，就是純粹演說大乘。大乘的法就是正而直，不偏也不倚，而且無諸委曲，永遠都是正直的。所以，在正覺同修會裡面有人會被罵一句話說：「你不是悟了嗎？怎麼沒有轉依如來藏呢？」這就罵了，對吧？有的人會被這樣責備，是爲了什麼？是因爲他還在三賢位中，有時候心中有一點彎曲。那如來藏向來都是直來直往的，一點點彎曲都不曾有，向來直心行事，無始劫前到現在都是如此；可以預記的是，從現在到無量劫以後仍將如此，這就是正直。而這樣的法是不可扭曲、不可被改變的，所以是正直法。

釋迦世尊歡喜無畏，「於諸菩薩中」單說唯一佛乘這樣的正直法，捨棄二乘菩提等方便法。方便法就是人乘、天乘二個，再加上聲聞、緣覺乘，總共四乘；如果加上佛菩提道，就是五乘具足了。可是不論人乘或天乘，也不論聲聞或緣覺乘，畢竟都只是方便道。因爲諸佛那麼辛苦來一趟人間，目的是要度諸菩薩；只因爲眾生實證佛菩提的根機還沒有成熟，所以先爲大家演說人乘、天乘；當大家聽得進去了，再來演說聲聞、緣覺乘，這些都是方便道，目的是要引諸弟子轉入菩薩道中。所以四阿含諸經中，你們常常會讀到幾句話說：「世尊爲外道們說法，所謂施論、戒論、生天之論。」這就是人天乘，說要布施、持戒等，就是演說施論、戒論，講的是布施、持戒的因果道理，說的是布施、持戒內容的論議，把那二個法的道理講清楚。眾生如果聽得進去，表示已有人乘的根性；接著再爲他說生天之論，那就是持了五戒要怎麼樣修行可以出生於欲界六天中？就是要加修十善；怎麼樣可以生於色界十八天呢？要修禪定；如何才可以生在無色界四天？要修四空定。這些道理就叫作「生天之論」。如果這個也能聽得進去，接著就有幾句話要留意了，是說聞法者心地猶如白氎，易爲染色。說那個人的心已經清淨了，聽到「施論、戒論、生天之論」，他完全信受之後心改變清淨了，好像一張羊毛織品織得很細緻，也已經拍洗白淨了，接著你要怎麼樣塗染美麗莊嚴的色彩，都由著你來塗染，這一大張的很細膩的毛布料就叫作「白氎」，說它「易爲染色」，容易被你把它染上美麗莊嚴的色彩。這時　世尊就接著爲他講「欲爲不淨」，就是準備要講聲聞法之前，教導觀察欲界法的不清淨，勸他離開欲界境界。

然後再講「上漏爲患」或是「有漏爲患」，是說生在色界天中一樣有災患，因爲只要落在五陰裡面就是三界有、都是有漏法，雖然不像欲界漏的層次那麼低而且不淨，所以名爲「上漏」，但仍有五陰就會爲患於未來無量世。

如果對方聽懂而且接受了，再勸他說：「出要爲上。」就是說，證得四空定而出生於無色界中的時候，依然不能脫離於三界生死，還在輪迴之中；假使對方聽懂也接受了，最後才爲他演說四聖諦，這時就得三轉十二行法輪，幫助對方證得聲聞法中的法眼淨，證得初果，這就是方便道，仍與唯一佛乘的正直法無關。對方成爲羅漢以後還得要再跟他宣講因緣法，他聽完了智慧又增加了一些，但畢竟只能成爲緣覺。這些都是方便道，因爲還不明白法界的實相，他就永遠進不了佛門。二乘法門不是眞正的佛門，那是從佛門中分析出來，爲了令急求解脫生死的人可以實證而當生解脫，對佛及法生起了大信心，所以這也是方便道。

因此，如果是遇到菩薩根性的人，那就是純說「正直」法，捨棄「方便道」，就直接用唯一佛乘的佛菩提道來開示，這就是「但說無上道」。那麼，這個「但說無上道」，有沒有可能在初轉法輪的時期都不曾提起？有沒有可能？諸位想想看有沒有可能？有沒有可能？不可能都沒提起過呵！對嘛！因爲 佛陀降生人間示現成佛的時候，一定有很多菩薩往世都已經證道了，所以現在已經是諸地、等覺、妙覺；那麼，佛陀私下爲這一些菩薩說法的時候，因爲不是公開場合所說，當然不講方便道。菩薩早在過去很多劫以來悟過了，只是因爲願力的關係，跟著 佛陀來這個世間受生示現而已。他們是跟著 佛陀來度誰？來度咱們這些人。

我們都是預定要被度的人，那些菩薩們可不是這一回要被度的，是跟著佛陀來成就一場偉大的佛事。那什麼人是被度的主要對象？就是一千二百位大阿羅漢，因爲減掉其中的五十位定性聲聞。那一千二百位大阿羅漢，其實往世大部分是菩薩，只是證悟圓滿的時間要到這個時候才成熟。那意外度得的另外五十位大阿羅漢，都要叫作撿來的；是無意中撿到的，不是 佛來人間示現時刻意要度他們的。所以在初轉法輪時期，菩薩們私底下追隨在 佛陀身邊，佛陀當然就會跟他們講一些無上道。這不但是佛教中的歷史事實，而且也是必然的，只是不容易找到文獻的記錄而已。因爲菩薩們對那一些事相上的事情都不看重，對事相上的事情都是輕忽的，只在法義上面加以重視，所以不會把這類事相記錄下來。世尊不可能在初轉法輪時期，對於跟在身邊的菩薩們一樣只講方便道，這個事情以前都沒有人講過，而我們必須要把它提出來講，因爲這才是眞正的佛教歷史，只是沒有被寫成文字而已。

「菩薩聞是法，疑網皆已除；千二百羅漢，悉亦當作佛。」那麼，世尊說完了這些話以後就說：「菩薩們聽我釋迦如來所說的無上菩提道勝妙大法之後，以前心中的一切疑惑猶如被羅網所纏裹一樣，如今都已經全部除掉了；」這也就是說，菩薩們跟著 佛陀一起來到這個地球世間，並不是一個偶然。依照印順長老的說法，他私心裡面的想法，他寫書而在字裡行間要顯示給大家知道的意思，就是：釋迦如來在人間成佛只是一個偶然，沒有過去諸佛，也不一定有未來諸佛，未來先成佛的人也未必是 彌勒菩薩；人類的成佛只是一個偶然，所以佛一旦成佛以後入滅了，那就是灰飛煙滅。這就是他要傳達給大家接受的意思，然而這樣的說法其實是誤會佛菩提，也是誤會大乘三寶的邪說，因爲不論從實際理地或者佛道的修行內容，或是從諸佛的所證來說，都不可能是如此。

所以，初轉法輪時期是不公開宣講大乘法的，但是從往昔一直配合 世尊弘法，不斷追隨在 世尊身邊的菩薩們，私底下卻常常會聽聞 世尊演說無上道。這就好像說，有一些法義，我一定只會在適合的場所說；有一些法義，時間還沒有到，我一定不講。可是不曾公開講，並不代表我沒有講過，因爲私底下我已經講過了。所以有些法不能公開講，有些法可以關起門來半公開講，而有些法是絕對不能過耳，「不過耳」是爲了避免「過嘴」。所以有一些法是只能私底下說的，因爲公開解說的場合還沒有出現。同樣的道理，菩薩追隨 世尊前來這裡的人間，在初轉法輪時期就跟在 佛陀身邊，當然有疑問時一定會提出來問。問了以後 佛陀總不能夠說：「**還沒有到二轉法輪時期，不回答。**」不可能這樣啊！一定會爲他們開示。菩薩們聽了這樣的法，當然「**疑網皆已除**」。

然後到了第二轉法輪時期，要開講大乘法了，當然就是講了《大般若經》等法；第三轉法輪時就得講一切種智妙法，大家才能依序前進而實證一切種智，最後要把佛法收攝圓滿了，當然就得講《無量義經》，以一法含攝一切法。《無量義經》講完，馬上就接著講《妙法蓮華經》，所以這二部經是連著講的。那麼，這時候公開宣示：一千二百位大阿羅漢們將來也都會作佛。大阿羅漢不是有一千二百五十位嗎？爲什麼授記成佛時竟然少了五十位？因爲那五十位是定性聲聞，那五十位將來個個會入涅槃，有些也已經入涅槃了，這也都是事實。

在　佛陀入滅後，牛呞比丘在天界，大迦葉派人去通知他，要他下來人間結集經典；結果他聽到　佛陀入滅了，不願下來人間結集法藏，當場就入涅槃了。其中也有幾位是　佛陀入涅槃前，他們就先入涅槃了。所以第一次五百結集，據《阿含經》的記載，有四十位阿羅漢以及其他的聲聞人或者三果、二果、初果人，應該也有一些凡夫，總共五百位一起結集四阿含諸經。所以那五百人並不是五百阿羅漢，《阿含經》中的記載不是五百人全都阿羅漢，是四十位阿羅漢以及其他人，總共五百人結集了四阿含，這在《阿含經》裡面有明文記載著。不管別人怎麼扭曲，那個文獻很明確地擺在那邊，是不可更改的。所以結集時的那四十位阿羅漢，就是定性聲聞那五十人之中的四十個聖人，其他的聽到說　佛入涅槃，就馬上入涅槃了，要不然就是之前先已經入涅槃去了。（編案：阿含部《佛般泥洹經》卷二：「……天神鬼龍，帝王臣民，四輩弟子，莫不舉哀。大迦葉賢聖眾選羅漢得四十人，從阿難得四阿含，一阿含者六十疋素。寫經未竟，佛宗廟中，自然生四名樹……」）

至於其餘的一千二百位大阿羅漢，其實本來都是菩薩；這些菩薩種姓的大阿羅漢們，佛度來幹什麼？度來為　佛陀攝受眾生，將來留給　彌勒菩薩當核心弟子，幫忙攝受眾生。所以，這些大阿羅漢們是被 佛陀派了到處去度眾生，與此地球眾生緣最深的就留下來繼續住持正法，其餘的人就跟著 佛陀到別的地方再去受生示現，或是往生兜率天彌勒內院。這就是一千二百位大阿羅漢，其實本來就是菩薩，只是因爲實證的時節因緣還沒有成熟，所以世尊前來示現以前，一世又一世在這個娑婆世界繼續流轉，直到緣熟了，釋迦如來便來示現，然後就度爲大阿羅漢，最後就教導大家說：「你們本來都是很多世、很多劫以來，跟著我釋迦如來行菩薩道，如今證悟的因緣成熟了。」所以開始第二轉法輪時當然要幫大家證悟，講解《法華經》時就要先授記大家未來將如何成佛，當然得要說明緣由。

一切都有緣由，不可能無因無緣突然就蹦出來。假使有人告訴你，說他成佛了，或者說他是幾地或幾地的菩薩，你請問他說：「您如何修到今天這個地步啊？」他說：「我也不知道，我突然就是這樣了。」那你就知道這個人在撒謊，因爲佛法中最重要的，就是「有因有緣」來成就或者毀壞某些法。他講的竟是無因無緣而成就的，這個所謂的幾地、幾地菩薩，就叫作自然外道，因爲是自然有的嘛！所以這個時候宣說《法華經》時，當然要把他們過去世的事情作一個交代，然後爲他們授記「你將來多久以後會如何成佛」等等。這就是《法華經》證信的方法之一，是爲大眾證明，讓大眾生起絕對的信心，可以繼續在未來的長劫之中實行菩薩道，所以如今就先預記說：這一千二百位大阿羅漢，將來全部也都會成佛。

「**如三世諸佛，說法之儀式，我今亦如是，說無分別法。**」世尊接著開示說：如同三世諸佛說法的儀式一樣，我今天一樣如同三世諸佛爲大眾演說無分別法。三世諸佛是包含諸位在內的，你們讀經典的時候不要再像以前那樣，以爲都與自己無關。以前還沒進來同修會之前都想：「**這經典裡面講的都跟我沒關係。**」大部分的人都是這樣想，可是實際上都跟諸位有關係。不但跟你有關係，跟那些還沒有信受正覺同修會正法的人，也都有關係；因爲他們未來會走什麼樣的路，世尊都已經講過了，講的是「**三世諸佛**」，那不但函蓋了諸位，也函蓋了那些還在誹謗大乘法如來藏妙法的人，因爲他們也是未來諸佛之一。

他們只是因爲往昔多劫以來教訓還學不夠，所以聽到正覺弘揚大乘法，他們就大聲疾呼：「**大乘非佛說。**」諸位曾經聽人家這麼講過，但始終不敢跟人家傳述「**大乘非佛說**」，從來都不說**大乘非佛說**。絕對不會跟著人家這樣講，爲什麼呢？因爲往世已經歷過慘痛的經驗了，那個種子還在，所以不管人家怎麼樣大聲疾呼「**大乘非佛說**」，你就是不會跟著講述。可是有一些人不一樣，才剛一聽到邪說，馬上就認同，也就跟著大聲到處傳播。那表示他們還沒有經歷那個階段，學佛以來不到一劫、二劫。咱們走過那個階段，他們還沒走過；這時你把他強拉了進來，他還得要重新再去走一遍，所以還是沒有用，因爲那一段時間是他必須經歷的時間。

不曉得諸位認不認同我的說法，有些眾生其實是很頑劣的，得要去三惡道經歷百劫的痛苦回來以後，才會變得很謹愼。變得很謹愼時就像是諸位這樣，從來不否定大乘；不管人家怎麼說，你就是不相信他們的邪說。因爲沒有那百劫的歷練，他不會想到謗法是如何嚴重的事，他心中也是不信的啊！假使他不必經歷三塗之苦就可以和諸位一樣，走進正覺就可以證悟，我只能夠說「沒有公理」啊！因爲咱們經歷過那個過程，他沒有經歷過就可以一下子接受大乘妙法，然後健步如飛就證道了，那眞的沒有公理。我這樣講的意思是什麼？意思是說，諸位聽了進去，以後再看見有誰在那邊大聲疾呼，或者寫文章一直罵著「大乘非佛說」，你心中釋然，不會再氣憤不平了，因爲你一定會想起來說：「二〇〇九年年底，蕭老師有講過了。我是經歷過那百劫的苦難，他還沒有經歷過，我再怎麼爲他饒舌也無用，不如讓他自己去親自經歷一番，他未來世就會轉變。」因爲五濁眾生本來如是，你心中就不再氣憤不平了，就可以把剛剛講的話當作快樂丸吃進肚裡去就好了，以後不再氣憤塡膺。

所以說，「三世諸佛」一定包括諸位，也包括那一些人在內，那些異生性具足的謗大乘法者也都在其中。當他們未來世證道之後，經歷了三大阿僧祇劫成佛了以後，說法的儀式軌則仍然會是這樣：專要「說無分別法」。說法時一定有個儀則，就好像一個方式固定在那邊。遇到了沒有五濁的眾生，你可以「但說無上道」；如果是五濁惡世的眾生，你就必須要爲他們施設種種方便，就是要依照三轉法輪的次第來爲眾生演說「方便法」。雖然施設了三轉法輪的次第，然而爲眾生所說諸法的最後目的，還是「無上道」。

不論怎麼樣施設方便，一定有個最終目的。這就像宗喀巴一樣，他的《菩提道次第廣論》講什麼下士道、中士道、上士道，雖然他講的三士道都講錯了，全都是常見外道境界，這且不談他；在《廣論》後半部的止觀中，他就是以隱語講雙身法；只是遣詞用字很隱晦，大家讀不懂。然而知道《菩提道次第廣論》後半部止觀就是雙身法的人，他們也都不敢講。《菩提道次第廣論》誰最努力推廣？對啦！就是日常法師啦！他生前是住持什麼寺？鳳山寺。鳳山寺在哪裡呢？在台灣省的新竹縣。你看，他一生只弘傳一部《廣論》，可是都不敢講止觀，從下士道講到上士道，講完了又從頭來；然後再講一遍，講完了又從頭來，可是後半部的止觀呢？他永遠都不講，因爲他不好意思講，也怕人家質疑他。

當他上了座，講《廣論》後半部的雙身法止觀時，他不會臉紅耳赤嗎？會啊！因爲他一面講時一定心裡面會想說：「大家在那邊聽，心裡面會不會都在想著說，我有沒有在搞雙身法？」他一定會這樣想嘛！當他這樣想的時候，不臉紅耳赤才怪！我站在他的立場這樣講了這些話，耳朵都已經熱起來了。這就是說，他爲什麼要講《廣論》？他的目的就是施設方便，讓大家對《廣論》產生了信心，然後就會私下去鑽研：「這後半部講的止觀，師父都不講，那到底是什麼意思？」到最後因爲對《廣論》有信心，所以弄懂了止觀以後，他們接著就會去搞雙身法了，日常法師不就達到目的了嗎？不管有沒有去密壇受密灌，反正他們就會開始亂弄一場；而《廣論》中說的也是不必一定要經過修學「顯教」的過程，就可以直接修學雙身法了。於是好多道教的神壇就打著《廣論》的名義，就這樣亂弄一場。那麼宗喀巴爲什麼要用《菩提道次第廣論》，把三乘菩提弄錯了卻說它是究竟的，然後再把大眾引入雙身法的止觀裡面去？鳳山寺又是爲什麼要努力推廣《廣論》？也是要讓大家對宗喀巴的著作產生信心，然後就開始去支持達賴喇嘛推廣雙身法，這就是他背後的目的，這眞是巧用方便法了。

所以各種的方便施設，到最後一定有個目的。而三世諸佛施設三乘菩提的目的，就是爲了度大家實證佛菩提道，所以這就是三世諸佛說法的儀式，也有種種的方便施設，可是最後一定要說無上佛菩提的無分別法。如果不講佛菩提道就入涅槃，我保證他絕對不是佛。我們現在來觀察，二千五百多年以來，除了 釋迦如來以外，還有不少人自稱成佛。那些自稱成佛的人，百分之九十九在密宗裡面。我們可以檢查看看，他們有沒有演說了眞正的佛菩提道？結論是沒有！有的是表面上看來在講佛菩提，可是實際上沒有一點點佛菩提的味道；連味道都沒有，不要談實質。如果是密宗，那更別提了。台灣佛教界近代出了個印順法師講了所謂的佛菩提《成佛之道》，結果內容都是解脫道，全都是聲聞菩提，而他所說的聲聞菩提偏偏又嚴重錯誤。所以如果有誰要叫我爲印順說個評論，又嫌囉嗦，對我說：「你不要評論太長。」我就評他四個字，一字開頭：「一無是處！」因爲他既然用解脫道來取代佛菩提道，至少他講的解脫道得要正確；偏不！他在《成佛之道》裡講的解脫道卻又是錯誤的。他們一生有沒有宣說過三乘菩提？那些人都在娑婆世界中學佛，結果都沒有講過三乘菩提；就表示他們暫時不在「三世諸佛」定義的範圍內，要等到去經歷過未來世百劫的慘痛，種子牢牢地種在心田中，以後回到人間來了，那時才正式算是「三世諸佛」之一。

所以，面子到底重要不重要？不重要，最會幫自己洩底的人都是已成之佛。你們看 釋迦如來說了自己過去世多少的糗事，祂自己講了多少？太多了！根本不顧念面子。因爲面子是個虛幻的東西，摸不到也抓不到。假使有人要買最貴的、最珍貴的東西，我就告訴他：「面子。」因爲你買不到，面子眞的買不到。別說一斤，一錢就行了，你能夠在任何店家買到一錢的面子，就算你厲害。不論你到中藥行，到哪裡去，你都買不到，連一錢之少都買不到，那不是無價之物嗎？你就說：「我用整個地球的金銀財寶來買，也沒有人能夠賣給你一張現成的面子。」但是面子其實不值錢，眞正不顧面子的人，我們地球上有歷史以來就是 釋迦如來，把自己過去世的糗事一五一十全部講了。你可別想說那是 釋迦如來的事，我告訴你，你將來成佛的時候，你抖出來的不會比祂老人家說的少；因爲每一個人都要這樣走過來，沒有經歷過那一些是不會成長的。

所以，十方如來不管對你多麼疼愛，你正在作什麼事情，祂不會來阻止你。在道教裡面很努力護持的信徒，如果即將作什麼不利的事情，那神祇通常會趕快來託夢：「你不要作這個，不要作那個。」可是佛菩薩通常不這樣，最多只會告訴你說：「你可以去作什麼。」不會告訴你說：「你不要作這件事。」因爲因果就是要自己去作，自己去承擔，才能在長遠的佛菩提道中學會事前好好思考。不該作的道理告訴你了，接著就是你自己去抉擇。這就好像父母對待子女，剛學會走路時，那開水剛燒好，吩咐他說：「你不要去摸它。」沒有用，越告訴他不要摸，他越想要摸。最後媽媽想通了，先告訴他不要摸，然後抓著他的手背去快速碰一下，他就知道了：「喔！媽媽說的不能摸，就是不能摸。」他知道媽媽都是爲他好，就懂得注意了，以後他就學乖了，這叫作親自經驗。

所以，過去劫中你們跟我一樣都謗過法，也都下過地獄，輪轉過三塗。下過地獄很淒慘，離開地獄之後就不曾有過快樂的日子嗎？也有啦！也當過天王，也當過轉輪聖王，大家都當過啦！沒有誰是不曾當過啦！妳們可別說：「**我們女眾怎麼當轉輪聖王？**」誰告訴妳永遠都是當女眾的？所以無始劫以前大家都當過了。也許那幾十萬無數劫前，我也當過女眾，那也不稀罕，搞不好都還當過妓女而且當得很快樂。這是事實，每一個人都經歷過啦！因爲每一個人都有無量的過去世。如果以這樣來看的話，那麼是否要去遮蓋過去世的糗事？也就覺得沒有必要了，因爲這是每一個人都曾經歷過的。

無數劫以前當轉輪聖王的時候多風光，當色界天王、欲界天王的時候多麼風光；可是也曾在人間經歷過淒苦的日子，慘痛的人生，那就需要自怨自艾嗎？也不然，因爲還有更辛苦的，在畜生道裡面每一世都被殺，才幾個月快要成長了，人家要吃嫩雞、嫩鴨也就殺了。這類有情我們大家都當過欸！

那就很悽慘了嗎？還不盡然，還有餓鬼道、地獄道裡面更淒慘的境界。所以終於想通了說：「我不要去天上，因為去天上快活完了，下來就是去那裡受苦，不要去。我不如留著福報生在人間，還可以遇到佛法修行。」經歷過這些慘痛以後，將來成佛了就會告訴眾生：我過去世在什麼時候某一尊佛時，我曾經謗佛，後來我如何下地獄等等，就把自己的糗事都公開。

這也是「三世諸佛，說法之儀式」，教育眾生不要造惡，這就是人乘。然後又講天乘等，接著一一說法，到了聲聞、緣覺乘都講完了，就是要「說無分別法」了。將來諸位來人間成佛時，一定是先預定一個立場或者目標：我要度人成為菩薩，要他們證悟佛菩提。絕對不會那麼辛苦來人間受生示現，結果只要講二乘菩提給大家；不可能這樣吝法，因為以佛地之尊來人間受生示現，是一場很大的付出，不該是這樣吝法。也許諸位想不出那是怎麼樣大的代價，那我們打個比方好了，譬如說我們以人類的這個立場來譬喻作佛地好了，那麼你有神通力，發了大悲願說：「我要一世又一世不斷地示現在蟑螂道中，去當臭油蟲蟑螂，度蟑螂成佛。」假使蟑螂也能修學佛法時，你會是很樂意去嗎？會不會？不會啦！為什麼不會？因為第一個念頭馬上就會聯想到：「我去當了蟑螂，人家主人一看見了，拖鞋就打下來了。而且蟑螂也聽不懂，又是吃腐敗的食物，甚至是吃糞便。」以這樣的譬喻，諸位就懂了。那麼諸佛來人間示現受生就是這個樣子，層次就好比這樣。這樣，你想清楚了，才會知道佛的偉大。

也許你想說：「唉呀！我們在人間也很好啊！」可是你想一想，不要說是佛的境界，只要是一個初禪天人；也不談初禪天人，就說忉利天人好了；從他的立場來看人間時，他就很不願意來受生於人間了。你想，再跳上去，過了三界境界的阿羅漢、緣覺、菩薩、佛，以佛位之尊而發願來人間受生示現，就好比人發願要受生去當蟑螂度化眾生，只是為了要度那些蟑螂成佛，就相當於這個程度。這樣子，諸位來檢討一下自己說：我現在有沒有那麼大的悲願敢受生去當蟑螂？我看一萬人也找不到一個。所以在這麼困難的，完全委屈自己而來降生，不顧念自己的任何身分，這樣來降生於人間，這是何等大的悲心與願行？既然這樣子來了，當然不會單單說完二乘法就入涅槃去了，這是一定的道理。世間人說放諸四海而皆準，我們這個說法就放諸十方三世而皆準，所以一定不會留著「無分別法」沒有傳授完畢就離開，所以最後總結說：「我今亦如是，說無分別法。」

可是「無分別法」眞的不好解說，諸位可以回憶一下，你們這一世學佛，在正覺同修會出現於人間之前，大家在講「無分別法」時是怎麼說的？還記得嗎？記得呵！我舉個例好了，當你在告訴他們說：「禪宗的證悟就是要去證得無分別心，無分別心是本來就無分別。」你把正理告訴對方了，苦口婆心希望他得到眞正的法義，結果他在末了冷冷地給你一句話：「你講了一大堆的無分別，全都在分別。」對不對？我相信有很多人遭遇過這樣的冷言冷語。這個叫作什麼？窘境嘛！也就是說，他們都告訴你，覺知心不要分別；因爲不要分別，所以每天就要打坐，都不要動念頭。你如果送給他一本好書、一本經典，他竟說不想讀，還勸你不要讀，要你每天都無所分別。結果他就每天打坐，無分別了一輩子以後，結果就是白癡無明捨報死了，就是這樣哦！若要說到什麼智慧，他全都沒有：聲聞菩提、緣覺菩提、佛菩提的智慧全都沒有。

但他們這樣的無分別是：上座無分別，下座有分別。其實說句不客氣的，上座離念而自以爲無分別時還是在分別。因爲分別的層次參差不齊，層次低的看來是如如不動，似乎沒有分別，可是心中一天到晚在想：「我的道糧快用完了，過幾天會不會有人送供養來？」你從表面看來他是無分別，因爲他好像如如不動，可是心中都不如。那麼中間的不同層次就跳過去不說，就說乃至入定一念不生時，結果還是有分別，因爲他住在定境裡面觀察定境，在那裡面一念不生、了了分明。了了是不是分別完成了？是！所以以前常常有大法師說：「我見聞了了而不分別。」講的是瞎話，因爲全都是分別心。

這幾年他們不敢再這樣子講了，爲什麼？因爲我們書上寫了很多：當你見聞了了的時候就已經分別完成了，不然你怎麼能夠了了？所以現在他們不敢再講了。可是當他一念不生，就算他是頂級的禪定好了，讓他一念三千年好了，這算是最頂級一念不生，三千年中一念不生，都不起念；可是遇到了禪師，他這種修證照樣要挨棒。他三千年不起一念，等於他下座之時最少有三千多歲了，那禪師才五、六十歲，聽到他說三千年中一念不生，一棍就打過去了。然後，禪師就會指著他的鼻子罵：「你還知道麼？我無量劫來一念不生。」對啊！可是他一定聽不懂說：「你才五十幾歲，講什麼無量劫一念不生？」但禪師會告訴他：「我都不知道我幾歲，你還能知道我幾歲啊？」

爲什麼無量劫來一念不生？因爲那是眞正的「無分別法」，卻與有分別的覺知心同時同處。可是這個「無分別法」好難說，因爲明講了就會害眾生下地獄。你不能爲他明講，只好花費一大堆的心血，不斷地烘雲托月說「在那裡」，你分明托出來顯現在那裡，他卻還問你說：「明月在哪裡？」那你能怎麼辦呢？眞的很難講解。這就是說，「無分別法」才是「無上道」，然而無分別法是最容易被誤解的，所以我們再三說明：「意識心永遠是會有分別的，只要現起了就是念念分別，但是要用你這個意識心去找另一個從來不分別的眞如心；證得那個法，你就是證得無分別法。」

我們這樣講了二十年，現在佛教界終於有些聽懂了：「啊！原來是要找到如來藏，我們永遠會有分別，而那個如來藏是本來就無分別的，我要去把祂找出來，才會生起無分別智。」終於聽懂了，所以「無分別法」難說。如果可以百無禁忌就明講了，而且眾生聽了都會信受，我可就輕鬆了；我就直接寫在書裡面，每天站在火車站一直發書就好了，大家讀了都可以證悟了！那我每一天發一百本，就有一百人開悟，對不對？能夠這樣度眾生，我可就很輕鬆了。可是偏不，眾生如果知道是什麼內涵，他沒有次法的修學建立地基，又沒有經歷過修學過程和斷盡我見等等，也沒有經歷過參究的過程去汰除種種的疑惑，他讀了一定無法信受，一定會大力謗法。這就是「無分別法」難以宣說之處。

你想想，最難的是不是最好的？是不是？當然是最好的。有沒有人說最容易製造出來的是最好、最貴的產品？沒有嘛！因爲最容易製造出來的就是原物料。譬如說，有麵粉、糖、雞蛋等一大堆原物料放在那裡，以及製作烘烤完成的蛋糕，你認爲哪個是最好的、最貴的？當然是製作成品的蛋糕啊！如果那麵包店裡面把原物料擺出來，賣你蛋糕的價錢，你買不買？當然不買，可想而知嘛！所以最深妙的法就是「無分別法」，把難信、難證的這個「無分別法」教給眾生親證，才是佛來人間示現的最終目的。前面講聲聞菩提、緣覺菩提、人乘、天乘等法，都只是方便法，是接引眾生進入佛道的方便施設，目的還是要給眾生最好的唯一佛乘；可是眾生一時不能接受，那只好施設方便次第接引。但是方便施設接引完了，眾生把人乘、天乘、聲聞乘、緣覺乘都已經證得了，當然就要開始「說無上道」了，這就是這一段經文要告訴我們的。

可是也許有人想：「這一段經文才幾個字，你講了一大堆！」問題是，這段經文諸位讀過很多遍了，《法華經》很多人是接觸佛法的時候就得到過經本了，也讀過很多遍了，可是有誰知道 佛陀說這一段話裡面的意思呢？大家都沒有如實知，都只是依文解義；所以今天我們這樣把它詳細說了，未來世的我們一讀，馬上就知道了本來就應該如此。那麼，未來世佛弟子讀了，馬上就可以回到 佛陀那個年代，知道 佛陀那個年代的大乘法是怎麼一回事，這才是我們講這麼多話的目的所在。好，接著再來下一段：

經文：【諸佛興出世，懸遠值遇難；正使出于世，說是法復難。
無量無數劫，聞是法亦難；能聽是法者，斯人亦復難。
譬如優曇花，一切皆愛樂，天人所希有，時時乃一出。
聞法歡喜讚，乃至發一言，則爲已供養，一切三世佛，
是人甚希有，過於優曇花。
汝等勿有疑，我爲諸法王，普告諸大眾：但以一乘道，
教化諸菩薩，無聲聞弟子。】

語譯：【世尊接著開示說：

諸佛出興於世間，前佛與後佛出現之間隔的時間是很長遠而不容易值遇的；即便是遇到佛陀出興於世間了，要爲大家宣說無上道的無分別法，也是很困難的。

在無量無數劫之中，想要聽聞諸佛宣說這樣的無分別法也是非常困難；即使有佛出現在人間宣說而能夠值遇到諸佛，這一些眾生雖然能夠聽聞勝妙的無分別法，但是像這樣能夠聽聞的人也是很難得有的。

就譬如優曇花一樣，一切人天都喜愛而樂於觀賞，諸天天人也都認爲優曇花是非常稀有的，因爲要經過很久很久的時間以後，才會偶然出現一次。

所以說諸佛示現於人間以後，聽聞佛法的人如果心中歡喜而讚歎這個無分別法，乃至於不能以無量方便讚歎而僅僅說出一句話來讚歎，那麼這個人也就算是已經供養了一切三世諸佛，這樣的人甚爲稀有，遠遠超過於優曇花。

而舍利弗你們大眾也都不要於心中再有所疑惑了，我釋迦如來是萬法之王，如今在這裡普遍地告訴一切人天大眾：我只以唯一佛乘的法道來教化一切菩薩們，我其實不是在教化聲聞弟子。】

講義：諸位看看，世尊這樣的宣示夠不夠莊嚴？所以這樣，諸位就可以眞正瞭解，我剛剛講的一千二百阿羅漢以外的那五十位，那叫作副產品，因爲度他們成爲阿羅漢，並不是 佛陀來人間所要達到的目的；所以那五十個阿羅漢只是弘揚大乘佛法時意外撿來的，本來就不是想要度的人。甚至於如何撿的呢？才剛剛撿來就丟了。還記得嗎？須跋陀羅活到一百二十歲，他在三個月前就聽說 釋迦如來即將要入滅了，他想來求法，卻又一天拖過一天；到了 世尊宣示要入滅的那一天早上，他也還拖延著不來；一直到了那天晚上想一想：「再過一會兒世尊就要入滅了，我還是去求法吧！」世尊已經側臥在雙樹之間即將要入滅了，他才姍姍來遲，所以阿難尊者不肯讓他打擾世尊，於是雙方在那邊就提高聲調互爭了，佛陀聽到了就說：「阿難啊！讓他進來啦！這是我所要度的最後一個聲聞弟子。」

因爲須跋陀羅證得非想非非想定，他覺得自己很了不得：「而我已經一百二十歲了，佛陀才八十幾歲。」所以 世尊三個月前放話三個月後即將入涅槃，就是要給他知道的；他的心中對涅槃有疑，但卻是一天拖過一天；到了那天他還在猶豫，這個人眞夠牛皮！終於挨到那晚的最後一刻，知道再不

來問 世尊，那個疑惑就沒辦法解決了，終於才來撓擾 世尊。所以 佛陀爲他說法，他當下成爲俱解脫阿羅漢，而他對正法的久住有沒有幫助呢？沒有！他並沒有說：「我這個一百二十歲之身還可以用，在世尊離開人間以後我就繼續護持正法。」沒有！他反而說：「唉呀！我不忍看見世尊入涅槃啦！所以我要先走了。」佛早就知道他是個聲聞人，所以就說：「善哉！」意思是：「你自己知道什麼時候可以入涅槃。」他聽了就在 世尊面前坐著入無餘涅槃了！當時大家都忙碌異常，要爲 世尊入涅槃的事情準備，竟然還得花時間再來幫他荼毘，你說這不是標準的聲聞種姓嗎？對不？所以他也是聲聞人。

「諸佛興出世，懸遠值遇難；正使出于世，說是法復難。無量無數劫，聞是法亦難；能聽是法者，斯人亦復難。」所以說，諸佛出興於世間是很不容易的，因爲以佛地之尊不可能一天到晚閒著無聊到處晃：「唉呀！來這個星球晃一輩子，這一輩子過完了，計畫去某個星球再晃一輩子。」沒這回事！且不說 世尊，你如果說：「蕭老師啊！我供養你啦！我們下個月去美國玩，好不好？」我哪有時間受你供養？連我這樣的人都沒時間了，佛哪有那個時間浪費？有多少眾生在求祂去示現成佛？所以諸佛世尊來人間示現眞的不容易。因此說「**諸佛興出世**」，一般而言都很難，就只有我們福報好。所以，不管怎樣都要想辦法留在娑婆世界，如果眞的想去別的佛世界受生，要記得先定下一個願：「**彌勒尊佛成佛的時候，我一定要回來娑婆世界；現在去別的佛世界，只是去那邊留學。**」要記得這樣。

譬如說，你往生去極樂世界好了，也可以去啊！但是要記得：彌勒菩薩即將成佛的時候就要提前回來等著。因爲極樂世界的一天，在這裡就是一個大劫；你在那邊一天還沒過完，這裡的一千佛都已經過去了；可是你在這裡跟著一佛，就可以從人天乘一直學到無上佛道，諸佛都會爲你傳授，那你要怎麼選擇呢？就看你有沒有智慧啊！這淨土三經不是說了嗎：「**在極樂世界精進修善百年，不如在娑婆世界一日一夜受八關戒齋。**」那諸位想一想，只是受八關戒齋哦！還只是受持八關戒齋，還不談斷我見證果或者證實相的功德，單單是受八關戒齋一天的功德，就勝過在極樂世界修行一百年。在極樂世界住一百年，等於這裡多久？不只是娑婆世界的一百大劫哦！是多久？是三百六十五後面再加上兩個零。啊！你們終於想通了！你在這裡受一天的八關戒齋精進修行，就勝過在那邊修行等於這裡的三萬六千五百大劫的時間，那你應該要生在哪裡修行才好？喔！原來極樂世界看來那麼妙，結果還是咱們娑婆好，只是比較辛苦。

但是要記得喔！娑婆世界現在的佛法中還可以開悟，還可以實證三乘菩提。那你想，如果這後面九千多年過完了，當然要去極樂世界，去跟阿彌陀佛佔個便宜；可是在那邊也要時時看著娑婆世界是不是即將有佛出世？可別在那邊呼呼大睡。因為在那邊睡一覺，可能 彌勒菩薩—不但彌勒菩薩—可能連賢劫最後一尊佛韋陀菩薩都已成佛而且過去了。所以我才說，正覺的同修們千萬不要求上品中生，因為上品中生去了極樂世界待在蓮胎裡面，到明天天亮才會花開見佛聞法；等他花開見佛聞法回來時，賢劫千佛已經過去了，就失去值遇、恭敬、供養、讚歎九百九十六佛的大功德、大福德了。

這樣想一想：「**我今天來正覺聞法，終於開始會打算盤了。**」對不對？這個算盤要打一打。所以一定要求上品上生，在那邊聽 阿彌陀佛說法，告了一段落就得趕快看一下娑婆：喔！彌勒菩薩即將成佛了，就趕快告假回來。你回來這一邊一世之中，彌勒佛在八萬年之中把所有的佛法全都詳細講完。這裡的八萬年，在極樂世界等於多少時間？才那麼短短的時間就過去了。然後回去的時候，極樂世界的菩薩們看到你回來：哇！智慧無量！定力高強！就是這樣啊！眞的是金光閃耀無法逼視。所以「超劫精進」的事，還是要看你有沒有智慧去把握它。你如果有智慧，懂得怎麼樣調適，這一截火箭搭完了換另一截火箭，可別下來用雙腳走路。

這意思就是說，諸佛出興於世間並不容易遇見，我們是運氣好，這賢劫之中將有千佛示現，要懂得把握。在《阿含經》中有說，有一段時間六十劫之中都無佛出現，又有一段時間經過三十一劫也都沒有佛出現。那你說，我們這個賢劫好不好？太棒了！這得要感謝過去無量劫以前，有一位轉輪聖王生了一千個兒子；他辛苦養育這一千個兒子，結果現在就成爲這賢劫的千佛，成爲我們的大福報。所以，如果有哪一位很有錢的菩薩說：「**我要生一百個兒子，讓他們都成爲菩薩。**」我也恭喜，眞的大心，養一百個兒子不簡單欸！要用很多錢又很辛苦欸！可是未來無數劫後的眾生就有大福報了，如果這一百位兒子約定將來要在同一劫中先後成佛，在未來那一劫之中就是會有一百佛相繼成佛。如果有人錢多而願意發大心養一千位兒子，我也不反對，只是會很辛苦。

這就是說，不是常常有佛出現在世間，所以說諸佛前後出世的間隔往往非常懸遠；懸，就是弄不清楚，懸在很高的半空中，幾乎看不見，讓你無法確定到底什麼時候才會再有佛出現，所以說「懸遠值遇難」。既然是這樣，當然要值遇到佛示現於人間，那是非常困難的。縱使眞的有佛出現在世間，可是要爲大家解說「無分別法」，也是非常不容易啊！因爲「無分別法」的密意不是可以明講的，明講了只會害人。這是我弘法的經驗，因爲我這一世沒有師承，我的師承是遠紹於九百多年前，再往西天有好多世的善知識，名字就不談它；再往前推，就是 世尊。可是 世尊告誡說不許明說，而我這一世因爲胎昧的關係也就忘了，所以剛開始弘法時都是明講。那時候我們剛開始辦禪三，大家好福氣喔！你知道嗎？第一天參不出來，第二天、第三天，到了第四天中午，看看是參不出來了，就全部找到小參室來，全都明講。唉呀！好福氣歟！

可是花無百日紅，人無千日好，明講的結果就是幾乎死光光。那到底是福氣還是沒福氣？諸位就自己判斷吧！就好像說，才剛剛懷胎還不到一個月，全部剖腹把他們生了出來，結果剩下沒幾個。所以後來想一想，還是安分守己好了，就讓他們滿足十月再出生，我就慢慢等吧！就這樣子，結果個個健健壯壯的出生，反而好。那麼，諸位是想要當那個懷胎一個月就出生的，或者要當十月滿足再出生的人，你們就自己選吧！如果想要當那住胎一個月的人，也可以啊！馬上就到處去問、去探聽。探聽到密意了，就是住胎一個月內便出生了，結果出世不多久就沒命了，活不了。

佛菩提道就是這樣，「無分別法」本來就是如此。所以我此世沒有師承而有胎昧，結果忘了往世度眾的經驗，濫慈悲以後才在經典裡面讀到不可明說的聖教，心想：「**啊！原來我犯錯了。**」所以現在就都不明講了。可是不明講中還是有明講，但是這個明講卻不是那個明講，那就看誰對「**無分別法**」有緣了。所以「**無分別法**」眞的很難說，因爲不可以明說卻又要爲人解說，要以這種方法等待有緣人悟入。因此，要隱覆密意而解說這個「**無分別法**」就會很困難，必須施設許許多多的方便，再加上無量的譬喻，並且藉用各種因緣才有辦法宣說。

再說回來，縱使眞善知識已經解說了，眾生在無量無數劫的過程之中想要聽聞這樣的法也是很難，因為諸佛在世間的示現，並不是一切人隨時隨地可以遇見。諸位想想看，二千五百年前 世尊在印度示現了，有多少人遇見過？單說人類，且不談天人，那時生在亞洲其他地方、歐洲、非洲、美洲的人，能遇見 佛陀嗎？沒辦法。就正好要那個時候生在天竺，否則還沒辦法遇見，那如果是生在別的世界，就更不可能了。話題轉回來，諸位心裡面可以暗自喜悅說：「唉呀！我眞有福報，給我遇到正法。」可是地球雖然這麼小，能有多少人能聽聞這個「無分別法」？太少了！

因此，在無量無數劫之中，不是每一世或者每一劫中都可以遇到佛，有時佛在這個世間示現，而眾生受生在另一個世間，這是大多數的狀況。就好像正覺在台灣弘揚，可是大部分人不住在台灣，因此說：「無量無數劫，聞是法亦難。」那縱使聽到了，「能聽是法者，斯人亦復難」。諸位想想看，我們在台灣說了「無分別法」，可是台灣能夠來聽這個法的人能有多少？我們這三個講堂坐滿了，是一千人。桃園、新竹、台中、台南、高雄，加上美國講堂好了，才有多少人？有限啊！你說再加上二千人？就差不多這樣而已。可是，這地球現在是幾十億人？六十億或七十億了？是六十幾億人。你看，我們在這裡說法，但是「能聽是法者，斯人亦復難」。其實我們說完了，還有用書本的方式印出來解說，可是聽了或讀了這樣的法，眞正信受的人有多少呢？還是很有限。現在台灣、大陸佛教界就是這樣（聽說南洋也有許多人在讀我們的書了），問題是，他們讀了以後心中還是會在那邊懷疑猶豫，所以偏來偏去、偏來偏去，有點像牆頭草，風吹兩邊倒；這邊說一樣，他們就靠到這一邊；那邊又說了，他們又靠過去；就這樣一直晃來晃去，下不定決心，所以說能夠聽進心中去的人，其實也不容易找。

「譬如優曇花，一切皆愛樂，天人所希有，時時乃一出。」就好像優曇花一樣，大家都喜歡優曇花，因爲優曇花很難得。有人說：「鐵樹開花很難。」不見得啊！鐵樹如果它最會拖延的，給它拖個十幾年，它還是得要開。可是優曇花多久才開花一遍？三千年，據說三千年才開一遍花。天人有時候睡個覺，它開過去了，也是看不見了，然後人間又要再等三千年；那人間的三千年，對於專心享樂的天人來說，依舊是一會兒它又過去了，他又正好在玩樂而忘記來看了。那如果是人類呢？我下一輩子還要來看它開不開喔？結果下輩子來又沒看見開花，又發願說：「我下一輩子還要生到這裡再來看。」結果還是沒看見。後來等到開花的時候，他可能已經往生到別的地方去，很難看見啦！因為很稀有的緣故，所以說「**時時乃一出**」。

《妙法蓮華經》今天要從二十八頁倒數第二行開始講。在上週的最後，說到大乘妙法很難得出現在世間，就像優曇花一樣很難得看見。人間的花一般是每年會開一次，有的花是長年盛開；長年盛開就不被珍惜，因為大家都是每天可以看見它。但是，如果一年才開一次，大家就珍惜一點。如果一年才開一夜，那又更珍惜了。所以甚至曇花一開，有人也會呼朋引伴說：「**快來看啊！開了！開了！**」因為若是當時不欣賞，明天就沒了，這叫作物以稀為貴。但是，優曇花是三千年一現，即使長壽如彭祖也不一定能看得見，所以說它很稀有。此外，它的稀有也是因為當它開花的時候就會有轉輪聖王出現，因此世人也說優曇花很可貴。所以一切人對優曇花很愛樂，不但人們覺得如此，甚至於天人也覺得它很稀有，因為不是每天看得到。

那麼，大乘佛法中這個「**無分別法**」出現在人間時，就像優曇花一樣非常稀有難得。但是話說回來，並不是每一個人都覺得稀有難得，因為末法時代的學佛人往往犯賤，遇到這個「**無分別法**」的時候大多不珍惜。那麼，剛好他往世有因緣，這一世遇見了，他就想：「我哪有那麼大福報？偏偏就讓我撞見了。」所以他就不珍惜。那就像我這一世剛出世弘法的時候一樣，我們幫助一些人開悟了、證得如來藏了，當初因爲我都沒有刁難人，而且還是硬塞給他們；不管他們有沒有證悟的因緣，所有人統統有獎，不想開悟的人，我也要他開悟，所以禪三最後一天都叫進小參室來一起明講。

然後問題跟著來了，因爲他們得法太容易，回家以後就想：「祖師們少小出家，在叢林中參到老、參到死都不能悟的人，比比皆是。我又沒護持什麼正法，我這麼一遇到，半年就開悟了，我哪有那個福報？這一定是假的。」於是一個又一個陸續退轉了，就是這樣啊！所以後來我想：「我如果把他們磨上個十年再給開悟，他們就不會這樣了。」人類往往就是有這個心理，遇到了世尊時，他們會想：「我運氣這麼好？偏偏就給我遇上了？這到底是眞的佛、還是假的佛？」同樣的道理，也有人想：「說什麼菩薩再來，偏偏給我遇見了？有可能嗎？可是我看這個菩薩既不會飛行也不會搞神通，這是眞的嗎？我看是假的。」所以他們就不信了。

這本是人之常情，因此度眾的時候確實須要改變一下。所以說，早期不論誰要見我，隨時可見；當時我只求正法久住，怕正法沒有人要，所以就像個應召牛郎一樣，而且不用花錢，隨時要見都可以遇見，太方便了。也有一些在電視上很聞名的人物都去過我家，可是隨便就能見我的人，後來全都不信。後來我知道 佛陀的意思是「不要隨便見人」，所以不管什麼官來，咱家都不見。官不管多大，理事長接見就行了！正覺同修會中，理事長最大，這也不失格嘛！我呢，我不是理事長，所以我沒有資格來見他們；是我沒格，不是看他們不起。

這樣子，後來就大家平安無事，也可以互相尊重。果然這樣反而比較好，我也省事，不必每天忙著接待訪客。要不然，哪一天哪個幹部打個電話來：「見客。」我就要下山來，一下山至少要花掉半天時間，所以現在都不見人也就沒事了。實際上見了也沒用，因爲眾生往往不信。如果我要一天到晚接待訪客，那就等我將來有空的時候修了神足通，那時去現一現。但是那時候諸位要有心理準備：要辛苦了。因爲一定要買個幾十公頃地，蓋起金鑾寶殿來，金碧輝煌一大片，但是只能度俗人，不是度學人。

可是我回頭想，諸位一定也不希望看見這個情形，因爲諸位一定不想看見我專度俗人，而我也覺得度俗人沒有意義，因爲俗人是很誇口的、目空一切的、只看表相的。我如果現了神足通，這邊消失，那邊出現，這樣現一現，大家就信了。但是如果你以智慧要度學人的話，那就不需要見面，誰讀了我的書而知道這是正法，願意學就來學，這樣就好，大家也就相安無事了。那麼，眾生大多覺得凡是自己所能親見的人，往往是假的善知識；這雖然是有一些犯賤，可是如果從另一個立場來體諒眾生，也不能完全責怪眾生；因爲眾生往往跟隨了大善知識幾十年後，結果發覺他們都是假的，大師們其實並沒有開悟般若，後來被舉出來時證據明確，證實他們都是**我見**具在。所以後來眾生想一想：「如今新出一個善知識蕭平實，大概也是一樣的。」所以這也難怪眾生，我們得要體諒。

所以說，眞正的大乘法是很難值遇的，因爲眞正的大乘法就是「無分別法」，不是相似像法的離念靈知意識法。想想看，正法時期因爲度了大愛道比丘尼等人，所以正法變成只有五百年了，像法時期仍有一千年；如今這正法、像法時期全都過去了，接下來是末法時期一萬年，現在也過去一千五百年了，剩下不到九千年，想一想：「未來不到九千年之中，我還要再受生幾世呢？」好像很長呵！可是你如果從一個劫的時間來看，只是一剎那就過去了。真的，在整整一劫之中，如果不是我們娑婆這個賢劫大家福氣好，會有一千尊佛相繼出世；如果是遇到以前，就像《長阿含經》講的，娑婆世界整整六十劫中都無佛出世，後來又過三十一劫才又有一尊佛出世。如果是那樣的話，你想一想，要遇到佛出世是多麼困難。

且不說那個難，就說我們這個賢劫好了，會有一千佛出世，但是一個大劫之中，前佛與後佛之間是相距多久的時間？例如 釋迦牟尼佛之後到 彌勒尊佛來降生，有的經典翻譯作五十六億年，有的翻譯作一億四千萬年，有的翻譯作十四億。其實五十六億年應該說是五千六百萬年或是五億六千萬年，因爲印度的億是以一千千爲億，我們中國是以一萬萬爲億。所以你就想作是五千六百萬年好了，這比較短。那麼請問：若以五千六百萬年的距離，我們現在末法時代剩下不到九千年，這段時間到底長不長？不長。這不到九千年過去以後，五千六百萬年世間沒有佛法，直到未來 彌勒尊佛出世。賢劫有千佛尚且如此了，如果回到剛剛講的，三十一劫無佛出世，六十劫無佛出世，你想要聽聞大乘的「**無分別法**」，那是多麼困難的事啊！所以大乘了義正法確實難遭遇，想要遇見是很困難的、很不容易的。所以說：

「聞法歡喜讚，乃至發一言，則為已供養，一切三世佛，是人甚希有，過於優曇花。」既然是這麼困難、這麼不容易，而有的人不妄自菲薄，所以「聞法歡喜讚，乃至發一言」而讚歎，這算是最基本的行為、最基本的讚歎。聽聞到佛菩薩演說大乘「無分別法」，歡喜而讚歎，是因為心中歡喜所以讚歎，這樣的人已經是很不錯的了。下至僅僅講一句話讚歎說：「啊！這大乘法眞勝妙。」以後再也沒有讚歎過，可是在過去無量劫以前，因為這麼一句讚歎的話，就使他產生了進入大乘法中修學及實證的因緣；然後經過無量劫以來的修行，他也是一樣可以成佛的。因為即使是那麼一句話，也算是已經供養一切三世佛，因為這叫作法供養；法供養是很重要的事，也就是說，出言讚歎也是法供養。出言讚歎可以幫助眾生發起菩提心，或者幫助眾生對於諸佛、對於諸菩薩有善心。有善心，這件事情是很重要的，怕的是有惡心。有善心的話，將來於了義正法就有因緣可以證悟；那麼將來他遇到善知識的時候，就可以禁得起法上的考驗，這就是善心重要的地方。於佛於諸菩薩有善心，本身就是一項福德，這就是累積福德。

那麼無量無數劫之前，「諸佛興出世」的時候他能遇到，他聞法歡喜讚歎，「乃至發一言」讚歎，就已經是供養了一切三世佛了。爲什麼只是讚歎或者乃至僅僅一句話來讚歎，就算是已經供養一切三世佛？因爲他讚歎於大乘法的時候，過去佛無所不知，現在十方諸佛無所不知，乃至已經聽到他讚歎言語的那一些眾生，也能夠了知大乘法是最勝妙的，就會在聽到他讚歎言語的那一些眾生心中，種下了他們未來與大乘法相應的種子，這就是法供養，這就是供養未來諸佛。所以說，才剛剛聽聞大乘法就懂得讚歎的人，這樣的人是非常稀有的。假使不信，你們可以回想自己或者回想身邊的學佛人，第一次聽到大乘法的時候有沒有當眾讚歎？有沒有？大部分人都沒有，我看一百個人大概只有一個人是有開口讚歎的。大部分都是聽了，心裡面想「不錯」，甚至還點了頭，可是始終沒有出言讚歎，大部分人是這樣，所以才說「是人甚希有，過於優曇花」。

那你想想，如果一百個人之中只有一個人出口讚歎，這個人是一百人之中排在第一位，當然稀有啊！但是我們往往看見的是：有時候演說佛法，譬如說公開演講時聽眾有三、四千人，那三、四千人有幾個人聽完以後開口讚歎呢？沒有。也許有極少數人離開了以後跟朋友講：「這個大乘法不錯。」那你就知道這個人很稀有：「過於優曇花」，但畢竟是少數；所以聞法歡喜而發言讚歎，其實是大家應該踴躍去作的。我們正覺同修會有很多人發言讚歎，是以文字來發言讚歎，我也要說這些人眞的「甚希有」，因爲他們不是僅僅出口讚歎。凡是以文字讚歎的人，可以把他的隨喜功德維持得更久遠而且擴大出去。

但是關於讚歎，同樣是讚歎的事，不可以等視齊觀哦！有人也說：「我以前在某某山，也是常常讚歎啊！」但你當時讚歎的是大乘法呢？還是常見外道法呢？這就值得探究了。後來檢查之後，發覺是讚歎了常見外道法，原來追隨的那個師父是用常見外道法來取代大乘法，對這樣的相似法加以歡喜讚歎，造的是什麼樣的業呢？是護法嗎？怎麼可以說不是？他也是護法啊！是維護常見外道法啊！你看，外道不是也都設有護法會嗎？一般設立護法會的目的就是勸募財物，目的大多是在勸募。我們不要設那個護法會，因爲我們不想去搞那個勸募的事；我們用錢很節省，難得豪華一次，辦大型的公開演講；所以我們到目前爲止還沒有欠過錢，不用去勸募；我們也不想作大山頭，沒有必要勸募錢財。

那麼「護法會」顧名思義就是護持他弘揚的正法，但他弘揚的法是不是正法？這才是個大問題。所以密宗道場也都設有護法會，弘揚常見外道的佛教道場也有護法會；到處都有護法會，他們也是護法，差別只是「護什麼法？」那我們，比如說諸位，同樣在護持正法，但諸位護持的是了義的、究竟的正法，而他們護持的是用意識境界來取代如來藏正法的常見外道法義，也是護法，但那種護法有沒有功德？有！護持常見外道法也有功德，未來世悟得常見外道法，這就是他們應得的功德。如果這一世護持密宗，也有功德，她們未來世就是繼續跟喇嘛們去修雙身法，那也是她們的功德。

如今正在學《廣論》的人，就是在種那個因，因為《菩提道次第廣論》後半部講的止觀也是雙身法，只是他們不敢公開地教，只有極少數人被教導那裡面的雙身法，一般修學的人還不知道，所以他們老是否認《廣論》有教雙身法，只因他們還沒有成為核心分子，所以還沒學到；但他們護持《廣論》時，同樣都有在未來世修學雙身法的「功德」。如果是對於眞正究竟了義的正法，出口讚歎或者著文讚歎，那功德可大了，因為這就是在供養未來世一切諸佛，還沒有成佛的諸佛就是一般的眾生；當眾生聽到了就是受供養了，當眾生讀到了也就是受供養了。那麼，現在諸佛、過去諸佛當然也知道啊！所以這就是供養一切三世佛。

「汝等勿有疑，我為諸法王，普告諸大眾：但以一乘道，教化諸菩薩，無聲聞弟子。」那麼，世尊接著就吩咐說：「你們大家都不要對我所說的有所懷疑啊！因為我釋迦牟尼佛是諸法之王。」法王是怎麼定義的？諸位來到正覺之前，有時候——譬如說學佛前，看過那些電影裡說某某法王；特別是清朝故事的電影，常常演到某人請了某某法王來，那個法王多厲害，有血滴子，他取人頭顱易如反掌。因為我年輕時也看過那樣的電影，法王有極厲害的凶器可以取人頭顱。但這算哪門子法王呢？老實說他連人王都當不上。諸法之王就表示說，他已經於一切法得自在，才能稱為法王。我們看看密宗那一些人都自稱法王，所以他們有四大法王，問題是這些法王們於諸法能不能得自在？先不談大乘佛法；我們就從佛菩提往下說好了，這樣諸位比較能夠瞭解。

在佛菩提道中，是要有一切種智才能算是法王，法王是諸佛的尊號。等覺、妙覺菩薩都還沒有一切種智，都還只能稱爲道種智，下至諸地都是道種智，都還稱不上法王。可是人間如果有個初地菩薩，眾人可就刮目相看，因爲人間沒有人能跟他匹敵。再來看看，即使是不到初地的第七住位菩薩，單說明心悟得眞的人就好，密宗所有喇嘛們有沒有悟了？他們的四大法王有沒有悟了？全都沒有。所以他們在佛菩提方面是顯然還沒有入道，連見道都沒有。單單是佛菩提一項，他們就沒有一人見道了。

佛菩提道是很深妙的，他們都無法見道，修行入地就別說了，更別說是成佛；所以我們換淺一點的來說，就說因緣法好了。緣覺之所證的因緣觀，那些密宗所有法王們有沒有實證？也是沒有；連因緣法中的法王都談不上，那根本就不能叫作佛法中的法王啊！他們在佛菩提的法中不自在，於緣覺法中也不自在；如果再往下來探究，四聖諦、八正道、斷我見乃至斷五個上分結，他們也都不懂，所以《菩提道次第廣論》前半部所說的三士道，全都屬於常見外道境界的事實，他們也都不曾瞭解。這證明單單是聲聞道的斷我見證初果，他們就證不得了；因爲他們被宗喀巴的《廣論》誤導了，全都落在意識境界或識陰具足的境界中，才會精修雙身法的樂空雙運，這是他們全都無法否認的。所以密宗，不管他們號稱修證多麼高的人，都不敢宣稱他們是斷我見的初果人，因爲他們都落在意識或識陰上面。如果眞的想要推翻意識或識陰，他們得要先「自殺」；但如果眞的「自殺」而推翻了意識或識陰，那他們的雙身法就不能成立了。雙身法是意識、身識境界，具足六識的境界，所以他們永遠不會推翻意識或識陰的，而且還要像宗喀巴一樣認定識陰的淫觸是眞實常住的境界，雙身法才能成立；這表示他們全都沒有斷我見，連聲聞菩提都沒有證得，就是於聲聞菩提法不得自在，又如何能稱爲法王呢？

那麼說到聲聞菩提，也許對他們來講還是陳義過高，那不然講淺一點的天乘之法好了。天乘之法有無色界、色界跟欲界天。無色界定，他們從來不得，自有密宗四大派以來，沒有人得過無色界定——四空定沒有人得過。覺囊派不談，只說密宗——純密宗四大派，覺囊派其實不是密宗，覺囊派是藏傳佛教，打著密宗的旗號反密宗，所以他們被四大派判爲破法者，因爲破壞了樂空雙運的密法，那個題外話先就不談。

再看密宗四大派所有祖師跟現代的喇嘛們，也沒有人證得色界定。他們永遠不得初禪，因爲他們對於男女欲之樂觸非常的執著。宗喀巴甚至說：「你們所有喇嘛應該放心受用女人，這個事情是不可以捨棄的。」那表示他們永遠不可能發起初禪，因爲沒有離開欲界愛，那就無法發起初禪。所以他們所謂的得初禪、得幾禪，那都是騙人的。他們是把中脈分成幾個點，說觀想明點成功以後，把明點提升到中脈的某一處就叫作證初禪，再往上提升到第二處或以上的處所時，就是證得二禪、三禪、四禪，他們是這樣說「禪」的，是以外道觀想的方法來取代世間禪定，永遠無法證得禪定，所以他們也沒有得色界定。

再接著說，就說來世受生於欲界天的資格好了；他們有沒有資格呢？答案是沒有；因爲想要生在欲界天中，必定要先持五戒，還要再加修十善。可是那些喇嘛們一天到晚受人供養卻在婬人妻女，那是造地獄業的，所以他們也沒有天乘的法。依照他們的法，越精進修行就往地獄越深。在密宗的法裡面，如果比較懈怠，越懈怠的往地獄就越淺，所以喇嘛們顯然沒有欲界天的天乘法。

那麼也許有人說：「天乘對他們來講也太高了。」不然就講人乘好了。人乘法的基本是什麼？要持五戒嘛！問題來了，他們五戒全都持不好，個個嚴重破戒。好啊！連人乘都修不好，顯然密宗喇嘛們對於五乘法都不得自在。既然於五乘法都不得自在，請問他們哪一個人有資格稱爲法王？所以我說他們叫作僭越，法王是只有諸佛才能用這樣的稱號來讚歎的，所以世尊說「**我爲諸法王**」，因爲於諸法已得自在。甚至於因果，不牽涉出世解脫的另一個具體證量，就是因果可以具足了知；所以能於諸法得自在，這才是眞的法王。

歷史上有一個人當了人王還要當法王，就是清朝的雍正。雍正這個人刻薄寡恩，所以他很不得人緣。他當上了人王——因爲皇帝就是人王，但是他心量非常狹窄，不許人家說他的過失；有不少史家說他得來的皇位是篡奪而來的，所以就成爲歷史懸案了。其實也是因爲他統治的期間刻薄寡恩，所以人家傳說他得位是以不正當手段兵變得來，他就把那一些寫文章罵他的人找了來，然後故意施恩，裝模作樣裁定罵他的人免死，然後就寫了一部《大義覺迷錄》，目的只是爲自己遮掩罷了。但他搞出這一本書，其實反而坐實了人家指控他的十大罪狀；所以後來乾隆即位以後看清了這一點，反而把《大義覺迷錄》列爲禁書，並且推翻雍正的裁決而把指控雍正十大罪狀的人處死。由此可見雍正的虛僞與乾隆背地裡的兇殘與心機，但也間接證明有清之世都無法弘揚如來藏妙義的事實。

雍正是肚量極小的人，也是狡辯而永遠不認錯的人；當人家在弘揚第八識如來藏正法，間接顯示他宣稱是法王時所證的離念靈知是未悟言悟，他就大力打壓。他也辦禪七，幫大臣們印證開悟，所以他自己就是法王。他認爲自己是法主——身分是法王，他的想法是：「你們在我座下打禪七被我印證開悟了，所以你們同時也是我的徒弟，不只是君臣。」而大臣們也都樂得被他印證，因爲被他印證了以後，既是師徒又是君臣，多了一分情分，更能被他信任。但他印證的內容是什麼？就是離念靈知。人家弘揚第八識如來藏，他當然不許弘揚，就大力打壓，然後說弘揚如來藏的人全都是魔。

這就像那一些應成派中觀的喇嘛或法師們，他們在正覺弘法早期就罵我是邪魔，密宗喇嘛們現在也都還在罵我是邪魔。我若是邪魔，那麼 佛陀應該就是魔王了？因爲我的法義跟所證，與 佛陀傳授的法義與所證完全一樣，同樣是第八識如來藏，不是他們所「悟」的離念靈知識陰境界。那雍正既要當法王，人家弘揚如來藏時，他就公開講：「你們弘揚如來藏的人，來跟我辯論。辯論輸而不認錯，就得殺頭。」這個不理性的人，誰願意去跟他辯論？留得色身還可以私下度一些人，去跟他辯論只有殺頭一條路，不然就是被他關著不放人。那個時候叫作圈禁，是把你圈著，禁制在某一個地方不許走人，像是現代人說的軟禁。

然後他又看沒有人要跟他辯論，他眞正要說法又說不過人家，因爲人家會私下寫文章出來，偷印了到處去流通破斥他；所以他就去封殺那一些人的刻板，所有的刻板都封存集中，然後一起公開燒毀。他又寫了個東西，叫作《揀魔辨異錄》；他本身就是個破壞佛教正法的魔王，還要揀出別人的錯誤，說別人就是魔王。這不叫作雄才大略，而是野心過當，當了人王還不滿足，還要強當法王。但他因爲要保持法王的證量，所以每天晚上都得精修雙身法，又要批奏摺批到天亮，所以他當皇帝才當了十幾年就死了。好在死得快，不然如來藏正法被他打壓還會更久、更嚴重。所以法王不是隨便可以當的，他藉著人王之權勢要當法王：「我是這一代佛門的法主。」可是他這個法主當得名不正、言不順，因爲他落入識陰中，未斷我見，根本就沒有證悟，只是自以爲悟，沒有絲毫法王的實質。

所以，佛陀告訴舍利弗等人說：「你們大家不要再有所懷疑，我是諸法之王。」也就是向大家宣告：「我釋迦牟尼於諸法中得自在。」所以法主不容易當，每一個佛教道場都各有法主，法主如果心地好，那麼徒眾就有福報。法主如果心地不好，他心裡面喃喃自語：「這張三一天到晚講我的壞話，應該趕快把他趕出去，可是我不方便動手。」他就每天心心念念，心中氣憤得很，只是嘴巴不講出來而已。好，他這麼心心念著，在腦袋裡面一字又一字這樣唸著，護法神全都知道了，一般的護法神就是依憑法主的命令去作事；不必一年，這張三就有事情發生，就不得不離開了。過一段時間張三走了，換李四搗蛋；好了，這個寺院住持又開始喃喃自語：「沒想到張三走了，這李四也來這一套，眞是個渾蛋！假使可以的話，把他痛打一頓就趕出寺門去。」結果李四在外面不曉得什麼緣故就被人打了，然後又告假還鄉去了。

所以法主不能隨便動念頭。我弘法至今前後二十年，不曾動過一個念頭說—我這句話是在佛前講的—我不曾動過一個念頭說：「這某某人這麼可惡，護法神都不處罰他。」我不曾動過念頭，還是一心想要攝受；該教的我會教，該罵的我私下裡也會說他一下，但還是要攝受，所以我不曾動過那種不好的念頭。這意思就是說，法王是不容易當的。不說法王，法主就不好當了，因爲面面俱到眞的很難；不管你爲正法作什麼事，都會有人反對，不會所有人百分之百贊同的。但是只要能夠維持七、八成的人認同，我覺得就夠了。當法主是應該這樣的，可是在法義上就不行了；法義上不能考慮眾人的想法，而是必須依憑法王所說—就是如來的所說—只要有一絲一毫違背 如來的意旨就不能允許。事務上、行政上都可以通融一些，只要有七、八成的大眾認同就夠了；因爲你不可能讓每一個人認同，各人的想法互不相同；可是法義一定要遵循法王之所說，不許自己創立。

在學術界最重要的成就是什麼呢？是創見。創見是學術界很看重的成就，是說你這個見解是開創性的見解，以前沒有人講過，大家就讚歎他「很有創見」，而這個創見當然得要如理作意，是符合邏輯而被多數人所接受。可是佛門中不許有創見，一定要依循 如來聖教中的意旨，如果有所違背，那就不是佛法；這是因爲 如來對實相、三界法界、解脫的開示，是究竟而具足的；既是究竟的，便不許有人再加以創新。只有不具足、不究竟、不圓滿的，才可以被改造、創新。可是百年來佛教已經被外道化、常見化以後，我們出來說的法，對於所有佛教大師而言都已變成創見了，因爲跟大家的認知都不一樣，所以就有人讚歎說：「這蕭平實很有創見。」那到底是在讚歎還是在罵我？因爲佛法中不許有創見。當大家再從經教中研究，求證我的說法是否正確，到最後比對經典以後才發覺：原來蕭平實所說並不是創見，是佛陀所曾講過的，也是眞悟菩薩們所曾講過的。所以說，在法上一定要依 如來法王所說，不能違背 如來。

這時 釋迦如來這麼說：「我現在普遍地告訴你們大家：我釋迦如來是僅僅用一乘道來教化諸菩薩，在我的心目中沒有聲聞弟子。」聲聞弟子就是那一千二百五十位大阿羅漢的零頭，就是那五十位，個個都不肯迴小向大，捨報就入無餘涅槃，那就是「聲聞弟子」。但是 佛說了：「我只有用一乘道教化弟子。」也就是說：「我以唯一佛乘的佛菩提，來教化諸菩薩們，我沒有聲聞弟子。」意思是說：「那五十位定性聲聞大阿羅漢是因爲度眾的過程中不小心撿到的，但又無法使他們迴小向大，所以那不算是我釋迦如來的弟子。」佛陀就這麼公開宣示。

講到這裡，如果還有人堅持說聲聞法的解脫道才是佛法，那麼我就要說那個人不是佛弟子，因為 佛已經明明講了：「我只以一乘道教化諸菩薩，我沒有聲聞弟子。」既是以一佛乘之道而教導諸菩薩，一定是用能成佛的法來教導；一定不可能只用成阿羅漢的法來教導，而不用能使人成佛的法來教導，所以唯一佛乘當然是佛菩提道，不可能是聲聞解脫道。那麼這個道理如果懂了，以後再有人說：「佛法就是解脫道，就是成就阿羅漢，所以佛就是阿羅漢。」他的說法是有語病的，也是有大問題的，因為佛可以是阿羅漢，但是阿羅漢不可以是佛，他們沒有實相的智慧，連明心都沒有；在佛教史上，當 如來離去以後，也沒有任何一位大阿羅漢敢出來紹繼佛位，或者自己宣稱是當來下生成佛的人。後來有明心的大阿羅漢們，都是在講《般若經》之後，並且有參與法華勝會的隨 佛修學迴小向大的那一千二百位大阿羅漢們。他們是在 佛陀宣講般若以後，以教外別傳方式幫助而證悟明心，然後迴小向大成為菩薩；他們才是 佛陀的入室弟子，其餘那五十位大阿羅漢們，都是定性聲聞弟子，不是佛弟子。

所以，從今以後再有人告訴你說：「唯一佛乘就是解脫道，沒有佛菩提道，所以大乘非佛說。」假使有人再把印順書中說的提出來主張：「佛不曾以佛菩提道教人，不曾以成佛之道教人。」那你就告訴他說：「你這個人是不懂佛法的人。」如果他想要深入理解，你再告訴他：「羅漢道是不能使人成佛的，成佛是要歷經三大阿僧祇劫五十二個位階，證得一切種智才能成佛。」然後你就問他：「請問一切種智是什麼？你知道嗎？」你再爲他解釋：「一切種智就是如來藏所含藏的一切種子的智慧，聲聞種姓的大阿羅漢們沒有明心，連如來藏在何處都不曉得，如何能了知如來藏中的一切種子？既沒有一切種智，如何能說那些阿羅漢就是佛？」這樣講給他聽。

他回去以後當然會再思惟，思惟以後也許一年、也許二年、也許十年，他就會想通了；因爲他不信邪，你所說的，他心中有懷疑，自然會去尋找經典、論典加以檢驗。但他檢驗的結果，一定會發覺確實如此，你說的都是正確的。再過一段時間，他漸漸地就信了，你就度得他回歸正道了。那麼你這樣子作，就是用無量無邊的功德供養了那一位未來佛。供佛功德無量無邊，雖然他只是未來佛，但這個法供養的功德還是無量無邊，這就是我們大家應該要作的事。所以，佛法中只有一乘道，「無二亦無三」，也是「無聲聞弟子」。

經文：【汝等舍利弗，聲聞及菩薩，當知是妙法，諸佛之祕要。以五濁惡世，但樂著諸欲；如是等眾生，終不求佛道。當來世惡人，聞佛說一乘，迷惑不信受，破法墮惡道。有慚愧清淨，志求佛道者，當爲如是等，廣讚一乘道。】

語譯：【你們大眾和舍利弗，聲聞相及菩薩相的所有菩薩們，都應當知道這個無分別法是極勝妙的法，是諸佛最珍祕的重要法義。由於現在是五濁的邪惡世間，眾生只愛樂及貪著五欲；像這一類的所有眾生們，終究不會想要尋求成佛之道。未來世的邪惡之人，若是聽聞佛所說的唯一佛乘之道，他們在心中將生起迷惑而不能信受，於是便會破壞這個無分別法而在死後下墮於三惡道中。若是有慚有愧而使自心清淨下來，並且立志求證佛菩提道的人，大家就應當爲這一類的人們，廣大地讚歎唯一佛乘的成佛之道。】

講義：這一段 世尊分明的預記，諸位可以檢查看看，末法時代的今天是否就這樣？當然啦！他們六識論的聲聞凡夫一向都會這樣說：「那些大乘經典談到末法時代的事情，就表示它是末法時代才寫出來的。」總是這樣講啊！言辭狡辯之甚，莫過於此；所以 佛陀預記了以後，他們都說：「凡是有預記的都是後代寫的。」他們這樣說的意思是什麼？是說 佛陀沒有預見未來的能力？那麼 如來十力中的處非處智力及死生智力，難道也是假的嗎？連三明六通大阿羅漢都能看見未來八萬大劫的事情，如來是大阿羅漢之師，竟然無法預見未來萬年之內的事？未來短短萬年之事竟然無法預記？他們這樣的說法豈不是大力謗佛嗎？就是這樣啊！所以，他們的意思就是說：佛陀就只是一個世俗平凡人一樣，並沒有神通，經中說的 如來那些神通都是神話。所以當有人講到說：「你看，佛陀如何、如何、如何。」他們就說：「經中那些神話，你也信哦？」這叫作無可救藥，眞的沒藥可救啦！他們的法身慧命是不可能活轉過來的。

「汝等舍利弗，聲聞及菩薩，當知是妙法，諸佛之祕要。」上面的偈文中，佛所說的內涵，說到三個要點；在這第一小段的部分是向大眾宣示說：你們這一些大眾以及舍利弗，示現菩薩相以及示現爲聲聞相的菩薩們；因爲舍利弗等人都在初轉法輪時期出家而示現爲聲聞相，也因爲是聽聞 世尊說法之音聲而悟入的，所以就說是「聲聞」，所以那一些阿羅漢們這時還被說是聲聞，但法會中有更多的菩薩同時在場聽聞，所以說：「汝等舍利弗，聲聞及菩薩。」稱呼了這些人之後，釋迦如來就宣示：「你們應當知道，我即將開始要演說的勝妙法，這個唯一佛乘的殊勝妙法，是諸佛的祕密法、是諸佛最重要的法。」這是第一個要點。

爲什麼說這唯一佛乘的法是諸佛的祕密法也是重要的法？當然有原因。講到這裡，我還是要自責，反正我這個人沒有面子。聽懂嗎？沒有面子。也許有人還聽不太懂，潙山靈祐曾經說：「此法無背無面。」說沒有後背也沒有正面。那我就說：「我沒有面子。」如來藏這個「我」哪有面子？五陰既轉依了祂，我蕭平實這個五陰有沒有面子也就無所謂了，所以乾脆就來塌自己的臺，揚揚家醜：我這一世剛開始弘法時，因爲沒有師承（我的師承是遠紹到九百多年、一千多年前、二千五百多年前），這一世剛出來弘法，那時也還沒有記起往世的一些事情，所以幹了很多糊塗事。例如第一次到第三次禪三，咱們都是在最後一天把參不出來的人，全都叫進小參室來明說。還有一件糊塗事比較少談到，就是第一次禪三在台北縣的侯硐鄉辦的；禪三最後一天，參不見佛性的人，全都叫到小溪邊來教導他們，就爲他們明講佛性是什麼，佛性可以怎麼看，應該怎麼樣看；就在那邊明講傳授，這其實已經叫作虧損法事、虧損如來了。結果呢，就不談也罷！諸位如今也都知道了。

但這一個法確實是諸佛的祕密法以及最重要的法，所以叫作「諸佛之祕要」，不許聲聞種姓的人知道。那些大阿羅漢們得要迴小向大以後，心中自認是菩薩願意行菩薩道了，不再畏生畏死了，不再害怕流轉生死了，願意爲眾生來生死，世尊才幫他們開悟。不是菩薩心性的人就不讓他證悟，因爲這個是諸佛的祕密法，也是諸佛最重要的法。所以，那五十位定性聲聞大阿羅漢是沒有開悟般若的，他們只證得聲聞菩提，斷我見、我執，可以出三界生死，但是沒有開悟般若，佛陀不幫他們開悟。

實相般若開悟這個法，若是要給他，一定要有一個相對的前提：你是這樣的人，我才給你這樣的法。你是聲聞人，所以我給你聲聞法；你是菩薩，所以我給你菩薩的法。意思就是說，你願意當菩薩，我才給你菩薩應證的法，菩薩的法就是開悟明心親證實相。這是諸佛的祕要，諸佛祕要只給菩薩而不給聲聞人。諸佛都不認爲聲聞阿羅漢是祂們的眞正兒子，佛陀入滅之後所謂的法主就是菩薩，通達般若的菩薩被稱爲「生如來家」，這個是指初地菩薩；

聲聞人從來不曾被 佛陀說是「生如來家」。那，菩薩是什麼時候投胎到如來家的？若是投胎而沒有出生，就表示開悟以後還沒有通達，所以說還沒有出生。開悟明心就是投胎去如來家了，到了初地就是出生於如來家了，是十月懷胎滿足而出生了，所以 佛陀只認定初地以上菩薩是已經出生的兒子。那麼，悟後還沒入地，就是還在孕育之中，但是已經投胎完成了。

所以說，「諸佛之祕要」只給菩薩種性已經發起的人，不給聲聞種姓的人；因此聲聞人乃至成爲大阿羅漢了，佛都還不肯給他們。這是說，一千二百五十位大阿羅漢，只有一千二百位大阿羅漢得到佛菩提。那五十位是定性聲聞，佛陀不給他們。不給他們般若智慧，也是因爲他們對佛菩提法有增上慢，所以 世尊入滅以後，他們還剩下四十位大阿羅漢，才會集合其餘的聲聞人，把他們所聽聞到的大乘經典結集成四阿含的解脫道法義，沒有佛菩提道的成佛次第和具足的內涵。除了原來的聲聞解脫道法義以外，大乘經典他們聽聞後全都結集了。結集了以後，結果竟變成聲聞解脫道的法，都沒有佛菩提，根本不該命名爲「阿含」。

四大部《阿含經》中，如何成佛的次第與內涵都沒有，只有講到有個如來藏總相。至於如來藏要怎麼實證，也不知道，那樣的經典哪能叫作「阿含」？「阿含」的意思就是成佛之道，他們自稱那是「阿含」——自稱是成佛之道；好了！等他們結集完了，菩薩們來聽他們的結集成果，聽到他們誦出全部經典而說這個叫成佛之道，那時所有菩薩都不能接受，要求他們重新結集，但他們不肯。他們自認爲已經把大乘經典也都結集好了，卻都只是解脫道而沒有佛菩提道，所以菩薩們當場抗議說：「吾等亦欲結集。」就公開宣稱說「我們也要結集」。這就是般若系列的經典以及唯識系列的經典的由來，就是再過半年後隨即產生的千人大結集，在七葉窟外。

所以那四十個不迴心大乘的大阿羅漢們率領的三果以下等聲聞人，結集出來的就只有解脫道的法義；因爲他們沒有證悟，四十個大阿羅漢加上一些三果、二果、初果和一些聲聞凡夫，總共湊足了五百個人，結集出來的就是四阿含解脫道經典。他們沒有辦法證悟，因爲他們不是迴小向大的菩薩，還沒有發起菩薩種性。而這個明心之法乃至眼見佛性等等法，這些實相般若都是「諸佛之祕要」，只傳給菩薩。成爲阿羅漢以後，如果不迴小向大，不願再起一分思惑來受生於人間，佛陀就不傳給他們，因爲是「諸佛之祕要」，不是「聲聞之祕要」。

那麼話頭拉回來說：我當初就是沒有師承，而且那時候破參不久，經典也讀很少。根本沒有讀到經典裡面 佛陀說：「這些法不許爲人明說，更不許爲外道講；即使是佛弟子前來學法，如果他不是恭敬渴仰請求，也不許爲他解說。」連解說都不許，何況是幫他們統統證悟？因爲這是「諸佛之祕要」。我是後來讀到了經典中 世尊的開示，才說：「唉呀！我度人錯得一塌糊塗了。」所以我讀了以後，隨即就在 佛前立下誓願：「決不再將佛法作人情。」以前看人家參不出來哭著，我在背地裡也跟著擦眼淚。打從那次以後，我不再流眼淚了。那片 DVD 裡面演的那個擦淚的事，是最早那三次禪三的事，從第四次開始我就鐵了心，不再流眼淚了，因爲若是悟緣還不具足的人，我就不該硬送給他們，免得後來害了他們開始謗法。這是諸佛的祕密以及最重要的法，當然不可以隨便，連爲外道演說都不可以。

講到這裡，應該檢討一下：我們以後是不是要先檢查，要進來聽經的人，先要看看他們有沒有歸依證？雖然還沒有在正覺同修會中歸依，不然已在法鼓山、佛光山，不論在什麼山歸依過了也都行，得要是在佛教道場中歸依過了才行。以後是不是應該這樣子過濾？這就是說，往往有一些人，特別是十年前，八、九年前，常常有一些人在私底下抱怨說：「老師偏心，都不幫我開悟。」可是，我觀察的結果是他們開悟的因緣還沒有成熟，我當然不能幫他們，因爲這是「諸佛之祕要」，不是諸佛普說之法。

更可笑的是，有一位師兄一直報名求見佛性，我看他也是蠻護持的，既認眞作義工，也捐錢等等；他都很護持，每一次報見性，我都錄取他；連續錄取了他七次，創記錄了吧！見性一關連續錄取七次，前無古人，可能也將是後無來者。可是我去到禪三共修時，才一看他禮佛時的無相念佛功夫，就知道他不行。我得要先看他的定力行不行，但每一次看都不行，就不引導他了，因爲他一定看不見佛性。那我引導了就是浪費一個人，萬一他解悟了，他這一世就永遠看不見了，留待下一次功夫更好時，也許就能見性；所以我就沒有引導——連續七次禪三。

結果，後來他跟隨了楊先生，就抱怨說：「我去了七趟，都不爲我引導。」好像是我沒有害他，他很不甘願。意思就是這樣嘛！我一番好心，是因爲明知道他定力不夠，引導出來時絕對看不見的，此世就再也沒機會看見佛性了，所以要等以後的機會。結果他因爲這樣子不滿，就靠向楊先生他們那邊而退轉去了。那你說他有沒有見性的因緣？看來是沒有嘛！由他向人抱怨這一點來看，也可以證實了。意思就是說，見性這個法，我有心要送給他，但我送不出去，因爲他的條件不夠；見性必須有定力、慧力、福德這三個因緣，但他的定力不夠，雖然他的慧力行、福德行，可就是定力不夠。當他定力不夠時，我送不出去；結果他誤以爲我不管他，其實我每天都去靜靜地看他禮佛，看他的功夫如何，然而一看就是不行。

以上是題外話，那麼關於明心呢？明心這個法是「**諸佛之祕要**」，連大阿羅漢們，只要是沒有發起菩薩性，佛都不給他們了。如果我把它寫在書裡面，或者到處去找人說：「**你只要供養我二十萬元，我就爲你印證，直接告訴你眞如是什麼。**」這樣好不好？（有人說：不好。）好啊！怎麼不好？他的頭上立刻就有一個光環叫作「開悟」，當然覺得很好啊！有人離開正覺同修會以後就是這樣胡搞的，那我就不能認同。因爲 佛陀明明說了，這是「**諸佛之祕要**」，而且有一部經中 世尊也再三告誡，有時連演說都不許說，更不要說是把密意賣給外道。

我在最早的那三次禪三，到最後參不出來就叫來明講，可是我也都有後果；是因爲當時我不知道不可以這樣作，護法神當然要警告我，要點一點我。所以第一次禪三渾身無力，我就每天泡了很多次阿華田那種飲料補充體力，就一直喝，撐過四天。我想：「這個只是偶然啦！可能是剛好身體不適啦！」第二次禪三，在中壢永平寺，最後一天也是全部找來明講。楊先生就是第三天中午在寺裡中庭的樹下，我爲他明講，還拉著他、還從背後推著他體驗；結果他還是留不住，二〇〇三年還是退轉了。那一次禪三時，護法神對我怎麼樣呢？讓我肚子一直鼓起來，半夜裡鼓得像青蛙。有一位師兄，剛好知道一位師姊帶了一瓶全新的氣功油，還沒有開封；他就拿來不斷地幫我擦啊、揉啊，揉到快要天亮即將打起板的時候，整整一瓶氣功油用完了，他的手已經凍到很痛了，可是我的肚皮才消掉那麼一點點，其實還是很脹，這是第二次。

我這個人牙齒是鐵做的，所以我又想：「這應該也是巧合啦！」第三次是在頭城鎮的石城辦禪三；那次在石城辦禪三時依舊如法炮製，在小參室裡也是明講，結果是第二天早上就沒有聲音了，全都沒有聲音了。有同修就打電話回家告訴我同修說：「師母啊！老師失聲了。」我同修問說：「什麼失身？」「不是啦！失掉聲音啦！」那我就交代他們去買酸楊桃汁，越酸的越好；結果在石城買不到，他們就開了二十幾公里的車，到頭城鎮去，買了一罐一千二百五十ＣＣ的原種酸楊桃汁；我一面小參就一面喝，就一直喝，因爲聲音全都沙啞，都沒有聲音了。沒有吃到不該吃的失聲之物，又沒有感冒，無緣無故就完全沒有聲音了。那時我想：禪三都已經辦了，已經開始了，這時沒聲音，該怎麼辦？所以就一直喝，喝到那一天中午，那一瓶一千二百五十ＣＣ原種酸楊桃汁—不是你們喝的那種甜楊桃汁—就全部喝光了，終於有一點聲音，雖然還很沙啞，但是勉強可以聽得見。那麼到第四天結束時，所有還沒參究出來的人，我還是全部叫來明講。

禪三結束後—那一個早上喝完一千二百五十ＣＣ一大瓶純酸楊桃汁—當然後果可知，所以禪三結束就去新光醫院報到就醫，然後就照胃鏡，吃了三個月的藥。那時我就開始檢討，知道一定不對！因爲是接二連三。其實「接二」就應該信邪了，可是我這個人不信邪，得要「連三」，終於知道了不該明講，並且也剛好知道有那一段經文，說這個法不許爲因緣未成熟的人實證，也是不許爲外道講解的。我想：「連講都不許講，何況是密意的實證！我竟把密意公開爲悟緣未熟的人明講。哇！不得了！」所以從那一次就發下了願：不將佛法作人情。

這意思在告訴大家說，「諸佛之祕要」是不應該隨隨便便就給人的。如果我繼續像那三次禪三那樣，算算看，現在應該多少人明心了？以前是一年一百人，現在是一年二百人，因爲每年春秋各二個梯次。哇！那十年就二千個人明心了。我這樣繼續辦下去，等到我要走的時候，大概台灣滿街都是聖人了，正法一定會壞掉。我這樣傳，就已經幾乎控制不了了，因爲有些人似懂非懂，爲了名聞利養就到外面亂搞一通去了。但這個無分別法是「諸佛之祕要」，我爲他們明講，他們沒有自行參究的過程體驗，一定似懂非懂，竟然就出去會外亂搞。

我從來不敢爲了名聞利養就隨意亂傳佛法密意，所以後來每次禪三結束向　佛告假時，我都特別注意　佛的臉色好不好看。有一次禪三剛開始，我觀察的結果，應該是三位，不超過四位。結果，那一次有人放水，多弄出來二位而變成六位，結果我辦完禪三告假的時候，佛陀沒有表情。我就知道不被讚歎，知道　佛沒有歡喜心；不是生氣，而是沒有歡喜心。可是第一梯次禪三（編案：後來改為春季與秋季各辦二個梯次禪三）只有三位，我告假回家時禮佛一看，哇！高興得很，世尊很高興的樣子，於是我整整一週都在高興。我只求　佛陀歡喜，只要　佛歡喜就行了，其餘不論什麼我都沒關係。可是那一次，佛陀就沒有歡悅的笑容，就是很平淡而沒有表情的感覺。我就更確定那一回禪三我有過失，因為我沒有預防著。其實現在弘法最重要的事情是什麼？是守護密意。可是，偏偏一直有人似懂非懂的就要出去指導人家，不觀根器，這會壞了佛法。

那麼，這裡經文正好講到說：「當知是妙法，諸佛之祕要。」所以如果不是因緣很成熟，我寧可再把它留在樹上久一點，等到它內外都熟了，我們再剪下來，不就又香又甜嗎？可是如果它都還半生不熟，就把它剪下來，然後用鹽巴再加一堆糖去把它做了變成蜜餞，已經不可能是香美的水果了。我想諸位都不願意當蜜餞吧！因為蜜餞，被人家一放就放很久，也許放在冷凍庫裡面冰著更久。如果是水果，很快就上場作用了，對不對？應該如此嘛！所以這個無分別法是「諸佛之祕要」，「祕要」的意思是說：緣還沒有熟的人不該證悟。想一想，連定性聲聞的大阿羅漢，已經貴爲人天應供了，佛陀都不肯給他們；只有迴小向大以後，願意繼續受生於三界中，永劫修行菩薩道利樂眾生的人，佛陀才會以教外別傳的機鋒加以指導。這就是這一段經文的第一個要點，佛陀宣示：這是諸佛的祕密法，也是最重要的法。意思就是說：「你們大眾聽了，不要隨隨便便就要求我釋迦牟尼佛幫你開悟；因爲這是『諸佛之祕要』，只有菩薩性足夠了，才可以有因緣證悟這個法。」

「以五濁惡世，但樂著諸欲；如是等眾生，終不求佛道。當來世惡人，聞佛說一乘，迷惑不信受，破法墮惡道。」世尊說的第二個道理，是說這一個五濁惡世的年代，眾生都很歡喜地執著種種欲樂之法。五濁就稱爲惡世。五濁，我們在這裡就不要解釋它，因爲講起來也是長篇累牘。這個五濁在《楞嚴經》裡面講很多，《楞嚴經講記》也已經開始出版了，裡面就會很詳細說明這五濁。這五濁滅盡了、斷盡了，就是五陰盡，就是佛地的境界；但是這個部分我講過了，就在《楞嚴經講記》裡面，諸位去讀就好了，這裡就不說它。這五濁，簡單地說，首先是有見濁，是錯誤的見解；由於邪見而產生了汙濁的心性，因爲眾生們都有見濁，所以這一個劫就汙濁了；這個劫汙濁卻是因爲眾生有煩惱，是因爲煩惱汙濁而使劫濁，但卻是從見濁產生的，是因爲煩惱濁所以眾生就汙濁。因爲眾生汙濁，導至眾生的命根是不清淨的，所以稱爲命濁。這五濁的時期就是最惡劣的時代，所以稱爲惡世。由於是五濁惡世，所以眾生們只樂著於種種的欲樂境界；佛說像這樣的眾生，終究不會想要追求佛道。

諸位不必看世界各國，單看台灣就好，有多少人眞的在追求佛道？也許有人說：「你看，坐在我前後左右的人都在追求佛道。」說的也是！但問題是，你周遭的親朋好友呢？如果你教他說：「你努力來修行可以證悟。」他說：「唉呀！修行太苦了，人生已經夠苦了，還要修行？」他們往往是這樣講的，所以如 佛所說：「求佛道的人很少。」也許有人想：「台灣有一千二百多萬的佛教徒呢！」問題是，那些人全都是佛教徒嗎？那些人自稱爲佛教徒，其實只是人家講的「拿著香跟在人家後頭，見了佛也拜，見了神也拜，見了鬼也拜」，什麼都拜，就是這樣啊！甚至於有許多號稱爲佛教徒的人，當你把佛像、觀音菩薩像、土地公像放在一起時，他們會主張說：「土地公最大。」（大眾笑…）那樣也叫作佛教徒欸！所以一千二百多萬的佛教徒，只是虛有其名、眞無其數。

所以至少也得要已經歸依三寶的人，才能叫作佛教徒；因爲至少他願意發四宏誓願，雖然他目前還不願意眞的開始修行。那麼請問：全台灣已經歸依佛門三寶的有多少人？一定不會超過四百萬吧！就算有四百萬人好了，這四百萬人有多少人在修行？我想不會超過十萬人，而這十萬人都在修什麼行？都是以定爲禪，每天盤起腿來跟腿痛對抗，想要求得一念不生的境界，說這樣叫作修行。那是在求佛菩提道嗎？連聲聞道都還不是欸！這十萬人裡面，眞的在探究解脫的人究竟有多少人？不會超過一萬人。眞正在探究聲聞解脫道而不是逛道場的，不會超過一萬人。你們可以到各道場去看看，打坐的人還算多，但算一算各道場每週來打坐的，你都可以數得出來。

譬如說，你如果到法鼓山去數，每週日都去禪坐會打坐的人不會超過一千人，每週日早上去聽經的也不會超過一千人。所以，我們台北三個講堂坐滿了人超過一千人——剛剛好超過一千人（編案：當時只有三個講堂），他們外面的人不相信，因爲我們都說：「提早入坐，以免向隅。」他們不信，乾脆來看看——來觀光一下，結果三個講堂還眞的坐滿人，而且坐得很擁擠。

但是你看他們有沒有每週講經、而且每週都坐滿了一千人？沒有。那你想想，這樣算起來，佛教界裡眞正在修行的才有多少人？一萬人已經算是多了。接著看那一萬人之中，有多少人眞的在探究解脫？我說的不是指以定爲禪的人，眞的在探究—努力在經典裡面去研尋—到底如何才是解脫？那人數又更少了。那麼如果要談到唯一佛乘佛菩提道的追求，那眞的叫作絕無僅有。這在外面是絕無的，而僅有的人都已在同修會中，就是你們諸位。

這就是說，像這一類五濁惡世中的眾生，連已經歸依三寶的人都還不會想要追求唯一佛乘的親證，何況是一般眾生呢！所以佛陀這樣說，終究沒有絲毫誑語：「**如是等眾生，終不求佛道。**」而未來世的五濁眾生，不單單是不求佛道而已，而且還有惡人。爲什麼叫作惡人？因爲他們聽到佛陀所說的唯一佛乘，心中生起了迷惑而不願意信受，於是開始假藉所謂考證、學術研究的名義，大聲疾呼大乘非佛說，或者是大力否定第八識如來藏，謗爲外道神我；作了種種破壞正法的惡事，死後就下墮惡道。

諸位可以觀察一下，四、五十年來的台灣佛教，正是如此啊！聽到說唯一佛乘就是佛菩提，聽到說佛菩提道不同於聲聞緣覺道，聽到說佛菩提道的入門實證就是證如來藏，他們就全部否定了，他們認爲阿羅漢就是佛：「佛也是阿羅漢，所以阿羅漢就是佛。」又說佛菩提道就是阿羅漢們所證的解脫道，又說如來藏是外道神我。這些人都叫作昧於事理，理事皆昧；是在理上迷昧了，五陰等事相上的諸法也迷昧了。

理上，諸位已經瞭解，就是一定要明心、要見性、要證得一切種智，這是要歷經五十二個階位圓滿了佛菩提，那時才能成佛。這個理上，諸位聽我說很多了，且不再談它。單從事相上來說，如果依照他們說的阿羅漢就是佛，他們是不是在指責　佛陀授記　彌勒菩薩當來成佛是妄語？他們就是在指責佛陀嘛！只不過是換一個方式變相指責，不是直接指責。因爲　佛陀授記說：當來下生成佛的是　彌勒菩薩，會在五億七千六百萬年後——印度算術說的五十六億年後。那麼問題來了，釋迦如來入滅之後有那麼多阿羅漢，那時候還有一千二百位大阿羅漢，大阿羅漢座下又有許多不等的阿羅漢弟子們，他們爲什麼不推舉一位或幾位出來紹繼成佛？爲什麼都沒有人敢紹繼成佛？

《阿含經》中的記載，外道們問阿難說：「佛陀入滅以後，你們現在推舉誰當法主？」阿難說：「我們沒有誰當法主。」「那你們如何共住啊？」

「我們以戒為師。」沒有人繼承佛位，那怎麼可以說阿羅漢就是佛？如果阿羅漢就是佛，一定會有人起來繼承佛位，因為依他們的主張，佛陀的所悟如此，阿羅漢所悟也如此，所以阿羅漢就是佛，當然 佛陀入滅時就一定要有人出來繼承佛位；那當然就很好了，佛佛相傳一直傳下來，等於就是每一世代都有佛，應該傳到現在都還有佛才對。那麼 彌勒菩薩為什麼要等五億七千六百萬年後才來成佛？可見他們顯然也還迷事，不單單是迷理。

可是這些人不斷地公開辯說：「大乘非佛說，佛菩提道五十二個階位也是後人編出來的，大乘經典說的法義也是後人寫出來的。」然而問題又來了，大乘經典的法義顯然遠勝四阿含諸經無數倍，那他們是不是在罵：「釋迦如來很笨，講不出大乘經典中那麼勝妙的法；而後代的弟子比釋迦如來更有智慧，所以寫出更勝妙的大乘經典來。」他們意思顯然是如此了，眞是住如來家、穿如來衣、食如來食、說如來法而破如來法，並且謗 釋迦如來。

這就是說，佛陀同時舉出第二個要點：五濁惡世的人只貪著諸欲。你們看看密宗不就是這樣嗎？想要獲得出家人所能得到的恭敬與供養，然後又想要以出家身而同時得到在家法，所以他們都和達賴一樣要博愛——愛盡天下年輕美麗的女人。這個叫作恬不知恥啦！你既然出家受人供養食衣住行，就不要貪求在家法；你若是想要在家法，那你就不能擁有出家人接受恭敬供養的出家法。

出家人是要受供養的，可是你若是在家身，就不應該受供養嘛！你出家了，卻要擁有在家法，這就是 佛講的這個「但樂著諸欲」，正是標準的五濁惡世眾生，佛說這一些眾生「終不求佛道」。咱們把佛菩提道這麼明白寫了出來，不只是一本、二本書啊！他們有信受嗎？不信！所以這一些眾生眞的叫作「終不求佛道」。「不求佛道」也就罷了！偏偏還要主張大乘非佛說，跟日本人沆瀣一氣互通消息來破壞中國大乘佛教，硬是狡辯說第七識、第八識都是從意識細分出來的。這些人都叫作心行顚倒，連基本的邏輯都不通了，而且自己都還不知道，何況能學佛呢！所以這些人「聞佛說一乘，迷惑不信受」，接著當然就是「破法墮惡道」了。這就是這一段經文中提示的第二個要點。

「有慚愧清淨，志求佛道者，當爲如是等，廣讚一乘道。」第三個要點是從正面來勸勉舍利弗等人：但是仍然還有一些人，他們心中有慚有愧，而且他們的心地是清淨的，是立下志願要追求佛菩提道的人；所以吩咐舍利弗等人說：你們應當要爲這樣的人廣泛讚揚唯一佛乘、佛菩提道。

「慚愧清淨」到底是指什麼？譬如說兩個人，某甲一天到晚都說：「我作事從來不犯規矩，我一向遵守規矩，我永遠是保持清淨的。」另外一個某乙說：「唉呀！我好慚好愧呵！我老是不小心就犯錯了，慚愧啊！慚愧啊！」請問這兩個人誰比較清淨？某乙才是清淨的，因爲他有慚有愧。某甲叫作無慚無愧，他從來不知道慚與愧是什麼，因爲他認爲自己永遠都對，即使別人爲他指證了，他也不認爲自己有錯；他永遠要堅持自己對，所以他永遠不必懺悔，那他就是無慚與無愧。無慚無愧是什麼有情？大聲一點啦！就是畜生嘛！只有惡畜生才是無慚無愧。如果狗被主人責備時，牠都還會低頭認錯呢！人如果成爲無慚無愧的時候，表示他未來世會跟畜生道相應。

三界世間是怎麼來的？是從心來。心若是天人之心，那麼他死後天界世間就出現了；心是色界的境界，死後色界境界就出現；心若是畜生，畜生的境界就會出現；心若是地獄，地獄世間就出現。三界就是這麼來的，《楞嚴經》就是講這個道理：有什麼樣的心，將來就會變成怎麼樣，就會生到哪裡去；然後說，去到地獄以後回來到鬼道時會變成什麼鬼；鬼有十類，變成其中的某一種鬼以後，他來到畜生道的時候就會變成某一種畜生。所以，你們看那一些為人類報喜、報憂、報時的畜生，全都有牠們很多劫的前因。當你們把《楞嚴經講記》詳細讀清楚了，將來你們看見燕子時就會知道：啊！牠是從某某鬼道報盡以後生來人間畜生道中當燕子，未來無量世以後將會生到人間變成什麼樣的人。你們就知道了，這就是具足了知因果，是佛陀為我們說的。

所以有慚有愧的人，每天都覺得慚愧，這個人才是清淨心者。如果他從來都認為自己沒有錯、自己永遠都對，他都不會覺得慚、也不會覺得愧。慚就是發露向人，應該向誰發露，他就去跟誰發露；愧則是發願後不復作。比如他無根毀謗了某甲，就去跟某甲發露說：「對不起！我前些時候哪一天什麼時候在哪個地方，我說了你哪些壞話，我跟你道歉，我以後絕對不會再作。」這叫作慚與愧。永遠不覺得慚愧的人，是距離佛道越來越遠的人。**慚**就是發露向人，**愧**就是後不復作，這叫作有慚有愧。有慚有愧才是人，你們有沒有見過畜生向別人道歉說：「唉呀！對不起啦！我以前說了你壞話，後不復作。」

沒有一個畜生是這樣的，所以無慚無愧就會跟畜生道相應。

世尊說，將來有的人是具有慚與愧這兩個善心所法的人，他們心地是清淨的，他們這樣的人就很適合來修證佛菩提道，這一些人會立下志願精勤尋求佛菩提道的實證。所以吩咐說：「**舍利弗！你們眾人就應該要為這一些人，廣泛地讚歎唯一佛乘這個佛菩提道。**」這表示什麼呢？這就是第三個宣示：我 釋迦牟尼佛來人間說法是為了唯一佛乘，而舍利弗你們等人將來也要為大家廣讚唯一佛乘。那麼請問：唯一佛乘是解脫道還是佛菩提道？（大眾答：佛菩提道。）喔！諸位都是我的知音。因為印順說唯一佛道就是聲聞法的解脫道，這是印順書中講的，所以他的唯一佛乘就是羅漢道，不是大乘諸經中說的佛菩提道。他這樣的說法，有沒有合乎這一段話說的「**迷惑不信受，破法墮惡道**」？完全符合嘛！

所以，我為印順法師的未來世果報，還是覺得很傷感；因為他說起來也可憐，臨命終前就是昏昏沉沉迷迷糊糊捨報，是不是人家故意把他打了麻醉劑，讓他迷迷糊糊沒有辦法講話，就這樣捨報？我不知道。我所知道的是他迷迷糊糊捨報了，沒有一句遺言來救護自己的未來世。他能夠有機會懺悔嗎？他有機會能夠在捨報前更正嗎？不行。所以如果曾經有謗法、謗賢聖，要把握時間趁著還能講話、自己還能作主的時候，趕快寫了或者對大眾說了，要趕快把它完成。不要帶著那個大惡業，到臨命終才想要作時，卻已經作不來，就只好把那個業帶著自己去未來世承受。那是最愚癡的人，一世的名聲不過一百年，就算從出生那一刻就很有名——一出生就會說法而很有名，到死的時候也不過一百年，但是「破法墮惡道」，那要承受多久啊？那眞的叫作不可承受之痛，而愚癡人甘願受之。諸位是有智慧的人，才會走進正覺來嘛！如果有遇到那樣的親朋好友，應該要勸告他們：不要再毀謗大乘了。那麼，接下來最後 佛陀如何交代呢？

（〈方便品〉未完，詳續第四輯。）

佛教正覺同修會〈修學佛道次第表〉

第一階段

＊以憶佛及拜佛方式修習動中定力。
＊學第一義佛法及禪法知見。
＊無相拜佛功夫成就。
＊具備一念相續功夫—動靜中皆能看話頭。
＊努力培植福德資糧，勤修三福淨業。

第二階段

＊參話頭，參公案。
＊開悟明心，一片悟境。
＊鍛鍊功夫求見佛性。
＊眼見佛性〈餘五根亦如是〉親見世界如幻，成就如幻觀。
＊學習禪門差別智。
＊深入第一義經典。
＊修除性障及隨分修學禪定。
＊修證十行位陽焰觀。

第三階段

＊學一切種智真實正理—楞伽經、解深密經、成唯識論…。
＊參究末後句。
＊解悟末後句。
＊透牢關—親自體驗所悟末後句境界，親見實相，無得無失。
＊救護一切衆生迴向正道。護持了義正法，修證十迴向位如夢觀。
＊發十無盡願，修習百法明門，親證猶如鏡像現觀。
＊修除五蓋，發起禪定。持一切善法戒。親證猶如光影現觀。
＊進修四禪八定、四無量心、五神通。進修大乘種智，求證猶如谷響現觀。

佛菩提二主要道次第概要表——二道並修，以外無別佛法

佛菩提道——大菩提道

遠波羅蜜多

資糧位

十信位修集信心 —— 一劫乃至一萬劫

初住位修集布施功德（以財施為主）。

二住位修集持戒功德。

三住位修集忍辱功德。

四住位修集精進功德。

五住位修集禪定功德。

六住位修集般若功德（熏習般若中觀及斷我見，加行位也）。

外門廣修六度萬行

七住位明心般若正觀現前，親證本來自性清淨涅槃。

八住位起於一切法現觀般若中道。漸除性障。

十住位眼見佛性，世界如幻觀成就。

見道位

一至十行位，於廣行六度萬行中，依般若中道慧，現觀陰處界猶如陽焰，至第十行滿心位，陽焰觀成就。

一至十迴向位熏習一切種智；修除性障，唯留最後一分思惑不斷。第十迴向滿心位成就菩薩道如夢觀。

內門廣修六度萬行

初地：第十迴向位滿心時，成就道種智一分（八識心王一一親證後，領受五法、三自性、七種第一義、七種性自性、二種無我法）復由勇發十無盡願，成通達位菩薩。復又永伏性障而不具斷，能證慧解脫而不取證，由大願故留惑潤生。此地主修法施波羅蜜多及百法明門。證「猶如鏡像」現觀，故滿初地心。

二地：初地功德滿足以後，再成就道種智一分而入二地；主修戒波羅蜜多及一切種智。滿心位成就「猶如光影」現觀，戒行自然清淨。

解脫道：二乘菩提

斷三縛結，成初果解脫 →

薄貪瞋癡，成二果解脫 →

斷五下分結，成三果解脫 →

入地前的四加行令煩惱障現行悉斷，成四果解脫，留惑潤生。分段生死已斷，煩惱障習氣種子開始斷除，兼斷無始無明上煩惱。

近波羅蜜多

修道位

三地：二地滿心再證道種智一分，故入三地。此地主修忍波羅蜜多及四禪八定、四無量心、五神通。能成就俱解脫果而不取證，留惑潤生。滿心位成就「猶如谷響」現觀及無漏妙定意生身。

四地：由三地再證道種智一分故入四地。主修精進波羅蜜多，於此土及他方世界廣度有緣，無有疲倦。進修一切種智，滿心位成就「如水中月」現觀。

五地：由四地再證道種智一分故入五地。主修禪定波羅蜜多及一切種智，斷除下乘涅槃貪。滿心位成就「變化所成」現觀。

六地：由五地再證道種智一分故入六地。此地主修般若波羅蜜多——依道種智現觀十二因緣一一有支及意生身化身，皆自心眞如變化所現，「非有似有」，成就細相觀，不由加行而自然證得滅盡定，成俱解脫大乘無學。

七地：由六地「非有似有」現觀，再證道種智一分故入七地。此地主修一切種智及方便波羅蜜多，由重觀十二有支一一支中之流轉門及還滅門一切細相，成就方便善巧，念念隨入滅盡定。滿心位證得「如犍闥婆城」現觀。

七地滿心斷除故意保留之最後一分思惑時，煩惱障所攝色、受、想三陰有漏習氣種子全部斷盡。

大波羅蜜多

八地：由七地極細相觀成就故再證道種智一分而入八地。此地主修一切種智及願波羅蜜多。至滿心位純無相觀任運恆起，故於相土自在，滿心位復證「如實覺知諸法相意生身」故。

九地：由八地再證道種智一分故入九地。主修力波羅蜜多及一切種智，成就四無礙，滿心位證得「種類俱生無行作意生身」。

十地：由九地再證道種智一分故入此地。此地主修一切種智——智波羅蜜多。滿心位起大法智雲，及現起大法智雲所含藏種種功德，成受職菩薩。

等覺：由十地道種智成就故入此地。此地應修一切種智，圓滿等覺地無生法忍；於百劫中修集極廣大福德，以之圓滿三十二大人相及無量隨形好。

煩惱障所攝行、識二陰無漏習氣種子任運漸斷，所知障所攝上煩惱任運漸斷。

圓滿波羅蜜多

究竟位

妙覺：示現受生人間已斷盡煩惱障一切習氣種子，並斷盡所知障一切隨眠，永斷變易生死無明，成就大般涅槃，四智圓明。人間捨壽後，報身常住色究竟天利樂十方地上菩薩；以諸化身利樂有情，永無盡期，成就究竟佛道。

斷盡變易生死
成就大般涅槃

圓滿成就究竟佛果

佛子蕭平實 謹製
（二〇〇九、〇二 修訂）
（二〇一二、〇二 增補）

佛教正覺同修會 共修現況 及 招生公告　2016/1/16

一、共修現況：（請在共修時間來電，以免無人接聽。）

台北正覺講堂 103 台北市承德路三段 277 號九樓　捷運淡水線圓山站旁
Tel..總機 02-25957295（晚上）（**分機：九樓**辦公室 10、11；知客櫃檯 12、13。 **十樓**知客櫃檯 15、16；書局櫃檯 14。 **五樓**辦公室 18；知客櫃檯 19。**二樓**辦公室 20；知客櫃檯 21。）
Fax..25954493

第一講堂　台北市承德路三段 277 號九樓

禪淨班：週一晚上班、週三晚上班、週四晚上班、週五晚上班、週六下午班、週六上午班（皆須報名建立學籍後始可參加共修，欲報名者詳見本公告末頁）

增上班：瑜伽師地論詳解：每月第一、三、五週之週末 17.50～20.50 平實導師講解（僅限已明心之會員參加）

禪門差別智：每月第一週日全天　平實導師主講（事冗暫停）。

佛藏經詳解　平實導師主講。已於 2013/12/17 開講，歡迎已發成佛大願的菩薩種性學人，攜眷共同參與此殊勝法會聽講。詳解 釋迦世尊於《佛藏經》中所開示的眞實義理，更爲今時後世佛子四眾，闡述佛陀演說此經的本懷。眞實尋求佛菩提道的有緣佛子，親承聽聞如是勝妙開示，當能如實理解經中義理，亦能了知於大乘法中：如何是諸法實相？善知識、惡知識要如何簡擇？如何才是清淨持戒？如何才能清淨說法？於此末法之世，眾生五濁益重，不知佛、不解法、不識僧，唯見表相，不信眞實，貪著五欲，諸方大師不淨說法，各各將導大量徒眾趣入三塗，如是師徒俱堪憐憫。是故，平實導師以大慈悲心，用淺白易懂之語句，佐以實例、譬喻而爲演說，普令聞者易解佛意，皆得契入佛法正道，如實了知佛法大藏。

此經中，對於實相念佛多所著墨，亦指出念佛要點：以實相爲依，念佛者應依止淨戒、依止清淨僧寶，捨離違犯重戒之師僧，應受學清淨之法，遠離邪見。本經是現代佛門大法師所厭惡之經典：一者由於大法師們已全都落入意識境界而無法親證實相，故於此經中所說實相全無所知，都不樂有人聞此經名，以免讀後提出問疑時無法回答；二者現代大乘佛法地區，已經普被藏密喇嘛教滲透，許多有名之大法師們大多已曾或繼續在修練雙身法，都已失去聲聞戒體及菩薩戒體，成爲地獄種姓人，已非眞正出家之人，本質只是身著僧衣而住在寺院中的世俗人。這些人對於此經都是讀不懂的，也是極爲厭惡的；他們尙不樂見此經之印行，何況流通與講解？今爲救護廣大學佛人，兼欲護持佛教血脈永續常傳，特選此經宣講之。每逢週二 18.50~20.50 開示，不限制聽講資格。會外人士需憑身分證件換證入內聽講（此是大樓管理處之安全規定，敬請見諒）。桃園、台中、台南、高雄等地講堂，亦於每週二晚上播放平實導師所講本經之 DVD，不必出示身分證件即可入內聽講，歡迎各地善信同霑法益。

第二講堂 台北市承德路三段 267 號十樓。

禪淨班： 週一晚上班、週六下午班。

進階班： 週三晚上班、週四晚上班、週五晚上班（禪淨班結業後轉入共修）。

佛藏經詳解： 平實導師講解。每週二 18.50~20.50（影像音聲即時傳輸）。本會學員憑上課證進入聽講，會外學人請以身分證件換證進入聽講（此爲大樓管理處安全管理規定之要求，敬請諒解）。

第三講堂 台北市承德路三段 277 號五樓。

進階班： 週一晚上班、週三晚上班、週四晚上班、週五晚上班。

佛藏經詳解： 平實導師講解。每週二 18.50~20.50（影像音聲即時傳輸）。本會學員憑上課證進入聽講，會外學人請以身分證件換證進入聽講（此爲大樓管理處安全管理規定之要求，敬請諒解）。

第四講堂 台北市承德路三段 267 號二樓。

進階班： 週一晚上班、週三晚上班、週四晚上班、週五晚上班（禪淨班結業後轉入共修）。

佛藏經詳解： 平實導師講解。每週二 18.50~20.50（影像音聲即時傳輸）。本會學員憑上課證進入聽講，會外學人請以身分證件換證進入聽講（此爲大樓管理處安全管理規定之要求，敬請諒解）。

第五、第六講堂 爲**開放式講堂**，不需以身分證件換證即可進入聽講，台北市承德路三段 267 號地下一樓、地下二樓。已規劃整修完成，每逢週二晚上講經時段開放給會外人士自由聽經，請由大樓側面梯階逕行進入聽講。**聽講者請尊重講者的著作權及肖像權，請勿錄音錄影，以免違法；若有錄音錄影被查獲者，將依法處理。**

正覺祖師堂 大溪鎮美華里信義路 650 巷坑底 5 之 6 號（台 3 號省道 34 公里處 妙法寺對面斜坡道進入）電話 03-3886110 傳眞 03-3881692 本堂供奉 克勤圓悟大師，專供會員每年四月、十月各二次精進禪三共修，兼作本會出家菩薩掛單常住之用。除禪三時間以外，每逢單月第一週之週日 9:00~17:00 開放會內、外人士參訪，當天並提供午齋結緣。教內共修團體或道場，得另申請其餘時間作團體參訪，務請事先與常住確定日期，以便安排常住菩薩接引導覽，亦免妨礙常住菩薩之日常作息及修行。

桃園正覺講堂（第一、第二講堂）： 桃園市介壽路 286、288 號 10 樓（陽明運動公園對面）電話：03-3749363（請於共修時聯繫，或與台北聯繫）

禪淨班： 週一晚上班、週三晚上班、週四晚上班、週五晚上班。

進階班： 週六上午班、週五晚上班。

佛藏經詳解： 平實導師講解。每週二晚上，以台北正覺講堂所錄 DVD 放映；歡迎會外學人共同聽講，不需出示身分證件。

新竹正覺講堂 新竹市東光路 55 號二樓之一　電話 03-5724297（晚上）

第一講堂：

禪淨班：週一晚上班、週五晚上班、週六上午班。

進階班：週三晚上班、週四晚上班（由禪淨班結業後轉入共修）。

佛藏經詳解：平實導師講解。每週二晚上，以台北正覺講堂所錄 DVD 放映。歡迎會外學人共同聽講，不需出示身分證件。

第二講堂：

禪淨班：週三晚上班、週四晚上班。

佛藏經詳解：每週二晚上與第一講堂同時播放佛藏經詳解 DVD。

台中正覺講堂 04-23816090（晚上）

第一講堂 台中市南屯區五權西路二段 666 號 13 樓之四（國泰世華銀行樓上。鄰近縣市經第一高速公路前來者，由五權西路交流道可以快速到達，大樓旁有停車場，對面有素食館）。

禪淨班：週三晚上班、週四晚上班。

進階班：週一晚上班、週六上午班（由禪淨班結業後轉入共修）。

增上班：單週週末以台北增上班課程錄成 DVD 放映之，限已明心之會員參加。

佛藏經詳解：平實導師講解。每週二晚上，以台北正覺講堂所錄 DVD 放映。歡迎會外學人共同聽講，不需出示身分證件。

第二講堂 台中市南屯區五權西路二段 666 號 4 樓

禪淨班：週一晚上班、週三晚上班、週六上午班。

進階班：週五晚上班（由禪淨班結業後轉入共修）。

佛藏經詳解：每週二晚上與第一講堂同時播放佛藏經詳解 DVD。

第三講堂、第四講堂：台中市南屯區五權西路二段 666 號 4 樓。

嘉義正覺講堂 嘉義市友愛路 288 號八樓之一　電話：05-2318228

第一講堂：

禪淨班：週一晚上班、週四晚上班、週五晚上班。

進階班：週三晚上班（由禪淨班結業後轉入共修）。

佛藏經詳解：平實導師講解。每週二晚上，以台北正覺講堂所錄 DVD 放映。歡迎會外學人共同聽講，不需出示身分證件。

第二講堂 嘉義市友愛路 288 號八樓之二。

台南正覺講堂

第一講堂 台南市西門路四段 15 號 4 樓。06-2820541（晚上）

禪淨班：週一晚上班、週三晚上班、週四晚上班、週五晚上班、週六下午班。

增上班：單週週末下午，以台北增上班課程錄成 DVD 放映之，限已明心之會員參加。

佛藏經詳解：平實導師講解。每週二晚上，以台北正覺講堂所錄 DVD 放映。歡迎會外學人共同聽講，不需出示身分證件。

第二講堂　台南市西門路四段 15 號 3 樓。

佛藏經詳解：每週二晚上與第一講堂同時播放佛藏經詳解 DVD。

第三講堂　台南市西門路四段 15 號 3 樓。

進階班：週三晚上班、週四晚上班、週六上午班（由禪淨班結業後轉入共修）。

佛藏經詳解：每週二晚上與第一講堂同時播放佛藏經詳解 DVD。

高雄正覺講堂　高雄市新興區中正三路 45 號五樓 07-2234248（晚上）

第一講堂（五樓）：

禪淨班：週一晚上班、週三晚上班、週四晚上班、週五晚上班、週六上午班。

增上班：單週週末下午，以台北增上班課程錄成 DVD 放映之，限已明心之會員參加。

佛藏經詳解：平實導師講解。每週二晚上，以台北正覺講堂所錄 DVD 放映。歡迎會外學人共同聽講，不需出示身分證件。

第二講堂（四樓）：

進階班：週三晚上班、週四晚上班、週六上午班（由禪淨班結業後轉入共修）。

佛藏經詳解：每週二晚上與第一講堂同時播放佛藏經詳解 DVD。

第三講堂（三樓）：

進階班：週四晚上班（由禪淨班結業後轉入共修）。

香港正覺講堂　**☆已遷移新址☆**

九龍觀塘，成業街 10 號，電訊一代廣場 27 樓 E 室。

（觀塘地鐵站 B1 出口，步行約 4 分鐘）。電話：(852) 23262231

英文地址：Unit E, 27th Floor, TG Place, 10 Shing Yip Street, Kwun Tong, Kowloon

禪淨班：雙週六下午班 14:30-17:30，已經額滿。

雙週日下午班 14:30-17:30，2016 年 4 月底前尚可報名。

進階班：雙週五晚上班（由禪淨班結業後轉入共修）。

增上班：單週週末上午，以台北增上班課程錄成 DVD 放映之，限已明心之會員參加。

妙法蓮華經詳解：平實導師講解。雙週六 19:00-21:00，以台北正覺講堂所錄 DVD 放映；歡迎會外學人共同聽講，不需出示身分證件。

美國洛杉磯正覺講堂　☆已遷移新址☆

825 S. Lemon Ave Diamond Bar, CA 91798 U.S.A.

Tel. (909) 595-5222（請於週六 9:00~18:00 之間聯繫）

Cell. (626) 454-0607

禪淨班：每逢週末 15：30~17：30 上課。

進階班：每逢週末上午 10：00~12：00 上課。

佛藏經詳解：平實導師講解。每週六下午 13：00~15：00，以台北正覺講堂所錄 DVD 放映。歡迎各界人士共享第一義諦無上法益，不需報名。

二、招生公告　**本會台北講堂及全省各講堂，每逢四月、十月下旬開新班，每週共修一次**（每次二小時。開課日起三個月內仍可插班）；**但美國洛杉磯共修處之禪淨班得隨時插班共修。各班共修期間皆為二年半，欲參加者請向本會函索報名表**（各共修處皆於共修時間方有人執事，非共修時間請勿電詢或前來洽詢、請書），**或直接從本會官方網站**(http://www.enlighten.org.tw/newsflash/class)**或成佛之道網站下載報名表**。共修期滿時，若經報名禪三審核通過者，可參加四天三夜之禪三精進共修，有機會明心、取證如來藏，發起般若實相智慧，成為實義菩薩，脫離凡夫菩薩位。

三、新春禮佛祈福 農曆**年假**期間停止共修：自農曆新年前七天起停止共修與弘法，正月 8 日起回復共修、弘法事務。新春期間正月初一～初七 9.00～17.00 開放台北講堂、正月初一~初三開放新竹講堂、台中講堂、台南講堂、高雄講堂，以及大溪禪三道場（正覺祖師堂），方便會員供佛、祈福及會外人士請書。美國洛杉磯共修處之休假時間，請逕詢該共修處。

密宗四大派修雙身法，是外道性力派的邪法；又以生滅的識陰作為常住法，是常見外道，是假的藏傳佛教。

西藏覺囊巴以他空見弘揚第八識如來藏勝法，才是真藏傳佛教

佛教正覺同修會　弘法行事表

2014/08/19

1、**禪淨班**　以無相念佛及拜佛方式修習動中定力，實證一心不亂功夫。傳授解脫道正理及第一義諦佛法，以及參禪知見。共修期間：二年六個月。每逢四月、十月開新班，詳見招生公告表。

2、**《佛藏經》詳解**　平實導師主講。已於 2013/12/17 開講，歡迎已發成佛大願的菩薩種性學人，攜眷共同參與此殊勝法會聽講。詳解釋迦世尊於《佛藏經》中所開示的眞實義理，更爲今時後世佛子四眾，闡述 佛陀演說此經的本懷。眞實尋求佛菩提道的有緣佛子，親承聽聞如是勝妙開示，當能如實理解經中義理，亦能了知於大乘法中：如何是諸法實相？善知識、惡知識要如何簡擇？如何才是清淨持戒？如何才能清淨說法？於此末法之世，眾生五濁益重，不知佛、不解法、不識僧，唯見表相，不信眞實，貪著五欲，諸方大師不淨說法，各各將導大量徒眾趣入三塗，如是師徒俱堪憐憫。是故，平實導師以大慈悲心，用淺白易懂之語句，佐以實例、譬喻而爲演說，普令聞者易解佛意，皆得契入佛法正道，如實了知佛法大藏。每逢週二 18.50~20.50 開示，不限制聽講資格。會外人士需憑身分證件換證入內聽講（此是大樓管理處之安全規定，敬請見諒）。桃園、新竹、台中、台南、高雄等地講堂，亦於每週二晚上播放平實導師講經之 DVD，不必出示身分證件即可入內聽講，歡迎各地善信同霑法益。

有某道場專弘淨土法門數十年，於教導信徒研讀《佛藏經》時，往往告誡信徒曰：「**後半部不許閱讀。**」由此緣故坐令信徒失去提升念佛層次之機緣，師徒只能低品位往生淨土，令人深覺愚癡無智。由有多人建議故，平實導師開始宣講《佛藏經》，藉以轉易如是邪見，並提升念佛人之知見與往生品位。此經中，對於實相念佛多所著墨，亦指出念佛要點：**以實相爲依，念佛者應依止淨戒、依止清淨僧寶，捨離違犯重戒之師僧，應受學清淨之法，遠離邪見**。本經是現代佛門大法師所厭惡之經典：**一者由於大法師們已全都落入意識境界而無法親證實相，故於此經中所說實相全無所知，都不樂有人聞此經名，以免讀後提出問疑時無法回答；二者現代大乘佛法地區，已經普被藏密喇嘛教滲透，許多有名之大法師們大多已曾或繼續在修練雙身法，都已失去聲聞戒體及菩薩戒體，成爲地獄種姓人，已非眞正出家之人，本質上只是身著僧衣而住在寺院中的世俗人**。這些人對於此經都是讀不懂的，也是極爲厭惡的；他們尙不樂見此經之印行，何況流通與講解？今爲救護廣大學佛人，兼欲護持佛教血脈永續常傳，特選此經宣講之，主講者平實導師。

3、**瑜伽師地論**詳解　詳解論中所言凡夫地至佛地等 17 師之修證境界與理論，從凡夫地、聲聞地……宣演到諸地所證一切種智之眞實正理。由平實導師開講，每逢一、三、五週之週末晚上開示，僅限已明心之會員參加。

4、**精進禪三**　主三和尚：平實導師。於四天三夜中，以克勤圓悟大師及大慧宗杲之禪風，施設機鋒與小參、公案密意之開示，幫助會員剋期取證，親證不生不滅之眞實心——人人本有之如來藏。每年四月、十月各舉辦二個梯次；平實導師主持。僅限本會會員參加禪淨班共修期滿，報名審核通過者，方可參加。並選擇會中定力、慧力、福德三條件皆已具足之已明心會員，給以指引，令得眼見自己無形無相之佛性遍佈山河大地，眞實而無障礙，得以肉眼現觀世界身心悉皆如幻，具足成就如幻觀，圓滿十住菩薩之證境。

5、**阿含經**詳解　選擇重要之阿含部經典，依無餘涅槃之實際而加以詳解，令大眾得以現觀諸法緣起性空，亦復不墮斷滅見中，顯示經中所隱說之涅槃實際—如來藏—確實已於四阿含中隱說；令大眾得以聞後觀行，確實斷除我見乃至我執，證得**見到**眞現觀，乃至**身證**……等眞現觀；已得大乘或二乘見道者，亦可由此聞熏及聞後之觀行，除斷我所之貪著，成就慧解脫果。由平實導師詳解。不限制聽講資格。

6、**大法鼓經**詳解　詳解末法時代大乘佛法修行之道。佛教正法消毒妙藥塗於大鼓而以擊之，凡有眾生聞之者，一切邪見鉅毒悉皆消殞；此經即是大法鼓之正義，凡聞之者，所有邪見之毒悉皆滅除，見道不難；亦能發起菩薩無量功德，是故諸大菩薩遠從諸方佛土來此娑婆聞修此經。由平實導師詳解。不限制聽講資格。

7、**解深密經**詳解　重講本經之目的，在於令諸已悟之人明解大乘法道之成佛次第，以及悟後進修一切種智之內涵，確實證知三種自性性，並得據此證解七眞如、十眞如等正理。每逢週二 18.50~20.50 開示，由平實導師詳解。將於《大法鼓經》講畢後開講。不限制聽講資格。

8、**成唯識論**詳解　詳解一切種智眞實正理，詳細剖析一切種智之微細深妙廣大正理；並加以舉例說明，使已悟之會員深入體驗所證如來藏之微密行相；及證驗見分相分與所生一切法，皆由如來藏—阿賴耶識—直接或展轉而生，因此證知一切法無我，證知無餘涅槃之本際。將於增上班《瑜伽師地論》講畢後，由平實導師重講。僅限已明心之會員參加。

9、**精選如來藏系經典**詳解　精選如來藏系經典一部，詳細解說，以此完全印證會員所悟如來藏之眞實，得入不退轉住。另行擇期詳細解說之，由平實導師講解。僅限已明心之會員參加。

10、**禪門差別智**　藉禪宗公案之微細淆訛難知難解之處，加以宣說及剖析，以增進明心、見性之功德，啓發差別智，建立擇法眼。每月第一週日全天，由平實導師開示，僅限破參明心後，復又眼見佛性者參加（事冗暫停）。

11、**枯木禪**　先講智者大師的《小止觀》，後說《釋禪波羅蜜》，詳解四禪八定之修證理論與實修方法，細述一般學人修定之邪見與岔路，及對禪定證境之誤會，消除枉用功夫、浪費生命之現象。已悟般若者，可以藉此而實修初禪，進入大乘通教及聲聞教的三果心解脫境界，配合應有的大福德及後得無分別智、十無盡願，即可進入初地心中。親教師：平實導師。未來緣熟時將於大溪正覺寺開講。不限制聽講資格。

註：本會例行年假，自 2004 年起，改為每年農曆新年前七天開始停息弘法事務及共修課程，農曆正月 8 日回復所有共修及弘法事務。新春期間（每日 9.00~17.00）開放台北講堂，方便會員禮佛祈福及會外人士請書。大溪鎮的正覺祖師堂，開放參訪時間，詳見〈正覺電子報〉或成佛之道網站。本表得因時節因緣需要而隨時修改之，不另作通知。

佛教正覺同修會　贈閱書籍 目錄　　2015/09/29

1.**無相念佛**　平實導師著　回郵 10 元
2.**念佛三昧修學次第**　平實導師述著　回郵 25 元
3.**正法眼藏—護法集**　平實導師述著　回郵 35 元
4.**真假開悟簡易辨正法&佛子之省思**　平實導師著　回郵 3.5 元
5.**生命實相之辨正**　平實導師著　回郵 10 元
6.**如何契入念佛法門**（**附**：印順法師否定極樂世界）平實導師著　回郵 3.5 元
7.**平實書箋**—答元覽居士書　平實導師著　回郵 35 元
8.**三乘唯識**—如來藏系經律彙編　平實導師編　回郵 80 元
（精裝本　長 27 cm　寬 21 cm　高 7.5 cm　重 2.8 公斤）
9.**三時繫念全集**—修正本　回郵掛號 40 元（長 26.5 cm×寬 19 cm）
10.**明心與初地**　平實導師述　回郵 3.5 元
11.**邪見與佛法**　平實導師述著　回郵 20 元
12.**菩薩正道**—回應義雲高、釋性圓…等外道之邪見　正燦居士著 回郵 20 元
13.**甘露法雨**　平實導師述　回郵 20 元
14.**我與無我**　平實導師述　回郵 20 元
15.**學佛之心態**—修正錯誤之學佛心態始能與正法相應 孫正德老師著 回郵35元
附錄：平實導師著《**略說八、九識並存…等之過失**》
16.**大乘無我觀**—《悟前與悟後》別說　平實導師述著　回郵 20 元
17.**佛教之危機**—中國台灣地區現代佛教之真相（附錄：公案拈提六則）
平實導師著　回郵 25 元
18.**燈　影**—燈下黑（覆「求教後學」來函等）　平實導師著　回郵 35 元
19.**護法與毀法**—覆上平居士與徐恒志居士網站毀法二文
張正圜老師著　回郵 35 元
20.**淨土聖道**—兼評**選擇本願念佛**　正德老師著　**由正覺同修會購贈** 回郵 25 元
21.**辨唯識性相**—對「紫蓮心海《辯唯識性相》書中否定阿賴耶識」之回應
正覺同修會 台南共修處法義組 著　回郵 25 元
22.**假如來藏**—對法蓮法師《如來藏與阿賴耶識》書中否定阿賴耶識之回應
正覺同修會 台南共修處法義組 著　回郵 35 元
23.**入不二門**—公案拈提集錦 第一輯（於平實導師公案拈提諸書中選錄約二十則，
合輯為一冊流通之）平實導師著　回郵 20 元
24.**真假邪說**—西藏密宗索達吉喇嘛《破除邪說論》真是邪說
釋正安法師著　回郵 35 元
25.**真假開悟**—真如、如來藏、阿賴耶識間之關係　平實導師述著　回郵 35 元
26.**真假禪和**—辨正釋傳聖之謗法謬說　孫正德老師著　回郵 30 元

27.**眼見佛性**—駁慧廣法師眼見佛性的含義文中謬說

游正光老師著　回郵 25 元

28.**普門自在**—公案拈提集錦 第二輯（於平實導師公案拈提諸書中選錄約二十則，合輯爲一冊流通之）平實導師著　回郵 25 元

29.**印順法師的悲哀**—以現代禪的質疑為線索　恒毓博士著　回郵 25 元

30.**識蘊真義**—現觀識蘊內涵、取證初果、親斷三縛結之具體行門。

—依《成唯識論》及《唯識述記》正義，略顯安慧《大乘廣五蘊論》之邪謬

平實導師著　回郵 35 元

31.**正覺電子報** 各期紙版本　免附回郵　每次最多函索三期或三本。

（已無存書之較早各期，不另增印贈閱）

32.**現代人應有的宗教觀**　蔡正禮老師 著　回郵3.5元

33.**遠惑趣道**—正覺電子報般若信箱問答錄　第一輯　回郵20元

34.**遠惑趣道**—正覺電子報般若信箱問答錄　第二輯　回郵20元

35.**確保您的權益**—器官捐贈應注意自我保護　游正光老師 著　回郵10元

36.**正覺教團電視弘法三乘菩提 DVD 光碟（一）**

由正覺教團多位親教師共同講述錄製 DVD 8 片，MP3 一片，共 9 片。有二大講題：一爲「三乘菩提之意涵」，二爲「學佛的正知見」。內容精闢，深入淺出，精彩絕倫，幫助大眾快速建立三乘法道的正知見，免被外道邪見所誤導。有志修學三乘佛法之學人不可不看。（製作工本費 100 元，回郵 25 元）

37.**正覺教團電視弘法 DVD 專輯（二）**

總有二大講題：一爲「三乘菩提之念佛法門」，一爲「學佛正知見（第二篇）」，由正覺教團多位親教師輪番講述，內容詳細闡述如何修學念佛法門、實證念佛三昧，以及學佛應具有的正確知見，可以幫助發願往生西方極樂淨土之學人，得以把握往生，更可令學人快速建立三乘法道的正知見，免於被外道邪見所誤導。有志修學三乘佛法之學人不可不看。（一套 17 片，工本費 160 元。回郵 35 元）

38.**佛藏經** 燙金精裝本 每冊回郵 20 元。正修佛法之道場欲大量索取者，請正式發函並蓋用大印寄來索取（2008.04.30 起開始敬贈）

39.**喇嘛性世界**—揭開假藏傳佛教譚崔瑜伽的面紗　張善思 等人合著

由正覺同修會購贈　回郵 20 元

40.**假藏傳佛教的神話**—性、謊言、喇嘛教　張正玄教授編著　回郵 20 元

由正覺同修會購贈　回郵 20 元

41.**隨 緣**—理隨緣與事隨緣　平實導師述　回郵 20 元。

42.**學佛的覺醒**　正枝居士 著　回郵 25 元

43.**導師之真實義**　蔡正禮老師 著　回郵 10 元

44.**淺談達賴喇嘛之雙身法**—兼論解讀「密續」之達文西密碼

吳明芷居士 著　回郵 10 元

45.**魔界轉世**　張正玄居士 著　回郵 10 元

46.**一貫道與開悟**　蔡正禮老師 著　回郵 10 元

47.**博愛**—愛盡天下女人　正覺教育基金會 編印　回郵10元
48.**意識虛妄經教彙編**—實證解脫道的關鍵經文　正覺同修會編印　回郵25元
49.**邪箭囈語**—破斥藏密外道多識仁波切《破魔金剛箭雨論》之邪說
陸正元老師著　上、下冊回郵各30元
50.**真假沙門**—依 佛聖教闡釋佛教僧寶之定義
蔡正禮老師著　俟正覺電子報連載後結集出版
51.**真假禪宗**—藉評論釋性廣《印順導師對變質禪法之批判
及對禪宗之肯定》以顯示真假禪宗
附論一：凡夫知見 無助於佛法之信解行證
附論二：世間與出世間一切法皆從如來藏實際而生而顯
余正偉老師著　俟正覺電子報連載後結集出版　回郵未定
52.**假鋒虛焰金剛乘**—揭示顯密正理，兼破索達吉師徒《般若鋒兮金剛焰》。
釋正安 法師著　俟正覺電子報連載後結集出版

★ 上列贈書之郵資，係台灣本島地區郵資，大陸、港、澳地區及外國地區，請另計酌增（大陸、港、澳、國外地區之郵票不許通用）。尚未出版之書，請勿先寄來郵資，以免增加作業煩擾。

★ 本目錄若有變動，唯於後印之書籍及「成佛之道」網站上修正公佈之，不另行個別通知。

函索書籍請寄：佛教正覺同修會　103台北市承德路3段277號9樓
台灣地區函索書籍者請附寄郵票，無時間購買郵票者可以等值現金抵用，但不接受郵政劃撥、支票、匯票。大陸地區得以人民幣計算，國外地區請以美元計算（請勿寄來當地郵票，在台灣地區不能使用）。欲以掛號寄遞者，請另附掛號郵資。

親自索閱：正覺同修會各共修處。　★請於共修時間前往取書，餘時無人在道場，請勿前往索取；共修時間與地點，詳見書末正覺同修會共修現況表（以近期之共修現況表爲準）。

註：正智出版社發售之局版書，請向各大書局購閱。若書局之書架上已經售出而無陳列者，請向書局櫃台指定洽購；若書局不便代購者，請於正覺同修會共修時間前往各共修處請購，正智出版社已派人於共修時間送書前往各共修處流通。 郵政劃撥購書及 大陸地區 購書，請詳別頁正智出版社發售書籍目錄最後頁之說明。

成佛之道 網站：http://www.a202.idv.tw　正覺同修會已出版之結緣書籍，多已登載於 成佛之道 網站，若住外國、或住處遙遠，不便取得正覺同修會贈閱書籍者，可以從本網站閱讀及下載。　書局版之《宗通與說通》亦已上網，台灣讀者可向書局洽購，售價300元。《狂密與眞密》第一輯~第四輯，亦於 2003.5.1.全部於本網站登載完畢；台灣地區讀者請向書局洽購，每輯約400頁，售價300元（網站下載紙張費用較貴，容易散失，難以保存，亦較不精美）。

＊＊假藏傳佛教修雙身法，非佛教＊＊

正智出版社 籌募弘法基金發售書籍目錄 2016/11/11

1.**宗門正眼**—公案拈提 第一輯 重拈 平實導師著 500元
因重寫內容大幅度增加故，字體必須改小，並增爲576頁 主文546頁。比初版更精彩、更有內容。初版《禪門摩尼寶聚》之讀者，可寄回本公司免費調換新版書。免附回郵，亦無截止期限。（2007年起，每冊附贈本公司精製公案拈提〈超意境〉CD一片。市售價格280元，多購多贈。）

2.**禪淨圓融** 平實導師著 200元（第一版舊書可換新版書。）

3.**真實如來藏** 平實導師著 400元

4.**禪—悟前與悟後** 平實導師著 上、下冊，每冊250元

5.**宗門法眼**—公案拈提 第二輯 平實導師著 500元
（2007年起，每冊附贈本公司精製公案拈提〈超意境〉CD一片）

6.**楞伽經詳解** 平實導師著 全套共10輯 每輯250元

7.**宗門道眼**—公案拈提 第三輯 平實導師著 500元
（2007年起，每冊附贈本公司精製公案拈提〈超意境〉CD一片）

8.**宗門血脈**—公案拈提 第四輯 平實導師著 500元
（2007年起，每冊附贈本公司精製公案拈提〈超意境〉CD一片）

9.**宗通與說通**—成佛之道 平實導師著 主文381頁 全書400頁售價300元

10.**宗門正道**—公案拈提 第五輯 平實導師著 500元
（2007年起，每冊附贈本公司精製公案拈提〈超意境〉CD一片）

11.**狂密與真密 一～四輯** 平實導師著 西藏密宗是人間最邪淫的宗教，本質不是佛教，只是披著佛教外衣的印度教性力派流毒的喇嘛教。此書中將西藏密宗密傳之男女雙身合修樂空雙運所有祕密與修法，毫無保留完全公開，並將全部喇嘛們所不知道的部分也一併公開。內容比大辣出版社喧騰一時的《西藏慾經》更詳細。並且函蓋藏密的所有祕密及其錯誤的中觀見、如來藏見……等，藏密的所有法義都在書中詳述、分析、辨正。每輯主文三百餘頁 每輯全書約400頁 售價每輯300元

12.**宗門正義**—公案拈提 第六輯 平實導師著 500元
（2007年起，每冊附贈本公司精製公案拈提〈超意境〉CD一片）

13.**心經密意**—心經與解脫道、佛菩提道、祖師公案之關係與密意 平實導師述 300元

14.**宗門密意**—公案拈提 第七輯 平實導師著 500元
（2007年起，每冊附贈本公司精製公案拈提〈超意境〉CD一片）

15.**淨土聖道** 兼評「選擇本願念佛」 正德老師著 200元

16.**起信論講記** 平實導師述著 共六輯 每輯三百餘頁 售價各250元

17.**優婆塞戒經講記** 平實導師述著 共八輯 每輯三百餘頁 售價各250元

18.**真假活佛**—略論附佛外道盧勝彥之邪說（對前岳靈犀網站主張「盧勝彥是證悟者」之修正） 正犀居士（岳靈犀）著 流通價140元

19.**阿含正義**—唯識學探源 平實導師著 共七輯 每輯300元

20.**超意境** CD 以平實導師公案拈提書中超越意境之頌詞，加上曲風優美的旋律，錄成令人嚮往的超意境歌曲，其中包括正覺發願文及平實導師親自譜成的黃梅調歌曲一首。詞曲雋永，殊堪翫味，可供學禪者吟詠，有助於見道。內附設計精美的彩色小冊，解說每一首詞的背景本事。每片 280 元。【每購買公案拈提書籍一冊，即贈送一片。】

21.**菩薩底憂鬱** CD 將菩薩情懷及禪宗公案寫成新詞，並製作成超越意境的優美歌曲。 1.主題曲〈菩薩底憂鬱〉，描述地後菩薩能離三界生死而迴向繼續生在人間，但因尚未斷盡習氣種子而有極深沈之憂鬱，非三賢位菩薩及二乘聖者所知，此憂鬱在七地滿心位方才斷盡；本曲之詞中所說義理極深，昔來所未曾見；此曲係以優美的情歌風格寫詞及作曲，聞者得以激發嚮往諸地菩薩境界之大心，詞、曲都非常優美，難得一見；其中勝妙義理之解說，已印在附贈之彩色小冊中。 2.以各輯公案拈提中直示禪門入處之頌文，作成各種不同曲風之超意境歌曲，值得玩味、參究；聆聽公案拈提之優美歌曲時，請同時閱讀內附之印刷精美說明小冊，可以領會超越三界的證悟境界；未悟者可以因此引發求悟之意向及疑情，眞發菩提心而邁向求悟之途，乃至因此眞實悟入般若，成眞菩薩。 3.正覺總持咒新曲，總持佛法大意；總持咒之義理，已加以解說並印在隨附之小冊中。本 CD 共有十首歌曲，長達 63 分鐘。每盒各附贈二張購書優惠券。每片 280 元。

22.**禪意無限** CD 平實導師以公案拈提書中偈頌寫成不同風格曲子，與他人所寫不同風格曲子共同錄製出版，幫助參禪人進入禪門超越意識之境界。盒中附贈彩色印製的精美解說小冊，以供聆聽時閱讀，令參禪人得以發起參禪之疑情，即有機會證悟本來面目而發起實相智慧，實證大乘菩提般若，能如實證知般若經中的眞實意。本 CD 共有十首歌曲，長達 69 分鐘，每盒各附贈二張購書優惠券。每片 280 元。

23.**我的菩提路**第一輯　釋悟圓、釋善藏等人合著　售價 300 元

24.**我的菩提路**第二輯　郭正益、張志成等人合著　售價 300 元

25.**鈍鳥與靈龜**—考證後代凡夫對大慧宗杲禪師的無根誹謗。
平實導師著 共 458 頁 售價 350 元

26.**維摩詰經講記** 平實導師述 共六輯 每輯三百餘頁 售價各 250 元

27.**眞假外道**—破劉東亮、杜大威、釋證嚴常見外道見　正光老師著　200 元

28.**勝鬘經講記**—兼論印順《勝鬘經講記》對於《勝鬘經》之誤解。
平實導師述　共六輯　每輯三百餘頁　售價 250 元

29.**楞嚴經講記** 平實導師述 共 **15** 輯，每輯三百餘頁 售價 300 元

30.**明心與眼見佛性**—駁慧廣〈蕭氏「眼見佛性」與「明心」之非〉文中謬說
正光老師著　共 448 頁　售價 300 元

31.**見性與看話頭** 黃正倖老師 著，本書是禪宗參禪的方法論。
內文 375 頁，全書 416 頁，售價 300 元。

32.**達賴真面目**—玩盡天下女人 白正偉老師 等著 中英對照彩色精裝大本 800 元

33.**喇嘛性世界**—揭開假藏傳佛教譚崔瑜伽的面紗　張善思 等人著　200 元
34.**假藏傳佛教的神話**—性、謊言、喇嘛教　正玄教授編著　200 元
35.**金剛經宗通**　平實導師述　共九輯　每輯售價 250 元。
36.**空行母**—性別、身分定位，以及藏傳佛教。
珍妮·坎貝爾著 呂艾倫 中譯 售價 250 元
37.**末代達賴**—性交教主的悲歌　張善思、呂艾倫、辛燕編著 售價 250 元
38.**霧峰無霧**—給哥哥的信　辨正釋印順對佛法的無量誤解
游宗明 老師著　售價 250 元
39.**第七意識與第八意識？**—穿越時空「超意識」
平實導師述　每冊 300 元
40.**黯淡的達賴**—失去光彩的諾貝爾和平獎
正覺教育基金會編著　每冊 250 元
41.**童女迦葉考**—論呂凱文〈佛教輪迴思想的論述分析〉之謬。
平實導師 著 定價 180 元
42.**人間佛教**—實證者必定不悖三乘菩提
平實導師 述，定價 400 元
43.**實相經宗通**　平實導師述　共八輯　每輯 250 元
44.**真心告訴您(一)**—達賴喇嘛在幹什麼？
正覺教育基金會編著　售價 250 元
45.**中觀金鑑**—詳述應成派中觀的起源與其破法本質
孫正德老師著　分為上、中、下三冊，每冊 250 元
46.**佛法入門**—迅速進入三乘佛法大門，消除久學佛法漫無方向之窘境。
○○居士著　將於正覺電子報連載後出版。售價 250 元
47.**藏傳佛教要義**—《狂密與真密》之簡體字版　平實導師 著 上、下冊
僅在大陸流通　每冊 300 元
48.**法華經講義**　平實導師述　共二十五輯　每輯 300 元
已於 2015/05/31 起開始出版，每二個月出版一輯
49.**西藏「活佛轉世」制度**—附佛、造神、世俗法
許正豐、張正玄老師合著　定價 150 元
50.**廣論三部曲**　郭正益老師著　定價 150 元
51.**真心告訴您(二)**—達賴喇嘛是佛教僧侶嗎？
—補祝達賴喇嘛八十大壽
正覺教育基金會編著　售價 300 元
52.**廣論之平議**—宗喀巴《菩提道次第廣論》之平議　正雄居士著
約二或三輯　俟正覺電子報連載後結集出版　書價未定
53.**末法導護**—對印順法師中心思想之綜合判攝　正慶老師著　書價未定
54.**菩薩學處**—菩薩四攝六度之要義　陸正元老師著　出版日期未定。
55.**八識規矩頌**詳解　○○居士 註解　出版日期另訂　書價未定。
56.**印度佛教史**—法義與考證。依法義史實評論印順《印度佛教思想史、佛教史地考論》之謬說　正偉老師著　出版日期未定　書價未定

57.**中國佛教史**—依中國佛教正法史實而論。○○老師 著　書價未定。
58.**中論正義**—釋龍樹菩薩《中論》頌正理。
孫正德老師著　出版日期未定　書價未定
59.**中觀正義**—註解平實導師《中論正義頌》。
○○法師（居士）著　出版日期未定　書價未定
60.**佛藏經講記**　平實導師述　出版日期未定　書價未定
61.**阿含經講記**—將選錄四阿含中數部重要經典全經講解之，講後整理出版。
平實導師述　約二輯　每輯300元　出版日期未定
62.**寶積經講記**　平實導師述　每輯三百餘頁 優惠價300元　出版日期未定
63.**解深密經講記**　平實導師述 約四輯　將於重講後整理出版
64.**成唯識論略解**　平實導師著　五～六輯　每輯300元　出版日期未定
65.**修習止觀坐禪法要講記**　平實導師述　每輯三百餘頁
將於正覺寺建成後重講、以講記逐輯出版　出版日期未定
66.**無門關**—《無門關》公案拈提　平實導師著　出版日期未定
67.**中觀再論**—兼述印順《中觀今論》謬誤之平議。正光老師著 出版日期未定
68.**輪迴與超度**—佛教超度法會之真義。
○○法師（居士）著　出版日期未定　書價未定
69.**《釋摩訶衍論》平議**—對偽稱龍樹所造《釋摩訶衍論》之平議
○○法師（居士）著　出版日期未定　書價未定
70.**正覺發願文**註解—以真實大願為因 得證菩提
正德老師著　出版日期未定　書價未定
71.**正覺總持咒**—佛法之總持　正圜老師著　出版日期未定　書價未定
72.**涅槃**—論四種涅槃　平實導師著　出版日期未定　書價未定
73.**三自性**—依四食、五蘊、十二因緣、十八界法，說三性三無性。
作者未定　出版日期未定
74.**道品**—從三自性說大小乘三十七道品　作者未定　出版日期未定
75.**大乘緣起觀**—依四聖諦七真如現觀十二緣起 作者未定　出版日期未定
76.**三德**—論解脫德、法身德、般若德。　作者未定　出版日期未定
77.**真假如來藏**—對印順《如來藏之研究》謬說之平議　作者未定 出版日期未定
78.**大乘道次第**　作者未定　出版日期未定　書價未定
79.**四緣**—依如來藏故有四緣。　作者未定　出版日期未定
80.**空之探究**—印順《空之探究》謬誤之平議　作者未定 出版日期未定
81.**十法義**—論阿含經中十法之正義　作者未定　出版日期未定
82.**外道見**—論述外道六十二見　作者未定　出版日期未定

正智出版社有限公司 書籍介紹

禪淨圓融：言淨土諸祖所未曾言，示諸宗祖師所未曾示；禪淨圓融，另闢成佛捷徑，兼顧自力他力，闡釋淨土門之速行易行道，亦同時揭櫫聖教門之速行易行道；令廣大淨土行者得免緩行難證之苦，亦令聖道門行者得以藉著淨土速行道而加快成佛之時劫。乃前無古人之超勝見地，非一般弘揚禪淨法門典籍也，先讀為快。平實導師著 200元。

宗門正眼—公案拈提第一輯：繼承克勤圜悟大師碧巖錄宗旨之禪門鉅作。先則舉示當代大法師之邪說，消弭當代禪門大師鄉愿之心態，摧破當今禪門「世俗禪」之妄談；次則旁通教法，表顯宗門正理；繼以道之次第，消弭古今狂禪；後藉言語及文字機鋒，直示宗門入處。悲智雙運，禪味十足，數百年來難得一睹之禪門鉅著也。平實導師著　500元（原初版書《禪門摩尼寶聚》，改版後補充為五百餘頁新書，總計多達二十四萬字，內容更精彩，並改名為《宗門正眼》，讀者原購初版《禪門摩尼寶聚》皆可寄回本公司免費換新，免附回郵，亦無截止期限）（2007年起，凡購買公案拈提第一輯至第七輯，每購一輯皆贈送本公司精製公案拈提〈超意境〉CD一片，市售價格280元，多購多贈）。

禪—悟前與悟後：本書能建立學人悟道之信心與正確知見，圓滿具足而有次第地詳述禪悟之功夫與禪悟之內容，指陳參禪中細微淆訛之處，能使學人明自真心、見自本性。若未能悟入，亦能以正確知見辨別古今中外一切大師究係真悟？或屬錯悟？便有能力揀擇，捨名師而選明師，後時必有悟道之緣。一旦悟道，遲者七次人天往返，便出三界，速者一生取辦。學人欲求開悟者，不可不讀。　平實導師著。上、下冊共500元，單冊250元。

眞實如來藏：如來藏眞實存在，乃宇宙萬有之本體，並非印順法師、達賴喇嘛等人所說之「唯有名相、無此心體」。如來藏是涅槃之本際，是一切有智之人竭盡心智、不斷探索而不能得之生命實相；是古今中外許多大師自以爲悟而當面錯過之生命實相。如來藏即是阿賴耶識，乃是一切有情本自具足、不生不滅之眞實心。當代中外大師於此書出版之前所未能言者，作者於本書中盡情流露、詳細闡釋。眞悟者讀之，必能增益悟境、智慧增上；錯悟者讀之，必能檢討自己之錯誤，免犯大妄語業；未悟者讀之，能知參禪之理路，亦能以之檢查一切名師是否眞悟。此書是一切哲學家、宗教家、學佛者及欲昇華心智之人必讀之鉅著。　平實導師著　售價400元。

宗門法眼—公案拈提第二輯：列舉實例，闡釋土城廣欽老和尚之悟處；並直示這位不識字的老和尚妙智橫生之根由，繼而剖析禪宗歷代大德之開悟公案，解析當代密宗高僧卡盧仁波切之錯悟證據，並例舉當代顯宗高僧、大居士之錯悟證據（凡健在者，爲免影響其名聞利養，皆隱其名）。藉辨正當代名師之邪見，向廣大佛子指陳禪悟之正道，彰顯宗門法眼。悲勇兼出，強捋虎鬚；慈智雙運，巧探驪龍；摩尼寶珠在手，直示宗門入處，禪味十足；若非大悟徹底，不能爲之。禪門精奇人物，允宜人手一冊，供作參究及悟後印證之圭臬。本書於2008年4月改版，增寫爲大約500頁篇幅，以利學人研讀參究時更易悟入宗門正法，以前所購初版首刷及初版二刷舊書，皆可免費換取新書。平實導師著　500元（2007年起，凡購買公案拈提第一輯至第七輯，每購一輯皆贈送本公司精製公案拈提〈超意境〉CD一片，市售價格280元，多購多贈）。

宗門道眼—公案拈提第三輯：繼宗門法眼之後，再以金剛之作略、慈悲之胸懷、犀利之筆觸，舉示寒山、拾得、布袋三大士之悟處，消弭當代錯悟者對於寒山大士……等之誤會及誹謗。　亦舉出民初以來與虛雲和尚齊名之蜀郡鹽亭袁煥仙夫子—南懷瑾老師之師，其「悟處」何在？並蒐羅許多眞悟祖師之證悟公案，顯示禪宗歷代祖師之睿智，指陳部分祖師、奧修及當代顯密大師之謬悟，作爲殷鑑，幫助禪子建立及修正參禪之方向及知見。假使讀者閱此書已，一時尚未能悟，亦可一面加功用行，一面以此宗門道眼辨別眞假善知識，避開錯誤之印證及歧路，可免大妄語業之長劫慘痛果報。欲修禪宗之禪者，務請細讀。平實導師著　售價500元（2007年起，凡購買公案拈提第一輯至第七輯，每購一輯皆贈送本公司精製公案拈提〈超意境〉CD一片，市售價格280元，多購多贈）。

楞伽經詳解：本經是禪宗見道者印證所悟眞僞之根本經典，亦是禪宗見道者悟後起修之依據經典；故達摩祖師於印證二祖慧可大師之後，將此經典連同佛缽祖衣一併交付二祖，令其依此經典佛示金言、進入修道位，修學一切種智。由此可知此經對於眞悟之人修學佛道，是非常重要之一部經典。此經能破外道邪說，亦破佛門中錯悟名師之謬說，亦破禪宗部分祖師之狂禪：不讀經典、一向主張「一悟即成究竟佛」之謬執。並開示愚夫所行禪、觀察義禪、攀緣如禪、如來禪等差別，令行者對於三乘禪法差異有所分辨；亦糾正禪宗祖師古來對於如來禪之誤解，嗣後可免以訛傳訛之弊。此經亦是法相唯識宗之根本經典，禪者悟後欲修一切種智而入初地者，必須詳讀。　平實導師著，全套共十輯，已全部出版完畢，每輯主文約320頁，每冊約352頁，定價250元。

宗門血脈—公案拈提第四輯：末法怪象—許多修行人自以爲悟，每將無念靈知認作眞實；崇尚二乘法諸師及其徒衆，則將外於如來藏之緣起性空—無因論之無常空、斷滅空、一切法空—錯認爲　佛所說之般若空性。這兩種現象已於當今海峽兩岸及美加地區顯密大師之中普遍存在；人人自以爲悟，心高氣壯，便敢寫書解釋祖師證悟之公案，大多出於意識思惟所得，言不及義，錯誤百出，因此誤導廣大佛子同陷大妄語之地獄業中而不能自知。彼等書中所說之悟處，其實處處違背第一義經典之聖言量。彼等諸人不論是否身披袈裟，都非佛法宗門血脈，或雖有禪宗法脈之傳承，亦只徒具形式；猶如螟蛉，非眞血脈，未悟得根本眞實故。禪子欲知　佛、祖之眞血脈者，請讀此書，便知分曉。平實導師著，主文452頁，全書464頁，定價500元（2007年起，凡購買公案拈提第一輯至第七輯，每購一輯皆贈送本公司精製公案拈提〈超意境〉CD一片，市售價格280元，多購多贈）。

宗通與說通：古今中外，錯誤之人如麻似粟，每以常見外道所說之靈知心，認作眞心；或妄想虛空之勝性能量爲眞如，或錯認物質四大元素藉冥性（靈知心本體）能成就吾人色身及知覺，或認初禪至四禪中之了知心爲不生不滅之涅槃心。此等皆非通宗者之見地。復有錯悟之人一向主張「宗門與教門不相干」，此即尚未通達宗門之人也。其實宗門與教門互通不二，宗門所證者乃是眞如與佛性，教門所說者乃說宗門證悟之眞如佛性，故教門與宗門不二。本書作者以宗教二門互通之見地，細說「宗通與說通」，從初見道至悟後起修之道、細說分明；並將諸宗諸派在整體佛教中之地位與次第，加以明確之教判，學人讀之即可了知佛法之梗概也。欲擇明師學法之前，允宜先讀。平實導師著，主文共381頁，全書392頁，只售成本價300元。

宗門正道—公案拈提第五輯：修學大乘佛法有二果須證—解脫果及大菩提果。二乘人不證大菩提果，唯證解脫果；此果之智慧，名爲聲聞菩提、緣覺菩提。大乘佛子所證二果之菩提果爲佛菩提，故名大菩提果，其慧名爲一切種智—函蓋二乘解脫果。然此大乘二果修證，須經由禪宗之宗門證悟方能相應。而宗門證悟極難，自古已然；其所以難者，咎在古今佛教界普遍存在三種邪見：1.以修定認作佛法， 2.以無因論之緣起性空—否定涅槃本際如來藏以後之一切法空作爲佛法， 3.以常見外道邪見（離語言妄念之靈知性）作爲佛法。 如是邪見，或因自身正見未立所致，或因邪師之邪教導所致，或因無始劫來虛妄熏習所致。若不破除此三種邪見，永劫不悟宗門眞義、不入大乘正道，唯能外門廣修菩薩行。 平實導師於此書中，有極爲詳細之說明，有志佛子欲摧邪見、入於內門修菩薩行者，當閱此書。主文共496頁，全書512頁。售價500元（2007年起，凡購買公案拈提第一輯至第七輯，每購一輯皆贈送本公司精製公案拈提〈超意境〉CD一片，市售價格280元，多購多贈）。

狂密與眞密：密教之修學，皆由有相之觀行法門而入，其最終目標仍不離顯教經典所說第一義諦之修證；若離顯教第一義經典、或違背顯教第一義經典，即非佛教。西藏密教之觀行法，如灌頂、觀想、遷識法、寶瓶氣、大聖歡喜雙身修法、喜金剛、無上瑜伽、大樂光明、樂空雙運等，皆是印度教兩性生生不息思想之轉化，自始至終皆以如何能運用交合淫樂之法達到全身受樂爲其中心思想，純屬欲界五欲的貪愛，不能令人超出欲界輪迴，更不能令人斷除我見；何況大乘之明心與見性，更無論矣！故密宗之法絕非佛法也。而其明光大手印、大圓滿法教，又皆同以常見外道所說離語言妄念之無念靈知心錯認爲佛地之眞如，不能直指不生不滅之眞如。西藏密宗所有法王與徒眾，都尚未開頂門眼，不能辨別眞僞，以依人不依法、依密續不依經典故，不肯將其上師喇嘛所說對照第一義經典，純依密續之藏密祖師所說爲準，因此而誇大其證德與證量，動輒謂彼祖師上師爲究竟佛、爲地上菩薩；如今台海兩岸亦有自謂其師證量高於 釋迦文佛者，然觀其師所述，猶未見道，仍在觀行即佛階段，尚未到禪宗相似即佛、分證即佛階位，竟敢標榜爲究竟佛及地上法王，誑惑初機學人。凡此怪象皆是狂密，不同於眞密之修行者。近年狂密盛行，密宗行者被誤導者極眾，動輒自謂已證佛地眞如，自視爲究竟佛，陷於大妄語業中而不知自省，反謗顯宗眞修實證者之證量粗淺；或如義雲高與釋性圓…等人，於報紙上公然誹謗眞實證道者爲「騙子、無道人、人妖、癩蛤蟆…」等，造下誹謗大乘勝義僧之大惡業；或以外道法中有爲有作之甘露、魔術……等法，誑騙初機學人，狂言彼外道法爲眞佛法。如是怪象，在西藏密宗及附藏密之外道中，不一而足，舉之不盡，學人宜應愼思明辨，以免上當後又犯毀破菩薩戒之重罪。密宗學人若欲遠離邪知邪見者，請閱此書，即能了知密宗之邪謬，從此遠離邪見與邪修，轉入眞正之佛道。 平實導師著 共四輯 每輯約400頁（主文約340頁） 每輯售價300元。

宗門正義—公案拈提第六輯：佛教有六大危機，乃是藏密化、世俗化、膚淺化、學術化、宗門密意失傳、悟後進修諸地之次第混淆；其中尤以宗門密意之失傳，爲當代佛教最大之危機。由宗門密意失傳故，易令　世尊本懷普被錯解，易令　世尊正法被轉易爲外道法，以及加以淺化、世俗化，是故宗門密意之廣泛弘傳與具緣佛弟子，極爲重要。然而欲令宗門密意之廣泛弘傳予具緣之佛弟子者，必須同時配合錯誤知見之解析、普令佛弟子知之，然後輔以公案解析之直示入處，方能令具緣之佛弟子悟入。而此二者，皆須以公案拈提之方式爲之，方易成其功、竟其業，是故平實導師續作宗門正義一書，以利學人。　全書500餘頁，售價500元（2007年起，凡購買公案拈提第一輯至第七輯，每購一輯皆贈送本公司精製公案拈提〈超意境〉CD一片，市售價格280元，多購多贈）。

心經密意—心經與解脫道、佛菩提道、祖師公案之關係與密意。　二乘菩提所證之解脫道，實依第八識心之斷除煩惱障現行而立解脫之名；大乘菩提所證之佛菩提道，實依親證第八識如來藏之涅槃性、清淨自性、及其中道性而立般若之名；禪宗祖師公案所證之眞心，即是此第八識如來藏；是故三乘佛法所修所證之三乘菩提，皆依此如來藏心而立名也。此第八識心，即是《心經》所說之心也。證得此如來藏已，即能漸入大乘佛菩提道，亦可因證知此心而了知二乘無學所不能知之無餘涅槃本際，是故《心經》之密意，與三乘佛菩提之關係極爲密切、不可分割，三乘佛法皆依此心而立名故。今者平實導師以其所證解脫道之無生智及佛菩提之般若種智，將《心經》與解脫道、佛菩提道、祖師公案之關係與密意，以演講之方式，用淺顯之語句和盤托出，發前人所未言，呈三乘菩提之眞義，令人藉此《心經密意》一舉而窺三乘菩提之堂奧，迥異諸方言不及義之說；欲求眞實佛智者、不可不讀！主文317頁，連同跋文及序文…等共384頁，售價300元。

宗門密意—公案拈提第七輯：佛教之世俗化，將導致學人以信仰作爲學佛，則將以感應及世間法之庇祐，作爲學佛之主要目標，不能了知學佛之主要目標爲親證三乘菩提。大乘菩提則以般若實相智慧爲主要修習目標，以二乘菩提解脫道爲附帶修習之標的；是故學習大乘法者，應以禪宗之證悟爲要務，能親入大乘菩提之實相般若智慧中故，般若實相智慧非二乘聖人所能知故。此書則以台灣世俗化佛教之三大法師，說法似是而非之實例，配合眞悟祖師之公案解析，提示證悟般若之關節，令學人易得悟入。平實導師著，全書五百餘頁，售價500元（2007年起，凡購買公案拈提第一輯至第七輯，每購一輯皆贈送本公司精製公案拈提〈超意境〉CD一片，市售價格280元，多購多贈）。

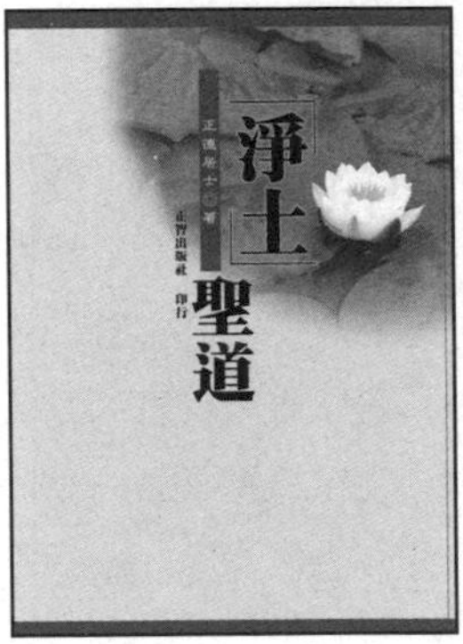

淨土聖道—兼評日本本願念佛：佛法甚深極廣，般若玄微，非諸二乘聖僧所能知之，一切凡夫更無論矣！所謂一切證量皆歸淨土是也！是故大乘法中「聖道之淨土、淨土之聖道」，其義甚深，難可了知；乃至眞悟之人，初心亦難知也。今有正德老師眞實證悟後，復能深探淨土與聖道之緊密關係，憐憫衆生之誤會淨土實義，亦欲利益廣大淨土行人同入聖道，同獲淨土中之聖道門要義，乃振奮心神、書以成文，今得刊行天下。主文279頁，連同序文等共301頁，總有十一萬六千餘字，正德老師著，成本價200元。

起信論講記：詳解大乘起信論心生滅門與心眞如門之眞實意旨，消除以往大師與學人對起信論所說心生滅門之誤解，由是而得了知眞心如來藏之非常非斷中道正理；亦因此一講解，令此論以往隱晦而被誤解之眞實義，得以如實顯示，令大乘佛菩提道之正理得以顯揚光大；初機學者亦可藉此正論所顯示之法義，對大乘法理生起正信，從此得以眞發菩提心，眞入大乘法中修學，世世常修菩薩正行。平實導師演述，共六輯，都已出版，每輯三百餘頁，售價各250元。

優婆塞戒經講記：本經詳述在家菩薩修學大乘佛法，應如何受持菩薩戒？對人間善行應如何看待？對三寶應如何護持？應如何正確地修集此世後世證法之福德？應如何修集後世「行菩薩道之資糧」？並詳述第一義諦之正義：五蘊非我非異我、自作自受、異作異受、不作不受……等深妙法義，乃是修學大乘佛法、行菩薩行之在家菩薩所應當了知者。出家菩薩今世或未來世登地已，捨報之後多數將如華嚴經中諸大菩薩，以在家菩薩身而修行菩薩行，故亦應以此經所述正理而修之，配合《楞伽經、解深密經、楞嚴經、華嚴經》等道次第正理，方得漸次成就佛道；故此經是一切大乘行者皆應證知之正法。平實導師講述，每輯三百餘頁，售價各250元；共八輯，已全部出版。

真假活佛—略論附佛外道盧勝彥之邪說：人人身中都有眞活佛，永生不滅而有大神用，但衆生都不了知，所以常被身外的西藏密宗假活佛籠罩欺瞞。本來就眞實存在的眞活佛，才是眞正的密宗無上密！諾那活佛因此而說禪宗是大密宗，但藏密的所有活佛都不知道、也不曾實證自身中的眞活佛。本書詳實宣示眞活佛的道理，舉證盧勝彥的「佛法」不是眞佛法，也顯示盧勝彥是假活佛，直接的闡釋第一義佛法見道的眞實正理。眞佛宗的所有上師與學人們，都應該詳細閱讀，包括盧勝彥個人在內。正犀居士著，優惠價140元。

阿含正義—唯識學探源：廣說四大部《阿含經》諸經中隱說之眞正義理，一一舉示佛陀本懷，令阿含時期初轉法輪根本經典之眞義，如實顯現於佛子眼前。並提示末法大師對於阿含眞義誤解之實例，一一比對之，證實唯識增上慧學確於原始佛法之阿含諸經中已隱覆密意而略說之，證實 世尊確於原始佛法中已曾密意而說第八識如來藏之總相；亦證實 世尊在四阿含中已說此藏識是名色十八界之因、之本—證明如來藏是能生萬法之根本心。佛子可據此修正以往受諸大師（譬如西藏密宗應成派中觀師：印順、昭慧、性廣、大願、達賴、宗喀巴、寂天、月稱、……等人）誤導之邪見，建立正見，轉入正道乃至親證初果而無困難；書中並詳說三果所證的心解脫，以及四果慧解脫的親證，都是如實可行的具體知見與行門。全書共七輯，已出版完畢。平實導師著，每輯三百餘頁，售價300元。

超意境CD：以平實導師公案拈提書中超越意境之頌詞，加上曲風優美的旋律，錄成令人嚮往的超意境歌曲，其中包括正覺發願文及平實導師親自譜成的黃梅調歌曲一首。詞曲雋永，殊堪翫味，可供學禪者吟詠，有助於見道。內附設計精美的彩色小冊，解說每一首詞的背景本事。每片280元。【每購買公案拈提書籍一冊，即贈送一片。】

我的菩提路第一輯：凡夫及二乘聖人不能實證的佛菩提證悟，末法時代的今天仍然有人能得實證，由正覺同修會釋悟圓、釋善藏法師等二十餘位實證如來藏者所寫的見道報告，已為當代學人見證宗門正法之絲縷不絕，證明大乘義學的法脈仍然存在，為末法時代求悟般若之學人照耀出光明的坦途。由二十餘位大乘見道者所繕，敘述各種不同的學法、見道因緣與過程，參禪求悟者必讀。全書三百餘頁，售價300元。

我的菩提路第二輯：由郭正益老師等人合著，書中詳述彼等諸人歷經各處道場學法，一一修學而加以檢擇之不同過程以後，因閱讀正覺同修會、正智出版社書籍而發起抉擇分，轉入正覺同修會中修學；乃至學法及見道之過程，都一一詳述之。其中張志成等人係由前現代禪轉進正覺同修會，張志成原為現代禪副宗長，以前未閱本會書籍時，曾被人藉其名義著文評論 平實導師（詳見《宗通與說通》辨正及《眼見佛性》書末附錄…等）；後因偶然接觸正覺同修會書籍，深覺以前聽人評論平實導師之語不實，於是投入極多時間閱讀本會書籍、深入思辨，詳細探索中觀與唯識之關聯與異同，認為正覺之法義方是正法，深覺相應；亦解開多年來對佛法的迷雲，確定應依八識論正理修學方是正法。乃不顧面子，毅然前往正覺同修會面見平實導師懺悔，並正式學法求悟。今已與其同修王美伶（亦為前現代禪傳法老師），同樣證悟如來藏而證得法界實相，生起實相般若真智。此書中尚有七年來本會第一位眼見佛性者之見性報告一篇，一同供養大乘佛弟子。全書四百頁，售價300元。

鈍鳥與靈龜：鈍鳥及靈龜二物，被宗門證悟者說為二種人：前者是精修禪定而無智慧者，也是以定為禪的愚癡禪人；後者是或有禪定、或無禪定的宗門證悟者，凡已證悟者皆是靈龜。但後來被人虛造事實，用以嘲笑大慧宗杲禪師，說他雖是靈龜，卻不免被天童禪師預記「患背」痛苦而亡：「鈍鳥離巢易，靈龜脫殼難。」藉以貶低大慧宗杲的證量。同時將天童禪師實證如來藏的證量，曲解為意識境界的離念靈知。自從大慧禪師入滅以後，錯悟凡夫對他的不實毀謗就一直存在著，不曾止息，並且捏造的假事實也隨著年月的增加而越來越多，終至編成「鈍鳥與靈龜」的假公案、假故事。本書是考證大慧與天童之間的不朽情誼，顯現這件假公案的虛妄不實；更見大慧宗杲面對惡勢力時的正直不阿，亦顯示大慧對天童禪師的至情深義，將使後人對大慧宗杲的誣謗至此而止，不再有人誤犯毀謗賢聖的惡業。書中亦舉證宗門的所悟確以第八識如來藏為標的，詳讀之後必可改正以前被錯悟大師誤導的參禪知見，日後必定有助於實證禪宗的開悟境界，得階大乘真見道位中，即是實證般若之賢聖。全書459頁，售價350元。

維摩詰經講記：本經係　世尊在世時，由等覺菩薩維摩詰居士藉疾病而演說之大乘菩提無上妙義，所說函蓋甚廣，然極簡略，是故今時諸方大師與學人讀之悉皆錯解，何況能知其中隱含之深妙正義，是故普遍無法爲人解說；若強爲人說，則成依文解義而有諸多過失。今由平實導師公開宣講之後，詳實解釋其中密意，令維摩詰菩薩所說大乘不可思議解脫之深妙正法得以正確宣流於人間，利益當代學人及與諸方大師。書中詳實演述大乘佛法深妙不共二乘之智慧境界，顯示諸法之中絕待之實相境界，建立大乘菩薩妙道於永遠不敗不壞之地，以此成就護法偉功，欲冀永利娑婆人天。已經宣講圓滿整理成書流通，以利諸方大師及諸學人。全書共六輯，每輯三百餘頁，售價各250元。

真假外道：本書具體舉證佛門中的常見外道知見實例，並加以教證及理證上的辨正，幫助讀者輕鬆而快速的了知常見外道的錯誤知見，進而遠離佛門內外的常見外道知見，因此即能改正修學方向而快速實證佛法。游正光老師著　。成本價200元。

勝鬘經講記：如來藏爲三乘菩提之所依，若離如來藏心體及其含藏之一切種子，即無三界有情及一切世間法，亦無二乘菩提緣起性空之出世間法；本經詳說無始無明、一念無明皆依如來藏而有之正理，藉著詳解煩惱障與所知障間之關係，令學人深入了知二乘菩提與佛菩提相異之妙理；聞後即可了知佛菩提之特勝處及三乘修道之方向與原理，邁向攝受正法而速成佛道的境界中。平實導師講述，共六輯，每輯三百餘頁，售價各250元。

楞嚴經講記：楞嚴經係密教部之重要經典，亦是顯教中普受重視之經典；經中宣說明心與見性之內涵極爲詳細，將一切法都會歸如來藏及佛性－妙眞如性；亦闡釋佛菩提道修學過程中之種種魔境，以及外道誤會涅槃之狀況，旁及三界世間之起源。然因言句深澀難解，法義亦復深妙寬廣，學人讀之普難通達，是故讀者大多誤會，不能如實理解佛所說之明心與見性內涵，亦因是故多有悟錯之人引爲開悟之證言，成就大妄語罪。今由平實導師詳細講解之後，整理成文，以易讀易懂之語體文刊行天下，以利學人。全書十五輯，全部出版完畢。每輯三百餘頁，售價每輯300元。

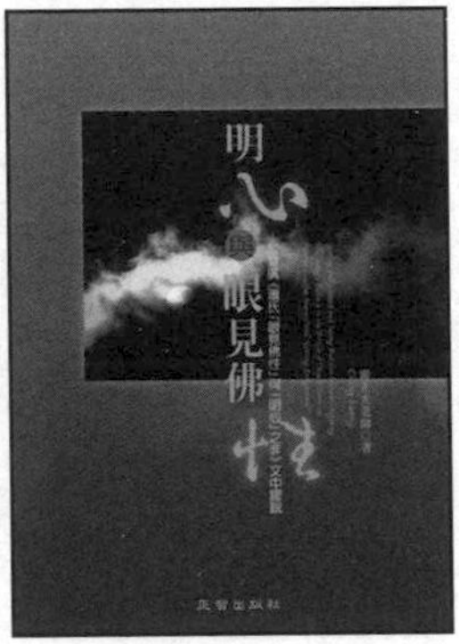

明心與眼見佛性：本書細述明心與眼見佛性之異同，同時顯示了中國禪宗破初參明心與重關眼見佛性二關之間的關聯；書中又藉法義辨正而旁述其他許多勝妙法義，讀後必能遠離佛門長久以來積非成是的錯誤知見，令讀者在佛法的實證上有極大助益。也藉慧廣法師的謬論來教導佛門學人回歸正知正見，遠離古今禪門錯悟者所墮的意識境界，非唯有助於斷我見，也對未來的開悟明心實證第八識如來藏有所助益，是故學禪者都應細讀之。游正光老師著　共448頁　售價300元。

菩薩底憂鬱CD：將菩薩情懷及禪宗公案寫成新詞，並製作成超越意境的優美歌曲。1.主題曲〈菩薩底憂鬱〉，描述地後菩薩能離三界生死而迴向繼續生在人間，但因尚未斷盡習氣種子而有極深沈之憂鬱，非三賢位菩薩及二乘聖者所知，此憂鬱在七地滿心位方才斷盡；本曲之詞中所說義理極深，昔來所未曾見；此曲係以優美的情歌風格寫詞及作曲，聞者得以激發嚮往諸地菩薩境界之大心，詞、曲都非常優美，難得一見；其中勝妙義理之解說，已印在附贈之彩色小冊中。2.以各輯公案拈提中直示禪門入處之頌文，作成各種不同曲風之超意境歌曲，值得玩味、參究；聆聽公案拈提之優美歌曲時，請同時閱讀內附之印刷精美說明小冊，可以領會超越三界的證悟境界；未悟者可以因此引發求悟之意向及疑情，眞發菩提心而邁向求悟之途，乃至因此眞實悟入般若，成眞菩薩。3.正覺總持咒新曲，總持佛法大意；總持咒之義理，已加以解說並印在隨附之小冊中。本CD共有十首歌曲，長達63分鐘，附贈二張購書優惠券。每片280元。

禪意無限CD：平實導師以公案拈提書中偈頌寫成不同風格曲子，與他人所寫不同風格曲子共同錄製出版，幫助參禪人進入禪門超越意識之境界。盒中附贈彩色印製的精美解說小冊，以供聆聽時閱讀，令參禪人得以發起參禪之疑情，即有機會證悟本來面目，實證大乘菩提般若。本CD共有十首歌曲，長達69分鐘，每盒各附贈二張購書優惠券。每片280元。

金剛經宗通：三界唯心，萬法唯識，是成佛之修證內容，是諸地菩薩之所修；般若則是成佛之道（實證三界唯心、萬法唯識）的入門，若未證悟實相般若，即無成佛之可能，必將永在外門廣行菩薩六度，永在凡夫位中。然而實相般若的發起，全賴實證萬法的實相；若欲證知萬法的眞相，則必須探究萬法之所從來，則須實證自心如來—金剛心如來藏，然後現觀這個金剛心的金剛性、眞實性、如如性、清淨性、涅槃性、能生萬法的自性性、本住性，名爲證眞如；進而現觀三界六道唯是此金剛心所成，人間萬法須藉八識心王和合運作方能現起。如是實證《華嚴經》的「三界唯心、萬法唯識」以後，由此等現觀而發起實相般若智慧，繼續進修第十住位的如幻觀、第十行位的陽焰觀、第十迴向位的如夢觀，再生起增上意樂而勇發十無盡願，方能滿足三賢位的實證，轉入初地；自知成佛之道而無偏倚，從此按部就班、次第進修乃至成佛。第八識自心如來是般若智慧之所依，般若智慧的修證則要從實證金剛心自心如來開始；《金剛經》則是解說自心如來之經典，是一切三賢位菩薩所應進修之實相般若經典。這一套書，是將平實導師宣講的《金剛經宗通》內容，整理成文字而流通之；書中所說義理，迥異古今諸家依文解義之說，指出大乘見道方向與理路，有益於禪宗學人求開悟見道，及轉入內門廣修六度萬行。講述完畢後結集出版，總共9輯，每輯約三百餘頁，售價各250元。

空行母—性別、身分定位，以及藏傳佛教：本書作者爲蘇格蘭哲學家，因爲嚮往佛教深妙的哲學內涵，於是進入當年盛行於歐美的假藏傳佛教密宗，擔任卡盧仁波切的翻譯工作多年以後，被邀請成爲卡盧的空行母（又名佛母、明妃），開始了她在密宗裡的實修過程；後來發覺在密宗雙身法中的修行，其實無法使自己成佛，也發覺密宗對女性岐視而處處貶抑，並剝奪女性在雙身法中擔任一半角色時應有的身分定位。當她發覺自己只是雙身法中被喇嘛利用的工具，沒有獲得絲毫應有的尊重與基本定位時，發現了密宗的父權社會控制女性的本質；於是作者傷心地離開了卡盧仁波切與密宗，但是卻被恐嚇不許講出她在密宗裡的經歷，也不許她說出自己對密宗的教義與教制下對女性剝削的本質，否則將被咒殺死亡。後來她去加拿大定居，十餘年後方才擺脫這個恐嚇陰影，下定決心將親身經歷的實情及觀察到的事實寫下來並且出版，公諸於世。出版之後，她被流亡的達賴集團人士大力攻訐，誣指她爲精神狀態失常、說謊……等。但有智之士並未被達賴集團的政治操作及各國政府政治運作吹捧達賴的表相所欺，使她的書銷售無阻而又再版。正智出版社鑑於作者此書是親身經歷的事實，所說具有針對「藏傳佛教」而作學術研究的價值，也有使人認清假藏傳佛教剝削佛母、明妃的男性本位實質，因此洽請作者同意中譯而出版於華人地區。珍妮·坎貝爾女士著，呂艾倫 中譯，每冊250元。

霧峰無霧—給哥哥的信　本書作者藉兄弟之間信件往來論義，略述佛法大義；並以多篇短文辨義，舉出釋印順對佛法的無量誤解證據，並一一給予簡單而清晰的辨正，令人一讀即知。久讀、多讀之後即能認清楚釋印順的六識論見解，與眞實佛法之牴觸是多麼嚴重；於是在久讀、多讀之後，於不知不覺之間提升了對佛法的極深入理解，正知正見就在不知不覺間建立起來了。當三乘佛法的正知見建立起來之後，對於三乘菩提的見道條件便將隨之具足，於是聲聞解脫道的見道也就水到渠成；接著大乘見道的因緣也將次第成熟，未來自然也會有親見大乘菩提之道的因緣，悟入大乘實相般若也將自然成功，自能通達般若系列諸經而成實義菩薩。作者居住於南投縣霧峰鄉，自喻見道之後不復再見霧峰之霧，故鄉原野美景一一明見，於是立此書名爲《霧峰無霧》；讀者若欲撥霧見月，可以此書爲緣。游宗明 老師著　售價250元。

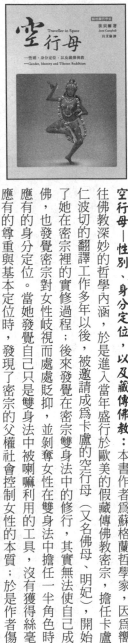

假藏傳佛教的神話—性、謊言、喇嘛教：本書編著者是由一首名叫「阿姊鼓」的歌曲爲緣起，展開了序幕，揭開假藏傳佛教—喇嘛教—的神秘面紗。其重點是蒐集、摘錄網路上質疑「喇嘛教」的帖子，以揭穿「假藏傳佛教的神話」爲主題，串聯成書，並附加彩色插圖以及說明，讓讀者們瞭解西藏密宗及相關人事如何被操作爲「神話」的過程，以及神話背後的眞相。作者：張正玄教授。售價200元。

達賴真面目—玩盡天下女人：假使您不想戴綠帽子，請記得詳細閱讀此書；假使您不想讓好朋友戴綠帽子，請您將此書介紹給您的好朋友。假使您想保護家中的女性，也想要保護好朋友的女眷，請記得將此書送給家中的女性和好友的女眷都來閱讀。本書爲印刷精美的大本彩色中英對照精裝本，爲您揭開達賴喇嘛的眞面目，內容精彩不容錯過，爲利益社會大衆，特別以優惠價格嘉惠所有讀者。編著者：白志偉等。大開版雪銅紙彩色精裝本。售價800元。

童女迦葉考—論呂凱文〈佛教輪迴思想的論述分析〉之謬：童女迦葉是佛世率領五百大比丘遊行於人間的歷史事實，是以童貞行而依止菩薩戒弘化於人間的大菩薩，不依別解脫戒（聲聞戒）來弘化於人間。這是大乘佛教與聲聞佛教同時存在於佛世的歷史明證，證明大乘佛教不是從聲聞法中分裂出來的部派佛教的產物，卻是聲聞佛教分裂出來的部派佛教聲聞凡夫僧所不樂見的史實；於是古今聲聞法中的凡夫都欲加以扭曲而作詭說，更是末法時代高聲大呼「大乘非佛說」的六識論聲聞凡夫極力想要扭曲的佛教史實之一，於是想方設法扭曲迦葉菩薩爲聲聞僧，以及扭曲迦葉童女爲比丘僧等荒謬不實之論著便陸續出現，古時聲聞僧寫作的《分別功德論》是最具體之事例，現代之代表作則是呂凱文先生的〈佛教輪迴思想的論述分析〉論文。鑑於如是假藉學術考證以籠罩大衆之不實謬論，未來仍將繼續造作及流竄於佛教界，繼續扼殺大乘佛教學人法身慧命，必須舉證辨正之，遂成此書。平實導師 著，每冊180元。

末代達賴—性交教主的悲歌：簡介從藏傳僞佛教（喇嘛教）的修行核心—性力派男女雙修，探討達賴喇嘛及藏傳僞佛教的修行內涵。書中引用外國知名學者著作、世界各地新聞報導，包含：歷代達賴喇嘛的祕史、達賴六世修雙身法的事蹟，以及《時輪續》中的性交灌頂儀式……等；達賴喇嘛書中開示的雙修法、達賴喇嘛的黑暗政治手段；達賴喇嘛所領導的寺院爆發喇嘛性侵兒童；新聞報導《西藏生死書》作者索甲仁波切性侵女信徒、澳洲喇嘛秋達公開道歉、美國最大假藏傳佛教組織領導人邱陽創巴仁波切的性氾濫，等等事件背後眞相的揭露。作者：張善思、呂艾倫、辛燕。售價250元。

黯淡的達賴—失去光彩的諾貝爾和平獎：本書舉出很多證據與論述，詳述達賴喇嘛不爲世人所知的一面，顯示達賴喇嘛並不是眞正的和平使者，而是假借諾貝爾和平獎的光環來欺騙世人；透過本書的說明與舉證，讀者可以更清楚的瞭解，達賴喇嘛是結合暴力、黑暗、淫欲於喇嘛教裡的集團首領，其政治行爲與宗教主張，早已讓諾貝爾和平獎的光環染污了。 本書由財團法人正覺教育基金會寫作、編輯，由正覺出版社印行，每冊250元。

第七意識與第八意識？—穿越時空「超意識」：「三界唯心，萬法唯識」是佛教中應該實證的聖教，也是《華嚴經》中明載而可以實證的法界實相。唯心者，三界一切境界、一切諸法唯是一心所成就，即是每一個有情的第八識如來藏，不是意識心。唯識者，即是人類各各都具足的八識心王——眼識、耳鼻舌身意識、意根、阿賴耶識，第八阿賴耶識又名如來藏，人類五陰相應的萬法，莫不由八識心王共同運作而成就，故說萬法唯識。依聖教量及現量、比量，都可以證明意識是二法因緣生，是由第八識藉意根與法塵二法爲因緣而出生，又是夜夜斷滅不存之生滅心，即無可能反過來出生第七識意根、第八識如來藏，當知不可能從生滅性的意識心中，細分出恆審思量的第七識意根，更無可能細分出恆而不審的第八識如來藏。本書是將演講內容整理成文字，細說如是內容，並已在《正覺電子報》連載完畢，今彙集成書以廣流通，欲幫助佛門有緣人斷除意識我見，跳脫於識陰之外而取證聲聞初果；嗣後修學禪宗時即得不墮外道神我之中，得以求證第八識金剛心而發起般若實智。平實導師 述，每冊300元。

中觀金鑑—詳述應成派中觀的起源與其破法本質：學佛人往往迷於中觀學派之不同學說，被應成派與自續派所迷惑；修學般若中觀二十年後自以爲實證般若中觀了，卻仍不曾入門，甫聞實證般若中觀者之所說，則茫無所知，迷惑不解；隨後信心盡失，不知如何實證佛法；凡此，皆因惑於這二派中觀學說所致。自續派中觀所說同於常見，以意識境界立爲第八識如來藏之境界，應成派所說則同於斷見，但又同立意識爲常住法，故亦具足斷常二見。今者孫正德老師有鑑於此，乃將起源於密宗的應成派中觀學說，追本溯源，詳考其來源之外，亦一一舉證其立論內容，詳加辨正，令密宗雙身法祖師以識陰境界而造之應成派中觀學說本質，詳細呈現於學人眼前，令其維護雙身法之目的無所遁形。若欲遠離密宗此二大派中觀謬說，欲於三乘菩提有所進道者，允宜具足閱讀並細加思惟，反覆讀之以後將可捨棄邪道返歸正道，則於般若之實證即有可能，證後自能現觀如來藏之中道境界而成就中觀。本書分上、中、下三冊，每冊250元，全部出版完畢。

人間佛教—實證者必定不悖三乘菩提：「大乘非佛說」的講法似乎流傳已久，卻只是日本人企圖擺脫中國正統佛教的影響，而在明治維新時期才開始提出來的說法；台灣佛教、大陸佛教的淺學無智之人，由於未曾實證佛法而迷信日本人錯誤的學術考證，錯認爲這些別有用心的日本佛學考證的講法爲天竺佛教的眞實歷史；甚至還有更激進的反對佛教者提出「釋迦牟尼佛並非眞實存在，只是後人捏造的假歷史人物」，竟然也有少數人願意跟著「學術」的假光環而信受不疑，於是開始有一些佛教界人士造作了反對中國佛教而推崇南洋小乘佛教的行爲，使佛教的信仰者難以檢擇，導致一般大陸人士開始轉入基督教的盲目迷信中。在這些佛教及外教人士之中，也就有一分人根據此邪說而大聲主張「大乘非佛說」的謬論，這些人以「人間佛教」的名義來抵制中國正統佛教，公然宣稱中國的大乘佛教是由聲聞部派佛教的凡夫僧所創造出來的。這樣的說法流傳於台灣及大陸佛教界凡夫僧之中已久，卻非眞正的佛教歷史中曾經發生過的事，只是繼承六識論的聲聞法中凡夫僧依自己的意識境界立場，純憑臆想而編造出來的妄想說法，卻已經影響許多無智之凡夫僧俗信受不移。本書則是從佛教的經藏法義實質及實證的現量內涵本質立論，證明大乘佛法本是佛說，是從《阿含正義》尚未說過的不同面向來討論「人間佛教」的議題，證明「大乘眞佛說」。閱讀本書可以斷除六識論邪見，迴入三乘菩提正道發起實證的因緣；也能斷除禪宗學人學禪時普遍存在之錯誤知見，對於建立參禪時的正知見有很深的著墨。　平實導師　述，內文488頁，全書528頁，定價400元。

喇嘛性世界—揭開假藏傳佛教譚崔瑜伽的面紗：這個世界中的喇嘛，號稱來自世外桃源的香格里拉，穿著或紅或黃的喇嘛長袍，散布於我們的身邊傳教灌頂，吸引了無數的人嚮往學習；這些喇嘛虔誠地爲大眾祈福，手中拿著寶杵（金剛）與寶鈴（蓮花），口中唸著咒語：「唵．嘛呢．叭咪．吽……」，咒語的意思是說：「我至誠歸命金剛杵上的寶珠伸向蓮花寶穴之中」！「喇嘛性世界」是什麼樣的「世界」呢？本書將爲您呈現喇嘛世界的面貌。當您發現眞相以後，您將會唸：「噢！喇嘛．性．世界，譚崔性交嘛！」作者：張善思、呂艾倫。售價200元。

見性與看話頭：黃正倖老師的《見性與看話頭》於《正覺電子報》連載完畢，今結集出版。書中詳說禪宗看話頭的詳細方法，並細說看話頭與眼見佛性的關係，以及眼見佛性者求見佛性前必須具備的條件。本書是禪宗實修者追求明心開悟時參禪的方法書，也是求見佛性者作功夫時必讀的方法書，內容兼顧眼見佛性的理論與實修之方法，是依實修之體驗配合理論而詳述，條理分明而且極爲詳實、周全、深入。本書內文375頁，全書416頁，售價300元。

實相經宗通：學佛之目的在於實證一切法界背後之實相，禪宗稱之爲本來面目或本地風光，佛菩提道中稱之爲實相法界；此實相法界即是金剛藏，又名佛法之祕密藏，即是能生有情五陰、十八界及宇宙萬有（山河大地、諸天、三惡道世間）的第八識如來藏，又名阿賴耶識心，即是禪宗祖師所說的眞如心，此心即是三界萬有背後的實相。證得此第八識心時，自能瞭解般若諸經中隱說的種種密意，即得發起實相般若——實相智慧。每見學佛人修學佛法二十年後仍對實相般若茫然無知，亦不知如何入門，茫無所趣；更因不知三乘菩提的互異互同，是故越是久學者對佛法越覺茫然，都肇因於尚未瞭解佛法的全貌，亦未瞭解佛法的修證內容即是第八識心所致。本書對於修學佛法者所應實證的實相境界提出明確解析，並提示趣入佛菩提道的入手處，有心親證實相般若的佛法實修者，宜詳讀之，於佛菩提道之實證即有下手處。平實導師述著，共八輯，已全部出版完畢，每輯成本價250元。

真心告訴您(一)**—達賴喇嘛在幹什麼？**這是一本報導篇章的選集，更是「破邪顯正」的暮鼓晨鐘。「破邪」是戳破假象，說明達賴喇嘛及其所率領的密宗四大派法王、喇嘛們，弘傳的佛法是仿冒的佛法；他們是假藏傳佛教，是坦特羅(譚崔性交)外道法和藏地崇奉鬼神的苯教混合成的「喇嘛教」，推廣的是以所謂「無上瑜伽」的男女雙身法冒充佛法的假佛教，詐財騙色誤導眾生，常常造成信徒家庭破碎、家中兒少失怙的嚴重後果。「顯正」是揭櫫眞相，指出眞正的藏傳佛教只有一個，就是覺囊巴，傳的是 釋迦牟尼佛演繹的第八識如來藏妙法，稱爲他空見大中觀。正覺教育基金會即以此古今輝映的如來藏正法正知見，在眞心新聞網中逐次報導出來，將箇中原委「眞心告訴您」，如今結集成書，與想要知道密宗眞相的您分享。售價250元。

法華經講義：此書爲平實導師始從2009/7/21演述至2014/1/14之講經錄音整理所成。世尊一代時教，總分五時三教，即是華嚴時、聲聞緣覺教、般若教、種智唯識教、法華時；依此五時三教區分爲藏、通、別、圓四教。本經是最後一時的圓教經典，圓滿收攝一切法教於本經中，是故最後的圓教聖訓中，特地指出無有三乘菩提，其實唯有一佛乘；皆因眾生愚迷故，方便區分爲三乘菩提以助眾生證道。世尊於此經中特地說明如來示現於人間的唯一大事因緣，便是爲有緣眾生「開、示、悟、入」諸佛的所知所見——第八識如來藏妙眞如心，並於諸品中隱說「妙法蓮花」如來藏心的密意。然因此經所說甚深難解，眞義隱晦，古來難得有人能窺堂奧；平實導師以知如是密意故，特爲末法佛門四眾演述《妙法蓮華經》中各品蘊含之密意，使古來未曾被古德註解出來的「此經」密意，如實顯示於當代學人眼前。乃至〈藥王菩薩本事品〉、〈妙音菩薩品〉、〈觀世音菩薩普門品〉、〈普賢菩薩勸發品〉中的微細密意，亦皆一併詳述之，開前人所未曾言之密意，示前人所未見之妙法。最後乃至以〈法華大意〉而總其成，全經妙旨貫通始終，而依佛旨圓攝於一心如來藏妙心，厥爲曠古未有之大說也。平實導師述　已於2015/5/31起開始出版，每二個月出版一輯，共25輯。每輯300元。

西藏「活佛轉世」制度—附佛、造神、世俗法：歷來關於喇嘛教活佛轉世的研究，多針對歷史及文化兩部分，於其所以成立的理論基礎，較少系統化的探討。尤其是此制度是否依據「佛法」而施設？是否合乎佛法眞實義？現有的文獻大多含糊其詞，或人云亦云，不曾有明確的闡釋與如實的見解。因此本文先從活佛轉世的由來，探索此制度的起源、背景與功能，並進而從活佛的尋訪與認證之過程，發掘活佛轉世的特徵，以確認「活佛轉世」在佛法中應具足何種果德。定價150元。

真心告訴您（二）—達賴喇嘛是佛教僧侶嗎？補祝達賴喇嘛八十大壽：這是一本針對當今達賴喇嘛所領導的喇嘛教，冒用佛教名相、於師徒間或師兄姊間，實修男女邪淫，而從佛法三乘菩提的現量與聖教量，揭發其謊言與邪術，證明達賴及其喇嘛教是仿冒佛教的外道，是「假藏傳佛教」。藏密四大派教義雖有「八識論」與「六識論」的表面差異，然其實修之內容，皆共許「無上瑜伽」四部灌頂爲究竟「成佛」之法門，也就是共以男女雙修之邪淫法爲「即身成佛」之密要，雖美其名曰「欲貪爲道」之「金剛乘」，並誇稱其成就超越於（應身佛）釋迦牟尼佛所傳之顯教般若乘之上；然詳考其理論，則或以意識離念時之粗細心爲第八識如來藏，或以中脈裡的明點爲第八識如來藏，或如宗喀巴與達賴堅決主張第六意識爲常恆不變之眞心者，分別墮於外道之常見與斷見中；全然違背 佛說能生五蘊之如來藏的實質。售價300元。

佛法入門：學佛人往往修學二十年後仍不知如何入門，茫無所入漫無方向，不知如何實證佛法；更因不知三乘菩提的互異互同之處，導致越是久學者越覺茫然，都是肇因於尚未瞭解佛法的全貌所致。本書對於佛法的全貌提出明確的輪廓，並說明三乘菩提的異同處，讀後即可輕易瞭解佛法全貌，數日內即可明瞭三乘菩提入門方向與下手處。○○菩薩著 出版日期未定。

修習止觀坐禪法要講記：修學四禪八定之人，往往錯會禪定之修學知見，欲以無止盡之坐禪而證禪定境界，卻不知修除性障之行門才是修證四禪八定不可或缺之要素，故智者大師云「性障初禪」；性障不除，初禪永不現前，云何修證二禪等？又：行者學定，若唯知數息，而不解六妙門之方便善巧者，欲求一心入定，未到地定極難可得，智者大師名之爲「事障未來」：障礙未到地定之修證。又禪定之修證，不可違背二乘菩提及第一義法，否則縱使具足四禪八定，亦不能實證涅槃而出三界。此諸知見，智者大師於《修習止觀坐禪法要》中皆有闡釋。作者平實導師以其第一義之見地及禪定之實證證量，曾加以詳細解析。將俟正覺寺竣工啓用後重講，不限制聽講者資格；講後將以語體文整理出版。欲修習世間定及增上定之學者，宜細讀之。平實導師述著。

解深密經講記：本經係　世尊晚年第三轉法輪，宣說地上菩薩所應熏修之唯識正義經典，經中所說義理乃是大乘一切種智增上慧學，以阿陀那識—如來藏—阿賴耶識爲主體。禪宗之證悟者，若欲修證初地無生法忍乃至八地無生法忍者，必須修學《楞伽經、解深密經》所說之八識心王一切種智；此二經所說正法，方是眞正成佛之道；印順法師否定第八識如來藏之後所說萬法緣起性空之法，是以誤會後之二乘解脫道取代大乘眞正成佛之道，尙且不符二乘解脫道正理，亦已墮於斷滅見中，不可謂爲成佛之道也。平實導師曾於本會郭故理事長往生時，於喪宅中從首七開始宣講，於每一七各宣講三小時，至第十七而快速略講圓滿，作爲郭老之往生佛事功德，迴向郭老早證八地、速返娑婆住持正法。茲爲今時後世學人故，將擇期重講《解深密經》，以淺顯之語句講畢後，將會整理成文，用供證悟者進道；亦令諸方未悟者，據此經中佛語正義，修正邪見，依之速能入道。平實導師述著，全書輯數未定，每輯三百餘頁，將於未來重講完畢後逐輯出版。

阿含經講記—小乘解脫道之修證：數百年來，南傳佛法所說證果之不實，所說解脫道之虛妄，所弘解脫道法義之世俗化，皆已少人知之；從南洋傳入台灣與大陸之後，所說法義虛謬之事，亦復少人知之；今時台灣全島印順系統之法師居士，多不知南傳佛法數百年來所說解脫道之義理已然偏斜、已然世俗化、已非眞正之二乘解脫正道，猶極力推崇與弘揚。彼等南傳佛法近代所謂之證果者多非眞實證果者，譬如阿迦曼、葛印卡、帕奧禪師、一行禪師……等人，悉皆未斷我見故。近年更有台灣南部大願法師，高抬南傳佛法之二乘修證行門爲「捷徑究竟解脫之道」者，然而南傳佛法縱使眞修實證，得成阿羅漢，至高唯是二乘菩提解脫之道，絕非究竟解脫，無餘涅槃中之實際尚未得證故，法界之實相尚未了知故，習氣種子待除故，一切種智未實證故，焉得謂爲「究竟解脫」？即使南傳佛法近代眞有實證之阿羅漢，尚且不及三賢位中之七住明心菩薩本來自性清淨涅槃智慧境界，則不能知此賢位菩薩所證之無餘涅槃實際，仍非大乘佛法中之見道者，何況普未實證聲聞果乃至未斷我見之人？謬充證果已屬逾越，更何況是誤會二乘菩提之後，以未斷我見之凡夫知見所說之二乘菩提解脫偏斜法道，焉可高抬爲「究竟解脫」？而且自稱「捷徑之道」？又妄言解脫之道即是成佛之道，完全否定般若實智、否定三乘菩提所依之如來藏心體，此理大大不通也！平實導師爲令修學二乘菩提欲證解脫果者，普得迴入二乘菩提正見、正道中，是故選錄四阿含諸經中，對於二乘解脫道法義有具足圓滿說明之經典，預定未來十年內將會加以詳細講解，令學佛人得以了知二乘解脫道之修證理路與行門，庶免被人誤導之後，未證言證，干犯道禁，成大妄語，欲升反墮。本書首重斷除我見，以助行者斷除我見而實證初果爲著眼之目標，若能根據此書內容，配合平實導師所著《識蘊眞義》《阿含正義》內涵而作實地觀行，實證初果非爲難事，行者可以藉此三書自行確認聲聞初果爲實際可得現觀成就之事。此書中除依二乘經典所說加以宣示外，亦依斷除我見等之證量，及大乘法中道種智之證量，對於意識心之體性加以細述，令諸二乘學人必定得斷我見、常見，免除三縛結之繫縛。次則宣示斷除我執之理，欲令升進而得薄貪瞋痴，乃至斷五下分結…等。平實導師述，共二冊，每冊三百餘頁。每輯300元。

＊喇嘛教修外道雙身法，墮識陰境界，非佛教＊

＊弘揚如來藏他空見的覺囊派才是真正藏傳佛教＊

總經銷： 飛鴻 國際行銷股份有限公司
231 新北市新店市中正路 501 之 9 號 2 樓
Tel.02－82186688（五線代表號） Fax.02-82186458、82186459

零售：1.**全台連鎖經銷書局：**
三民書局、誠品書局、何嘉仁書店
敦煌書店、紀伊國屋、金石堂書局、建宏書局

2.**台北市：**佛化人生 羅斯福路 3 段 325 號 6 樓之 4　台電大樓對面

3.**新北市：**春大地書店 **蘆洲**中正路 117 號

4.**桃園市縣：**誠品書局 **桃園市**中正路 20 號遠東百貨地下室一樓
金石堂 **桃園市**大同路 24 號　金石堂 **桃園**八德市介壽路 1 段 987 號
諾貝爾圖書城 **桃園市**中正路 56 號地下室　御書堂 **龍潭**中正路 123 號
墊腳石文化書店 **中壢市**中正路 89 號

5.**新竹市縣：**大學書局 **新竹**建功路 10 號　誠品書局 **新竹**東區信義街 68 號
誠品書局 **新竹**東區中央路 229 號 5 樓　誠品書局 **新竹**東區力行二路 3 號
墊腳石文化書店 **新竹**中正路 38 號

6.**台中市：** **瑞成**書局、各大連鎖書店。
詠春書局 **台中市**永春東路 884 號　文春書局 **霧峰**中正路 1087 號

7.**彰化市縣：**心泉佛教流通處 **彰化市**南瑤路 286 號
員林鎮：墊腳石圖書文化廣場 中山路 2 段 49 號（04-8338485）

8.**台南市：**博大書局 **新營**三民路 128 號
藝美書局 **善化**中山路 436 號　宏欣書局 **佳里**光復路 214 號

9.**高雄市：**各大連鎖書店、**瑞成**書局
政大書城 **三民區**明仁路 161 號　政大書城 **苓雅區**光華路 148-83 號
明儀書局 **三民區**明福街 2 號　明儀書局 三多四路 63 號
青年書局 青年一路 141 號

10.**宜蘭縣市：**金隆書局　宜蘭市中山路 3 段 43 號
宋太太梅鋪　羅東鎮中正北路 101 號（039-534909）

11.**台東市：**東普佛教文物流通處 台東市博愛路 282 號

12.**其餘鄉鎮市經銷書局：**請電詢總經銷**飛鴻**公司。

13.**大陸地區請洽：**

香港：樂文書店
旺角店 :香港九龍旺角西洋菜街 62 號 3 樓
電話 :(852) 2390 3723　email: luckwinbooks@gmail.com
銅鑼灣店 :香港銅鑼灣駱克道 506 號 2 樓
電話 :(852) 2881 1150　email: luckwinbs@gmail.com

廈門：廈門外圖臺灣書店有限公司
地址：廈門市思明區湖濱南路809 號 廈門外圖書城3 樓 郵編：361004
電話：0592-5061658（臺灣地區請撥打 86-592-5061658）
E-mail：JKB118＠188.COM

14.**美國：世界日報圖書部：**紐約圖書部　電話 7187468889#6262
洛杉磯圖書部　電話 3232616972#202

15.**國內外地區網路購書：**

正智出版社 書香園地　http://books.enlighten.org.tw/
（書籍簡介、直接聯結下列網路書局購書）

三民 網路書局　http://www.Sanmin.com.tw

誠品 網路書局　http://www.eslitebooks.com

博客來 網路書局　http://www.books.com.tw

金石堂 網路書局　http://www.kingstone.com.tw

飛鴻 網路書局　http://fh6688.com.tw

附註：1.請儘量向各經銷書局購買：郵政劃撥需要十天才能寄到（本公司在您劃撥後第四天才能接到劃撥單，次日寄出後第四天您才能收到書籍，此八天中一定會遇到週休二日，是故共需十天才能收到書籍）若想要早日收到書籍者，請劃撥完畢後，將劃撥收據貼在紙上，旁邊寫上您的姓名、住址、郵區、電話、買書詳細內容，直接傳眞到本公司 02-28344822，並來電 02-28316727、28327495 確認是否已收到您的傳眞，即可提前收到書籍。 2.因台灣每月皆有五十餘種宗教類書籍上架，書局書架空間有限，故唯有新書方有機會上架，通常每次只能有一本新書上架；本公司出版新書，大多上架不久便已售出，若書局未再叫貨補充者，書架上即無新書陳列，則請直接向書局櫃台訂購。 3.若書局不便代購時，可於晚上共修時間向正覺同修會各共修處請購（共修時間及地點，詳閱**共修現況表**。每年例行年假期間請勿前往請書，年假期間請見共修現況表）。 4.郵購：郵政劃撥帳號 19068241。 5.正覺同修會會員購書都以八折計價（戶籍台北市者爲一般會員，外縣市爲護持會員）都可獲得優待，欲一次購買全部書籍者，可以考慮入會，節省書費。入會費一千元（第一年初加入時才需要繳），年費二千元。**6.尚未出版之書籍，請勿預先郵寄書款與本公司，謝謝您！** 7.若欲一次購齊本公司書籍，或同時取得正覺同修會贈閱之全部書籍者，請於正覺同修會共修時間，親到各共修處請購及索取；**台北市讀者**請洽：103 台北市承德路三段 267 號 10 樓（捷運淡水線 圓山站旁）請書時間：週一至週五爲 18.00~21.00，第一、三、五週週六爲 10.00~21.00，雙週之週六爲 10.00~18.00 請購處專線電話：25957295-分機 14（於請書時間方有人接聽）。

敬告大陸讀者：

大陸讀者購書、索書捷徑（尚未在大陸出版的書籍，以下二個途徑都可以購得，電子書另包括結緣書籍）：

1.廈門外國圖書公司：廈門市思明區湖濱南路 809 號 廈門外圖書城 3F
郵編：361004　電話：0592-5061658　網址：JKB118@188.COM

2.電子書：正智出版社有限公司及正覺同修會在台灣印行的各種局版書、結緣書，已有『**正覺電子書**』陸續上線中，提供讀者於手機、平板電腦上購書、下載、閱讀正智出版社、正覺同修會及正覺教育基金會所出版之電子書，詳細訊息敬請參閱『正覺電子書』專頁：http://books.enlighten.org.tw/ebook

關於平實導師的書訊，請上網查閱：

成佛之道　http://www.a202.idv.tw

正智出版社 書香園地　http://books.enlighten.org.tw/

中國網採訪佛教正覺同修會、正覺教育基金會訊息：

http://big5.china.com.cn/gate/big5/fangtan.china.com.cn/2014-06/19/content_32714638.htm

http://pinpai.china.com.cn/

★ 正智出版社有限公司售書之稅後盈餘，全部捐助財團法人正覺寺籌備處、佛教正覺同修會、正覺教育基金會，供作弘法及購建道場之用；懇請諸方大德支持，功德無量。

★ 聲 明 ★

本社於 2015/01/01 開始調整本目錄中部分書籍之售價，以因應各項成本的持續增加。

＊ 喇嘛教修外道雙身法、墮識陰境界，非佛教 ＊

＊ 弘揚如來藏他空見的覺囊派才是真正藏傳佛教 ＊

售後服務—換書啓事(免附回郵)　　2012/09/24

《楞嚴經講記》第 14 輯初版首刷本免費調換新書啓事：本講記第 14 輯出版前因 平實導師諸事繁忙，未將之重新閱讀而只改正校對時發現的錯別字，故未能發覺十年前所說法義有部分錯誤，於第 15 輯付印前重閱時才發覺第 14 輯中有部分錯誤尚未改正。今已重新審閱修改並已重印完成，煩請所有讀者將以前所購第 14 輯初版首刷本，寄回本社免費換新(初版二刷本無錯誤)，本社將於寄回新書時同時附上您寄書回來換新時所付的郵資，並在此向所有讀者致上最誠懇的歉意。

《心經密意》初版書免費調換二版新書啓事：本書係演講錄音整理成書，講時因時間所限，省略部分段落未講。後於再版時補寫增加 13 頁，維持原價流通之。茲爲顧及初版讀者權益，自 2003/9/30 開始免費調換新書，原有初版一刷、二刷書籍，皆可寄來本來公司換書。

《宗門法眼》已經增寫改版爲 464 頁新書，2008 年 6 月中旬出版。讀者原有初版之第一刷、第二刷書本，都可以寄回本社免費調換改版新書。改版後之公案及錯悟事例維持不變，但將內容加以增說，較改版前更具有廣度與深度，將更能助益讀者參究實相。

換書者**免附回郵**，亦無截止期限；舊書請寄：111 台北郵政 73-151 號信箱 或 103 台北市承德路三段 267 號 10 樓 正智出版社有限公司。舊書若有塗鴨、殘缺、破損者，仍可換取新書；但缺頁之舊書至少應仍有五分之三頁數，方可換書。所有讀者不必顧念本公司是否有盈餘之問題，都請踴躍寄來換書；本公司成立之目的不是營利，只要能眞實利益學人，即已達到成立及運作之目的。若以郵寄方式換書者，免附回郵；並於寄回新書時，由本社附上您寄來書籍時耗用的郵資。造成您不便之處，再次致上萬分的歉意。

正智出版社有限公司 啓

國家圖書館出版品預行編目(CIP)資料

法華經講義 / 平實導師述. -- 初版. -
- 臺北市 : 正智, 2015.05 面 ; 公分
ISBN 978-986-5655-30-3（第一輯：平裝）
ISBN 978-986-5655-46-4（第二輯：平裝）
ISBN 978-986-5655-56-3（第三輯：平裝）
ISBN 978-986-5655-61-7（第四輯：平裝）
ISBN 978-986-5655-69-3（第五輯：平裝）
ISBN 978-986-5655-79-2（第六輯：平裝）
ISBN 978-986-5655-82-2（第七輯：平裝）
ISBN 978-986-5655-89-1（第八輯：平裝）
ISBN 978-986-5655-98-3（第九輯：平裝）
ISBN 978-986-9372-52-7（第十輯：平裝）
1. 法華部
221.5 104004638

法華經講義——第三輯

著述者：平實導師
音文轉換：章乃鈞 高惠齡 劉惠莉 蔡正利 黃昇金
校對：章乃鈞 陳介源 孫淑貞 傅素嫻 王美伶
出版者：正智出版社有限公司
電話：○二 28327495 28316727（白天）
傳眞：○二 28344822
111 台北郵政 73-151 號信箱
郵政劃撥帳號：一九○六八二四一
正覺講堂：總機○二 25957295（夜間）
總經銷：飛鴻國際行銷股份有限公司
231 新北市新店區中正路 501-9 號 2 樓
電話：○二 82186688（五線代表號）
傳眞：○二 82186458 82186459
初版首刷：二○一五年九月三十日 二千冊
初版五刷：二○一六年十一月 二千冊
定價：三○○元